Der Autor

Christian Jacq, geboren 1947, ist promovierter Ägyptologe und Gründer des «Institut Ramsès» (Paris), das sich der Erhaltung gefährdeter Baudenkmäler der Antike widmet. Als einer der besten Kenner alter Geschichte wurde er von der Académie française ausgezeichnet und schrieb neben Beiträgen zur Fachliteratur zahlreiche erfolgreiche historische Romane. Mit seiner fünfbändigen Ramses-Biographie, die im Wunderlich Buchverlag erschien, gelang ihm auf Anhieb der Sprung an die Spitze der französischen Bestsellerlisten.

Als Taschenbuch liegen die Romane *Der Ägypter* (Wunderlich Taschenbuch Nr. 26027), *Der lange Weg nach Ägypten* (rororo Nr. 22227), *Die letzten Tage von Philae* (rororo Nr. 22228) und *Der Mönch und der Meister* (rororo Nr. 22430) vor sowie die fünfbändige Ramses-Romanbiographie *Der Sohn des Lichts* (rororo Nr. 22471), *Der Tempel der Ewigkeit* (rororo Nr. 22472), *Die Schlacht von Kadesch* (rororo Nr. 22473), *Die Herrin von Abu Simbel* (rororo Nr. 22474) und *Im Schatten der Akazie* (rororo Nr. 22475).
Als Sachbuch bereits erschienen: *Die Pharaonen – Große Herrscher des alten Ägypten* (rororo Nr. 60757).

Christian Jacq

ALS RAMSES ÜBER DIE LIEBE SPRACH

LEBEN IM ALTEN ÄGYPTEN

Deutsch von Riek Walther

Rowohlt Taschenbuch Verlag

Deutsche Erstausgabe
Veröffentlicht im Rowohlt Taschenbuch Verlag GmbH,
Reinbek bei Hamburg, Februar 2000
Copyright © 2000 by Rowohlt Taschenbuch Verlag GmbH,
Reinbek bei Hamburg
Die Originalausgabe erschien 1985 unter dem Titel
L'Egypte ancienne au jour le jour
bei Librairie Académique Perrin, Paris
Copyright © 1985 by Librairie Académique Perrin
Lektorat Angelika Mette
Redaktion Katharina Naumann
Umschlaggestaltung Walter Hellmann
Satz Stempel Garamond PostScript (PageOne)
Gesamtherstellung Clausen & Bosse, Leck
Printed in Germany
ISBN 3 499 60756 5

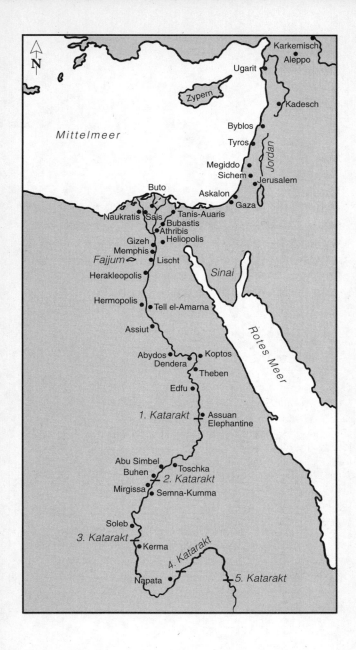

Inhalt

Einleitung   9

1   Der Nil und die Hieroglyphen
    oder Die Entstehung eines Staates   12

2   Die Gründung von Memphis, der «Waage
    der Zwei Länder»   23

3   Der Magier und der Baumeister   29

4   Die Ruderinnen des gütigen Königs Snofru   37

5   Warum Cheops keine Köpfe abschlagen wollte   43

6   Die Blütezeit der Pyramiden   49

7   Das älteste Buch der Welt   58

8   Ein Zwerg am Königshof   63

9   Die Erforscher Nubiens   69

10   Expedition zu den Steinbrüchen   75

11   Die Lehre eines Pharaos für seinen Sohn   82

12   Das Zeitalter der Sesostris   88

13   Im Reich des Krokodilgottes   96

14   Die wundersame Reise des Sinuhe   101

15   Abydos und die Mysterien des Osiris   114

16   Die Klagen eines redegewandten Bauern   120

17	Die Vertreibung der Hyksos	129
18	Die Abenteuer des Ahmose, Sohn der Ibana	136
19	Das Tal der Könige entsteht	142
20	Die Reisen der Königin Hatschepsut	148
21	Krieg und Frieden unter Thutmosis III.	159
22	Die Einsetzung des Wesirs	174
23	Das Talfest	182
24	Theben, die Herrliche	189
25	Echnaton gründet die Stadt des Lichts	201
26	Die Verklärung Tutanchamuns	213
27	Haremhab, der friedliebende General	223
28	Sethos I., der Rutengänger	235
29	Die Schlacht von Kadesch	243
30	Als Ramses II. über die Liebe sprach	253
31	Alarm im Norden	264
32	Die wilde Stadt Tanis	272
33	Pianchi, der Retter aus Nubien	279
34	Die Saïtenzeit und die Rückkehr zu den Ursprüngen	291
35	Die Einweihung des Tempels zu Edfu	298
	Epilog	

Champollion oder Die Auferstehung Ägyptens 304

Kurzbibliographie 314
Zeittafel 315

Einleitung

Luxor, November 1828.

Ein Mann nähert sich dem Tempel zu Karnak und bleibt vor dem Eingangstor stehen. Er hebt den Blick zu den hoch aufragenden Pylonen, verharrt minutenlang atemlos vor Ergriffenheit und entschließt sich endlich, den ersten, ungedeckten Hof zu betreten. Seine Augen wandern von Stein zu Stein und betrachten die wunderbare Welt, von der er sein Leben lang geträumt hat. Mit raschem Schritt erreicht er die Hypostylhalle, einen Säulenwald, in dem das Mysterium der stets gegenwärtigen Götter den Besucher unwiderstehlich in seinen Bann zieht.

Jean-François Champollion ist endlich in seinem geistigen Heimatland angekommen, im Ägypten der Pharaonen. Dieser große Gelehrte, dem wir die Entzifferung der Hieroglyphen verdanken, wurde sein Leben lang verleumdet und bekämpft. Dennoch trieb er seine Arbeit mit geradezu übermenschlicher Energie voran, ohne auf seine anfällige Gesundheit Rücksicht zu nehmen. Unbeirrbar verfolgte er sein Lebensziel: Er wollte die ägyptische Kultur wieder zum Sprechen bringen. Sie war seit Jahrhunderten verstummt, denn man hatte verlernt, ihre Botschaft zu lesen, die sie an Tempel- und Grabwänden, auf Papyrusrollen, Statuen und Sarkophagen hinterlassen hatte.

Der Zauber des Tempels zu Karnak läßt Jean-François Champollion, Begründer der Ägyptologie, die düsteren Stunden seines Lebens vergessen. Später berichtet er: «Dort sah ich die ganze pharaonische Pracht vor mir, das Größte, was Menschen je erdacht und ausgeführt haben ... In Europa sind wir dagegen nur Lilliputaner ... Keine klassische noch moderne Kultur hat die Kunst der Architektur in so erhabenem, so weitläufigem, so grandiosem Maßstab beherrscht wie die alten Ägypter.»

Jean-François Champollions Traum ist tatsächlich in Erfüllung gegangen. Seine Begegnung mit Ägypten leitete die Wiedergeburt einer untergegangenen, beinahe in Vergessenheit geratenen Welt mit ihren unvergleichlichen Schätzen an Weisheit, Kunst und Menschlichkeit ein. Oft heißt es, unsere Kultur habe drei große «Mütter»: Athen, Rom und Jerusalem. Dabei wird vergessen, daß alle drei ihrerseits mehr oder minder direkt vom unterägyptischen Memphis und vom oberägyptischen Theben abstammen. Champollion erkannte, daß letztlich kein kulturgeschichtliches Modell auf die Kenntnis Ägyptens verzichten kann, in dem die Städte von den Göttern selbst erbaut wurden. Für die alten Ägypter war ihr Land der Mittelpunkt der Welt, und in Pharao, dem Mittler zwischen Himmel und Erde, bündelten sich die kosmischen Kräfte. «Der Süden ist dir gegeben, so weit der Wind weht», besingt es ein Text im Tempel der Oase Charga, «der Norden bis zur äußersten Grenze des Meeres, der Westen, so weit die Sonne wandert, der Osten bis dorthin, wo sie des Morgens aufgeht.» Ägypten, Zentrum der besiedelten Länder, Tempel der Welt, vollkommener Widerschein der himmlischen Harmonie, ist durch seine geographische Lage vor schweren Naturkatastrophen geschützt. Es ist das Auge des Re, das Land, in dem das Aufgehen und das Untergehen der Sonne gleichermaßen bezaubern. Von jedem Tempeldach aus läßt sich noch heute die Sprache der Sterne und des Schicksals entziffern, wie es einst die Astrologen unter den Priestern taten.

In seiner mehr als drei Jahrtausende währenden Geschichte hat das Land der Pharaonen viele große Stunden erlebt. Wenn sich eine Kultur, wie es der Historiker Louis Genicot vorschlägt, an ihren Höhepunkten messen läßt, so gehört das alte Ägypten ohne Zweifel zu den Glanzlichtern der Menschheitsgeschichte. Die Lebensweise der alten Ägypter ist weder veraltet noch überholt; ihre Weisheit entspringt den Ritualen, ihr Seelenfrieden stellt sich durch die innige Verbundenheit mit dem Göttlichen ein, ihr Glück erwächst aus ihrer leidenschaftlichen Freude an der Baukunst.

Dieses Ägypten hat erschaffen, gelitten, um seine Freiheit gekämpft, Tempel für die Ewigkeit errichtet, heilige Texte verfaßt; von Generation zu Generation hat es eine tiefe Liebe zum Leben bewahrt. Champollion hat diese Liebe intensiv empfunden, und auch dieses Buch möchte sie weitergeben. Es will die glanzvollen Zeiten nachzeichnen, in denen Ägypten in voller Blüte stand. Dazu passen die Worte des Wesirs Ptahotep, der sich im weisen Alter von 110 Jahren berufen fühlte, seine Lehre niederzuschreiben: «Niemals geschieht der Wille der Menschen; des Gottes Wille geschieht. Lebe in Freude: der Mensch lebt fort, wenn er auf den Wegen der Gerechtigkeit wandelt.»

Dieser Rat soll auch in den folgenden Berichten von den Großtaten der alten Ägypter beherzigt werden.

Der Nil und die Hieroglyphen oder Die Entstehung eines Staates

1. Kapitel

Die Gegend um den Gebel Silsileh in Südägypten besteht aus sonnenverbrannten Felsen. Gebel Silsileh bedeutet «Berg der Kette». Einer Legende nach wurde einst tatsächlich eine Kette zwischen zwei Felsen gespannt, um die Südgrenze des pharaonischen Ägypten kenntlich zu machen.

In der Antike konnte man hier während der Niedrigwasserperiode regelmäßig Zeuge eines beeindruckenden Schauspiels werden. Vor dem Bau der modernen Staudämme folgte der Nil, mit 6500 Kilometern der längste Fluß der Erde, seinem eigenen, einzigartigen Rhythmus. Von seinem Ursprung in Äquatorialafrika aus schwemmte er Partikel fruchtbaren Feinmaterials bis nach Ägypten, in das von den Göttern geliebte Land. Die schlammigen Fluten brachten *Kemet*, dem «schwarzen Land», wie Ägypten auch genannt wurde, Reichtum und Wohlstand. Jedes Jahr Mitte Juli begann der Wasserpegel zu steigen, bis der Fluß über die Ufer trat und den schwarzen Schlamm auf die Felder trug.

Für die Ägypter war diese lebenswichtige Nilschwelle nicht nur einfach ein natürliches Phänomen. Darum zog bei Niedrigwasser, vor Beginn der Flut, alljährlich eine Prozession über den ausgedörrten Boden des Gebel Silsileh. Der Pharao selbst war zugegen, der Gottkönig und unangefochtene Herrscher des Landes; an seiner Seite schritten Priester, Zauberer, Ritualkundige, Gelehrte, die Jahr für Jahr das Steigen und Fallen des großen Flusses verfolgten. Besorgnis wohnte in ihren Herzen. Wie würde der Nil sich in diesem Jahr verhalten? Eine zu starke Überschwemmung wäre eine Katastrophe. Der Strom würde die Dämme durchbrechen, die Bewässerungsanlagen zerstören, Häuser davonschwemmen. Fiel das Hochwasser hingegen zu schwach aus, würden die Uferzonen unfruchtbare Sandbänke bleiben, und dieses Unglück konnte sich leicht zur Hungersnot ausweiten, wenn es sich in mehreren aufeinanderfolgenden Jahren wiederholte. Unaufhaltsam würden sich die königlichen Kornspeicher leeren, und schließlich könnte die Bevölkerung nicht mehr ernährt werden.

Um dieses Unheil abzuwenden, pilgerten die Menschen zum Fluß. Der Gebel Silsileh war kein gewöhnlicher Ort. In seinem weitläufigen Sandsteinbruch brachen Tausende von Arbeitern riesige Steinblöcke für den Tempelbau im prunkvollen Theben. Doch an jenem bedeutenden Tag galt die Aufmerksamkeit des Pharaos nicht den Steinbrüchen. Der König schritt an kleinen Kapellen vorbei, an deren Wänden Opferszenen und rituelle Anrufungen zur Beschwörung des Nilgeistes dargestellt waren. Er trat an jener Stelle an den Fluß, an der sich ein Wirbel gebildet hatte. Ein wertvoller Hinweis für den König: Hier, so glaubte man, befände sich eine der drei Quellen des Nils, denn der Fluß entsprang für die alten Ägypter auch in der Nähe von Memphis, der ältesten Hauptstadt des Landes, und in Assuan, wo seine Schöpferkraft in einer geheimen Höhle wohnte.

Der Pharao, der Gottkönig, war Dreh- und Angelpunkt des religiösen, politischen, wirtschaftlichen und gesellschaftlichen Systems in Ägypten. Er war weitaus mehr als nur ein Individuum. Als Gottessohn verkörperte er die kosmische Harmonie, deren Garant auf Erden er war. Wer wäre besser als er geeignet gewesen, mit dem Nil, der Fruchtbarkeit spendenden Kraft, die lebenswichtige Zwiesprache aufzunehmen?

Um vom Nil ein segensreiches, also weder zu starkes noch

zu schwaches Hochwasser zu erbitten, war der Pharao nicht mit leeren Händen gekommen. Die elementarste Höflichkeitsbekundung im alten Ägypten war die Opfergabe. Der Pharao trug den *Nilhymnus*, eine Papyrusrolle mit einem langen, feierlichen Ritualtext. Dessen Hieroglyphen waren lebendige, beseelte Zeichen, die jede rituelle Geste festschrieben. Natürlich war der Pharao Gebieter über die Elemente. Er hätte dem Nil also befehlen können, seine Wasser auszubreiten bis über die Berge. Doch es geziemte sich nicht, einer befreundeten Macht zu befehlen. Vielmehr trat man ihr mit gebührender Ehrerbietung entgegen.

Unterstützt von den Kundigen der Magie und der Liturgie, warf der Pharao den *Nilhymnus* in den Fluß; zu diesem sinnbildlichen Geschenk kamen materielle Gaben: Brote, Fleisch, Kuchen und Amulette. So wurde der Nil genährt, damit er seinerseits den Menschen Nahrung spenden konnte. Der Pharao schloß gewissermaßen einen Vertrag mit dem Fluß, von dem ganz Ägypten profitieren sollte. Auch kleine Frauenstatuetten, die «Konkubinen» des Nils, übergab er den Fluten. Man stellte sich den Nil als stürmischen jungen Mann vor, der vom Liebreiz dieser Kurtisanen hingerissen sein und in fruchtbarer Liebesglut entbrennen würde.

Nach dieser gewissenhaften Vorbereitung würde sich der Nil zweifellos bereit finden, «aus seiner Quelle zu steigen» und seine Aufgabe zu erfüllen. Schlechte Jahre gab es nach Auffassung der alten Ägypter immer nur dann, wenn das Ritual nicht korrekt vollzogen wurde.

Der Pharao, der den Nil als seinen Vater betrachtete, erwies ihm diese Ehre an mehreren Stätten Ägyptens: an der Südspitze des Deltas, wo sich der Nil in zwei Arme teilt, im Fajum und in Elephantine. Er hatte die Fähigkeit, an mehreren Orten gleichzeitig zu sein. Es gab zwar nur einen Pharao, doch sein Geist schlüpfte in die Körper der Priester, die stellvertretend für ihn das Ritual vollzogen.

Die Opfergabe an das beginnende Hochwasser ist eine Schlüsselszene der ägyptischen Kultur. Kraft der Magie des geschriebenen Wortes schloß der Pharao ein Bündnis mit der Gottheit, die einer der größten Naturgewalten innewohnte. Das ganze Wesen Ägyptens zeigte sich in diesem rituellen Pakt zwischen Gottmensch und Himmelsfluß. Der irdische Nil, den unsere Augen sehen, war nur ein Abbild des himmlischen Nils, einer unendlichen Energiebahn, gespeist aus dem *Nun* der alten Ägypter, dem Urozean, der in fortwährendem Werden und Vergehen alle Erscheinungsformen des Lebens hervorbrachte.

Die Flut kam, die Flut war ausreichend, Ägypten wurde neu geboren. Das Ägypten der ersten Pharaonen hatte wenig Ähnlichkeit mit dem Land, das wir heute kennen. Seine Landschaften waren üppiger und grüner. Die Nilufer bedeckte ein reicher Pflanzenwuchs, Papyrusstauden bildeten weitläufige Dickichte. Nilpferde und Krokodile, die sich heute in den äußersten Süden zurückgezogen haben, lebten überall im Fluß.

Die «Zwei Länder» – Unterägypten (das Delta) und Oberägypten (das Niltal) – bilden zusammen eine relativ kleine Fläche von nur etwa 25 000 Quadratkilometern, Ägypten ist also kaum größer als Belgien. Die Ägypter, deren Ursprung und Herkunft im Dunkeln liegen, wählten dieses ungewöhnliche Land zu ihrer Heimat, diese besonders begünstigte Region, in der sie gemeinsam mit den Göttern, der Sonne und dem Nil eine unsterbliche Kultur schufen.

Mit sicherem Gespür mögen die ersten Pharaonen bereits erahnt haben, welch große Zukunft ihnen bevorstand. Doch dafür war harte Arbeit nötig. Die Reliefs und Malereien in den Gräbern des Alten oder des Neuen Reiches zeigen oft ein fröhliches, unbeschwertes, glückliches Dasein; die Ägypter aller Epochen liebten es, zu lachen, zu trinken und zu singen; die ägyptische Kultur zeichnet sich wie keine andere durch eine ausgeprägte Freude daran aus, allen Aspekten des Lebens durch fröhliche Feste zu huldigen. Doch dieses Glück, dessen Ausdruck uns noch heute anrührt, war ihnen keinesfalls in den Schoß gefallen. Es war die Frucht einer perfekt organisierten, streng hierarchisch strukturierten Gesellschaft, in der die tägliche Arbeit als eine der höchsten Tugenden galt. Die Ägypter waren große Baumeister, und als solche fürchteten sie weder die Hitze der sengenden Sonne noch die Widrigkeiten der mitunter harten Winter. Im Rhythmus ihrer drei Jahreszeiten, Frühling, Sommer und Winter, erbauten sie den mächtigsten Staat der antiken Welt.

Die Grundlage für Ägyptens Reichtum bildete stets der Nil. Doch um optimal genutzt werden zu können, mußte dieser Lebensnerv, der den Bauern bis zu drei Ernten im Jahr bescherte, zunächst gebändigt werden. Das heutige Delta liegt mehrere Meter höher als jenes der Antike. Die fruchtbare Landschaft von heute war einst ein weitläufiges Sumpfgebiet, das erst durch systematische und beharrliche Umgestaltung urbar gemacht wurde.

Also waren die Pharaonen anfangs vor allem die Baumeister des Nils. Bevor sie den Stein bearbeiteten, waren die Erde und der Flußschlamm ihr Material. Sie errichteten hohe Dämme, die auch die Dörfer vor übermäßiger Flut schützten. Wenn das Hochwasser das ganze Land bedeckt hatte, ragten die auf Erderhebungen gelegenen Ansiedlungen aus dem Wasser wie Inselchen; untereinander waren sie durch die Dämme verbunden, die einzigen Wege, die man in den Überschwemmungsmonaten trockenen Fußes benutzen konnte.

Um das wertvolle Wasser, das der Nil so großzügig verteilte, nicht ungenutzt wieder abfließen zu lassen, legte man flache Bewässerungsbecken an, die durch Wälle voneinander abgegrenzt waren. Das gesamte Fruchtland war mit dem rechteckigen Muster dieser unterschiedlich großen Bassins durchzogen, die für die Landwirtschaft ebenso segensreich waren wie für den Gartenbau. Zur geregelten Verteilung des Wassers wurde ein Kanalsystem angelegt, das das Land erschloß wie ein Netz von Blutbahnen. Die sorgfältige Instandhaltung dieser Kanäle war durch alle Epochen eine der vorrangigen Aufgaben der ägyptischen Verwaltung. Der «Kanalgräber» ist einer der ältesten Beamtentitel; aus diesem friedlichen Beruf entwickelte sich in griechisch-römischer Zeit übrigens kurioserweise der «Stratege».

In den problematischen Phasen der ägyptischen Geschichte war die weltliche Macht des Pharaos stets geringer als sonst. Daraus folgte meist eine Verschlechterung der Wirtschaftslage, eine verhängnisvolle Dezentralisierung der politischen Verantwortlichkeiten und zwangsläufig auch eine weniger sorgsame Pflege der Kanäle. Darunter litt die Landwirtschaft unmittelbar, der Lebensstandard der Bevölkerung sank. Die hieroglyphische Bezeichnung für «Kanal» ist die gleiche wie die für «Liebe» (*Mer* im Altägyptischen). Die alten Ägypter sahen die Liebe also offenbar als höchste Energie, die in jedem Wesen «fließt», so wie sich das Wasser des himmlischen Nils über die Kanäle in ganz Ägypten verteilte.

Zwischen den Pegelständen bei Hochwasser und Niedrigwasser konnten beachtliche Unterschiede von bis zu acht Metern liegen. Um die Spanne zwischen Tiefststand und Höchststand der Flut genauer bestimmen zu können, richteten die Ägypter sogenannte Nilometer ein, steile Treppen zum Fluß hinunter, die als einfache Meßinstrumente dienten. Den Nilpegel konnte man ebenfalls in den Brunnen messen, deren berühmtester in Assuan steht. Ausgehend von dessen besonderer geographischer Lage berechnete der griechische Mathematiker Eratosthenes mit erstaunlicher Genauigkeit den Erdumfang, den die Ägypter allerdings bereits lange vor ihm ermittelt hatten. Der Wendekreis der Krebses verläuft etwa 12 Kilometer südlich von Assuan; dennoch sahen die alten Ägypter diesen Brunnen als einen Mittelpunkt der Welt an, einen Angelpunkt des menschlichen Universums, denn er wurde gespeist vom

Wasser des Urozeans *Nun*, der Quelle der ewigen Energie, des zeitlosen Lebenselixiers der Schöpfung.

Die Bewässerung von Gärten oder höher liegenden Feldern erleichterten sich die Ägypter durch eine einfache, aber effektive mechanische Konstruktion, den *Schaduf*, der in nahezu unveränderter Form noch heute zum Einsatz kommt. Er besteht aus einem beweglichen Schwingarm zwischen zwei im Boden verankerten Pfeilern. Am längeren Hebelarm wird ein Gegengewicht aus Lehm befestigt, am kürzeren Hebelarm ein Gefäß. Man senkt das Gefäß, bis es sich mit dem schlammigen Nilwasser füllt. Dann hebt man den Schwingarm an, entleert das Gefäß auf die zu bewässernde Erde und beginnt von vorn. Auf diese Weise können mit geringer Anstrengung beachtliche Wassermengen auf ein höheres Niveau gehoben werden.

Die Bedienung eines *Schadufs* war Angelegenheit der einzelnen Bauern. Die Instandhaltung der Dämme, Bewässerungsbassins und Kanäle dagegen unterstand dem Staat. Darum wurden mit diesen Arbeiten nicht einzelne Grundbesitzer betraut, sondern ganze Dorfgemeinschaften. Dokumente belegen, daß die anfallenden Bewässerungsarbeiten über den Winter von wohlorganisierten Mannschaften geleistet wurden. Sie bestanden hauptsächlich aus Bauern, die in dieser Jahreszeit auf den Feldern nichts zu tun hatten. Sie leisteten eine Art Staatsdienst ab, der durchaus mit dem Wehrdienst der Schweizer Bürger vergleichbar ist. Niemand blieb unbeschäftigt. Wer nicht bei den Bewässerungsarbeiten gebraucht wurde, wurde auf den großen Baustellen beim Pyramiden- oder Tempelbau eingesetzt. Dies war durchaus keine Zwangsarbeit, die es in Ägypten niemals gab, sondern eine kluge Nutzung des jahreszeitlichen Rhythmus der Natur.

Das Wort Nil stammt vom griechischen *Neilos*, dessen Herkunft unbekannt ist. Die ägyptische Bezeichnung lautet *Hapi*, wahrscheinlich in der Bedeutung «der Springende». *Hapi* ist weniger der materielle Nil, sondern vor allem dessen Geist, von dem ein Text berichtet, er sei nicht in Stein gehauen und für die Augen unsichtbar. Dennoch ist *Hapi* in den unteren Bildregistern vieler Tempelwände als androgynes Wesen dargestellt, halb Mann, halb Frau. Das Wasser ist der Mann, die zu bewässernde Erde die Frau. Zusammen sind sie Urvater und Urmutter. *Hapi* mit den Hängebrüsten und einem Papyrusbüschel als Kopfschmuck schenkt dem Tempel die besten Ernten, die schönsten Früchte der Erde. Sein Anblick erinnert an die glücklichen Stunden nach dem Einbringen der Ernte, in denen ganz Ägypten ausgelassen feiern konnte. An seinen Fingerspitzen trägt der Nilgott die Fülle; wenn er kommt, er, der sich aus sich selbst erschafft, bringt er der Menschheit Freude. Die vielen kleinen Geister, die ihn begleiten, verkörpern die Strömung, die Kanäle, die Wasser der ewigen Jugend, das kühle Wasser. Diese Prozession der Genien war die Antwort auf jene andere Prozession, bei der der Pharao dem Fluß seine Opfergaben darbrachte. So erfüllte sich der «Vertrag».

Indem der Pharao den *Nilhymnus* in den Fluß warf, brachte er einen heiligen Text als Opfergabe dar. Dieser bestand aus lebendigen Zeichen, den Hieroglyphen. Wie der Nil die materielle und wirtschaftliche Grundlage der ägyptischen Kultur ist, so sind die Hieroglyphen ihre spirituelle und intellektuelle Basis.

Dieses Schriftsystem, das zugleich eine heilige Sprache war, entstand um 3200 v. Chr. und war von Anfang an vollständig ausgereift. Hier gab es keine Entwicklung. Lediglich die Zahl der Hieroglyphen nahm im Laufe der Zeit zu: Im Mittleren Reich waren es etwa 700, in der Ptolemäerzeit, den letzten Jahrhunderten der ägyptischen Geschichte, bereits einige tausend. Doch die Grundgesetze der Sprache hatten sich bis dahin nicht geändert. Ein Priester, der im Tempel zu Edfu Inschriften eingravierte, konnte ohne weiteres die «Pyramidentexte» entziffern, die 3000 Jahre zuvor in den Stein gemeißelt worden waren. Wir dagegen können kaum die vor 400 Jahren verfaßten Texte eines Rabelais im Original lesen.

Diese Kontinuität im Schriftsystem beruht auf der zentralen Tatsache, daß die Hieroglyphen Götterworte sind. Sie enthalten Offenbarungen, die Schlüssel zum heiligen Wissen, zur kosmischen Harmonie. Die in diese Mysterien eingeweihten Schreiber sind die Adepten des ibisköpfigen Gottes Thot, dessen langer, gekrümmter Ibisschnabel ebenso spitz ist wie eine Schreibbinse. *Medu*, die ägyptische Bezeichnung für die Hieroglyphen, bedeutet auch «Stock»: Das heilige Wort ist der einzig zuverlässige Stock, auf den sich der Mensch stützen kann, um seinen Lebensweg zu gehen und dessen Sinn zu entziffern.

Die Entstehung des ägyptischen Staates ist untrennbar mit der Entstehung der Hieroglyphen verbunden. Die Kultur der Pharaonen wurde durch diese heilige Sprache erschaffen, die symbolische und phonetische Zeichen kombiniert. Tatsächlich fiel die Vereinigung der Zwei Länder Unter- und Oberägypten unter der zentralen Befehlsgewalt des Pharaos mit der Entstehung des Hieroglyphensystems zusammen, das die Entwicklung einer neuen Gesellschaft an den Nilufern nicht nur begünstigte, sondern geradezu bedingte. Die letzte Hieroglypheninschrift wurde im Jahre 394 unserer Zeit auf der Insel Philae angebracht. Diese erhabene, zugleich abstrakte und konkrete Sprache, in der sich die subtilsten Nuancen des Denkens ebenso formulieren ließen wie jede rein materielle Wirklichkeit, war bis dahin schon mehr als 3000 Jahre lang im Gebrauch.

Die religiösen Texte nennen den bereits erwähnten Gott Thot als Erfinder der Hieroglyphen. Gemeinsam mit der rätselhaften Göttin Seschat, die durch einen siebenstrahligen Stern dargestellt wurde, wachte der Schreiber und Buchhalter über die heiligen Schriften, die Rituale, die Königsannalen, kurz, über den in Hieroglyphen festgehaltenen Erinnerungsschatz Ägyptens. Das Zentrum der Hieroglyphenkundigen war das sogenannte Lebenshaus, eine Eliteschule, in der die ägyptischen Gelehrten darin ausgebildet wurden, die Geheimnisse des Lebens zu deuten. Jeder größere Tempel besaß sein eigenes Lebenshaus. Spezialisten für die Kulthandlungen gingen hier ebenso in die Lehre wie Astronomen, Ärzte und Baumeister. Der in theologischer Hinsicht bedeutendste Tempel Ägyptens war jener in Heliopolis, der vom Schöpfergott beherrschten «Sonnenstadt» (altägyptisch *Iunu*, die «Pfeilerstadt»). Dort wurde der ägyptische Staat so erdacht, wie er Jahrtausende hindurch bestehen sollte. Vom antiken Heliopolis, dessen Überreste unter dem Kairoer Vorort Mataria begraben liegen, ist nur ein Obelisk von Pharao Sesostris I. (Mittleres Reich) erhalten. Die großen Tempel des Atum, des Re und des Horus sind verschwunden. Im Lebenshaus zu Heliopolis wurde aller Wahrscheinlichkeit nach die Hieroglyphenschrift erfunden.

Sie war im alten Ägypten allgegenwärtig; jedes erdenkliche Material wurde als Träger benutzt: Stein, Holz, Papyrus, Metall, Leder usw. Statuen, Gefäße und Gegenstände aller Art, die keine Inschriften trugen, wurden als Hieroglyphen, als «Zeichen des Lebens» verstanden. Letztlich war in der ägyptischen Kunst alles eine Hieroglyphe, vom bombastischen Tempel bis hin zum winzigen Amulett.

Das uralte Heliopolis erlangte niemals wirtschaftliche Bedeutung, blieb jedoch die heilige Stadt schlechthin, deren Monumente von allen Pharaonen gepflegt und verschönert wurden, sogar vom «Ketzerkönig» Echnaton. Der Ruhm der Stadt Heliopolis reicht über alle Jahrhunderte hinweg. Der griechische Philosoph Platon hielt sich, wie viele seiner Landsleute, in Heliopolis auf, um sich in die Lehre der ägyptischen Weisen einführen zu lassen. Bei ihrer «Flucht nach Ägypten», die wohl eher eine Rückkehr zu den eigenen Wurzeln war, ruhte

21

die Heilige Familie mit dem Jesuskind unter einem Baum in Heliopolis aus.* Die Sonnenstadt gemahnte stets an den Ursprung des Staates.

---

* Apokryphe Wundererzählung aus dem Pseudo-Matthäus-Evangelium und beliebtes Motiv in der Malerei (Anm. d. Ü.).

	DIE GRÜNDUNG VON
2.	MEMPHIS, DER «WAAGE
KAPITEL	DER ZWEI LÄNDER»

Der Sterndeuter hatte Pharao Menes, dem «Dauerhaften», verkündet, daß der rechte Zeitpunkt gekommen sei. Die Prozession hielt an. Stille breitete sich aus. Menes trat vor, allein. Er trug die Doppelkrone, bestehend aus der Roten Krone Unterägyptens und der Weißen Krone Oberägyptens. Erstmals waren die Zwei Länder unter der Befehlsgewalt eines Anführers vereint.

Unter dem Schutz der großen Himmelsgöttin Hathor hatte Menes das Chaos, den Aufruhr, die Revolte besiegt. Er hatte stabile Grenzen festgelegt und die Stämme des Nordens unterworfen, die sich ihm widersetzen wollten.* Der Pharao war als Sieger durch das «Doppelte Land» gezogen und den Nil hinauf- und hinuntergefahren, um die Provinzen einzuteilen.

Menes war ein Mann von kraftvoller Muskulatur. Am Kinn trug er den Zeremoniebart, Symbol der gebändigten Kraft. Bekleidet war er mit einem einfachen Schurz, an dessen Gürtel ein Stierschwanz hing. «Stier» heißt auf ägyptisch *Ka*. Er verkörperte die Lebenskraft göttlichen Ursprungs, die in den Adern eines jeden rituell inthronisierten Pharaos floß.

Der König hielt eine große Hacke in den Händen. Mit einer bedächtigen und feierlichen Geste hob er das Werkzeug und

---

* Diese Beschreibung beruht auf der Gleichsetzung des mythischen Menes (des Königs «Jemand») mit dem historischen Pharao Narmer.

23

schlug es in den Boden. Damit legte er das erste Fundament für Memphis, die erste Hauptstadt des vereinigten Ägypten. Alle Zuschauer, Höflinge, Ritualkundige, Priester und Ratgeber hielten den Atem an. Sie wußten, daß sie soeben Zeugen eines historischen Augenblicks geworden waren.

Menes plante Memphis gleichzeitig als Regierungssitz, als Festung und als gemeinsames Wirtschaftszentrum für das Delta (Unterägypten) und das Niltal (Oberägypten). Der Zeitpunkt der Gründung war ebenso klug gewählt wie der Standort. Trotz aller Wechselfälle der Geschichte blieb Memphis bis zum Ende der Pharaonenkultur die größte Stadt Ägyptens.*

Doch welch unermeßliche Arbeit war nun zu leisten! Eine weite Ebene mußte trockengelegt werden; zuvor hatte man bereits den Nil umgeleitet und parallel zum Fluß einen breiten Kanal angelegt. Er verlief unterhalb jener Hochebene, auf der Jahrhunderte später die Pyramiden entstanden. Die aufwendigen Vorarbeiten zeugen von kluger Planung, denn über die Wasserstraße konnte das nötige Baumaterial für die entstehende Stadt gefahrlos herbeigeschafft werden. Der mit Mauerwerk ausgekleidete und sorgfältig instand gehaltene Kanal verband unterschiedlich große Häfen, die alle in unmittelbarer Nähe der Bauplätze lagen. Der Pharao hatte sogar ein Amt für öffentliche Bauarbeiten ins Leben gerufen, in dem vorwiegend Zimmerleute und Steinmetzen beschäftigt waren.

Die Lage der Stadt Memphis war kein Zufall. Hier befand sich die Grabstätte des Gottes Osiris, des Hüters des Geheimnisses von Tod auf Auferstehung. Daher war der Region ewige Fruchtbarkeit verliehen, die Einwohner von Memphis fuhren reiche Ernten ein. Als Isis hier einst um den toten Osiris weinte, fielen ihre Tränen in den Nil und lösten die erste Flut

---

* Kairo wurde nicht weit vom antiken Memphis errichtet.

aus, die den nährenden Schlamm an den Flußufern ablagerte. Die erste Hauptstadt der Zwei Länder wurde so zum Kornspeicher des ganzen Landes.

Der Pharao blickte um sich. Welch ein Gegensatz zwischen der schwarzen, fruchtbaren Erde, über die Horus, der Schutzgott des Pharaos gebot, und der roten, verbrannten, wüstenhaften Erde des Gottes Seth, der den Blitz hütete! Horus und Seth waren Brüder. Sie stritten und bekämpften sich und waren doch untrennbar miteinander verbunden. Die Aufgabe des Pharaos war es, die beiden Brüder zu versöhnen, damit die Menschen in Frieden leben konnten. Memphis sollte die Verkörperung dieser Aufgabe sein, denn sie trug den Beinamen «Waage der Zwei Länder», «Leben der Zwei Länder», «Beständig ist die Vollkommenheit». Die gesamte memphitische Region mit ihren vielen Pyramiden wurde von dieser Beständigkeit geprägt. Sie war das unvergängliche Fundament, auf dem die ägyptische Kultur fußte.

Während der Pharao das symbolische Fundament aushob, sah er im Geiste bereits die Weiße Mauer entstehen, die für alle Zeiten der heiligste Bereich der Stadt bleiben sollte. Künftig wurden an dieser Stelle die Pharaonen geweiht und die Krönungsriten vollzogen. Die angehenden Könige mußten einen rituellen Lauf um diese Mauer absolvieren, einerseits, um ihre körperlichen Fähigkeiten unter Beweis zu stellen, andererseits, um symbolisch das Universum zu umrunden, über das sie herrschen sollten. So nahmen sie Himmel und Erde in Besitz. Außerdem stand die Weiße Mauer für die Pflicht des Pharaos, die Ägypter zu schützen.

Hatte der Pharao den rituellen Lauf in Gegenwart hoher Würdenträger aus Ober- und Unterägypten absolviert, wurde er mit der Doppelkrone gekrönt. Treueschwüre wurden geleistet. Als Symbol für die Vereinigung der Zwei Länder wurden der Papyrus des Nordens und der Lotus des Südens ineinander verschlungen. Dieses Motiv schmückte auch die Seitenteile des

25

Throns und erinnerte daran, daß der Pharao vor allem ein Wiedervereiniger war, Garant eines Zusammenhaltes, in dem auch die Unterschiede nicht vergessen wurden.

Die Hacke des Königs hatte die Erde geöffnet. Eine tiefe Furche war entstanden. Damit brachte der Pharao das unterirdische Leben ans Tageslicht und machte die dunklen Kräfte sichtbar. Indem er den Bau einleitete, besiegte er den Tod. Darum sollte das große Fest des Sokar, Gott der Verstorbenen und der unterirdischen Gefilde, an dieses Ereignis erinnern. Die Fruchtbarkeit des Bodens entstammte schließlich den Tiefen der Erde, der Matrix des Jenseits.

Nach der Gründungszeremonie begaben sich Menes und sein Gefolge zu dem aus Lehmziegeln erbauten Palast. Er barg die privaten Gemächer des Königs in sich, außerdem Räumlichkeiten für offizielle Empfänge, Amtsstuben für die Zentralverwaltung, im Außenbereich sogar Schlachträume und Küchen. Ein kleines Heer von Mundschenken, Gewandmeistern, Hausdienern, Kämmerern und Schreibern stand dem König zur Verfügung. In seinem Palast besprach sich der Pharao mit einem Rat von Weisen, den «Freunden des Königs». Gemeinsam mit ihnen entschied er über das spirituelle und materielle Geschick des Reiches. Wie der Pharao selbst mußten sich auch seine Berater vor *Maat*, der heiligen Lebensregel, der Norm der universellen Harmonie, verantworten. Vom Palast, dem Nervenzentrum des Landes, aus wurden die Befehle des Pharaos in die verzweigten Bereiche der ägyptischen Verwaltung getragen, die in «Häusern» organisiert war. Eines der wichtigsten war das «Doppelte Weiße Haus», das in seiner Funktion unserem Finanzministerium entsprach. Doch das Haus der königlichen Archive war nicht minder bedeutend. Dort waren Schreiber von früh bis spät damit beschäftigt, Dekrete zu formulieren, Annalen zu verfassen und offizielle Dokumente zu verwahren.

Von seinem Palast aus konnte der Pharao die Stätten überblicken, an denen bald die Göttertempel aus unvergänglichem Stein aufragen sollten. In der Abgeschiedenheit der heiligen Kammern würden Eingeweihte die Gegenwart der Götter auf Erden beschwören. Im ungedeckten Hof und auf den Vorplätzen sollten die öffentlichen Feste zu Ehren der Gottheiten gefeiert werden, an denen die ganze Bevölkerung teilnehmen würde. Für den König war die wichtigste Zeremonie das Aufrichten des *Djed*-Pfeilers, eines Symbols des Gottes Osiris. *Djed* bedeutet «Stabilität». Der Pharao selbst ergriff in der Zeremonie den umgestürzten Pfeiler und richtete ihn wieder auf, sinnbildlich für die Auferstehung des Gottes, nach dessen Vorbild in der Überlieferung auch die Menschen auferstanden.

Im Tempel des Ptah, des Stadtgottes von Memphis und Schutzherrn der Handwerker, entstand die Theologie der Schöpfung durch das Wort. Die Eingeweihten lehrten, daß alle Dinge aus dem heiligen Wort hervorgegangen seien, das im Herzen ersonnen und in der Sprache verwirklicht worden sei. Jedes Werk bleibe tot, bis das Wort ihm Leben einhauche.

Menes, der erste Pharao, hatte seine Aufgabe erfüllt: Er hatte Memphis gegründet, die Hauptstadt erbaut.

Im Verlauf der Geschichte blieb Memphis jedoch nicht Ägyptens einzige Hauptstadt. Im Mittleren Reich etwa übernahm Lischt diese Funktion, im Neuen Reich Theben. Doch selbst das mächtige und reiche Theben konnte die wirtschaftliche, politische und militärische Bedeutung von Memphis nicht schmälern. Diese Stadt des Alten Reiches veränderte ihren Charakter im Neuen Reich drastisch. Immer mehr Ausländer ließen sich hier nieder, Syrer, Phönizier, Asiaten, später auch Griechen und Juden. So entstanden ganz unterschiedliche Stadtviertel, und in den Straßen herrschte reges Leben. Der Flußhafen von Memphis mit seiner Werft war der größte Ägyptens. Die Garnison war zahlenmäßig die am besten ausgestattete; sie bezog ihre Ausrüstung direkt aus dem großen Zeughaus, in dem die Waffen hergestellt wurden. Das spät-ägyptische Memphis war mit seiner Vielfalt der Menschen, Trachten und Sitten eine kosmopolitische, lärmende, bunte Stadt, die ihren Gründer Menes stets in Ehren hielt. In ihr fanden die ältesten Kulte ihre Zuflucht, hier wurden die Geheimlehren der uralten Zeit weitergegeben. Ostannes lehrte im Tempel des Ptah Alchimie, die «Smaragdtafel» wurde hier erdacht und verfaßt. Die unterirdischen Kammern des Serapeum, in denen die Apis-Stiere beigesetzt wurden, beherbergten Schulen der Magie.

Von dieser weitläufigen Hauptstadt sind heute keine Überreste mehr sichtbar. Noch im 13. Jahrhundert unserer Zeit waren ihre gigantischen Ruinen zu bewundern. Doch die Mamelucken ließen alle Dämme verfallen. So konnten sich dicke Schichten von Nil-Schwemmland ablagern, auf dem schließlich Palmen wuchsen. Später entdeckte man Kolossalstatuen von Ramses II., der sich sehr um die Restaurierung der alten Hauptstadt bemüht hatte, und einen geheimnisvollen, erhaben lächelnden Sphinx von über acht Meter Länge. Höchstwahrscheinlich gehörte er zu einer Gruppe von Schutzgeistern, die vor dem Eingang eines Tempels postiert waren. Heute ist seine einzige Funktion, an jenen denkwürdigen Augenblick zu erinnern, in dem ein Pharao als Baumeister die Erde aufhackte, um aus ihr die «Waage der Zwei Länder» erstehen zu lassen.

3.
KAPITEL

DER MAGIER
UND DER BAUMEISTER

Der Tag brach an über der Hochebene von Sakkara, der memphitischen Nekropole. Die ersten Sonnenstrahlen fielen auf die rote Wüste, Stätte der Gräber, der «Häuser der Ewigkeit». Einsamkeit und Stille herrschten in dieser unfruchtbaren Weite. Zwei Männer wanderten Seite an Seite über die Ebene. Der eine war Pharao Djoser, dessen heiliger Name *Netjerichet* bedeutet: «Göttlicher als der Leib (der Götter)». Der andere war sein Baumeister Imhotep, «Der in Frieden kommt».

Der Baumeister führte den Pharao zu einer mächtigen, mehrere Meter hohen Umfassungsmauer. In den Händen dieser beiden Männer lag die ganze Macht des Staates. Sie regierten ein vereinigtes Ägypten, dessen Wohlstand auf der Allgegenwart einer unangefochtenen Zentralgewalt beruhte. Der Pharao war der Alleinherrscher Ägyptens in dieser III. Dynastie des Alten Reiches, 2600 Jahre vor Christi Geburt. Djoser war ein eindrucksvoller Mann mit ernstem Gesicht. Er wirkte streng und unerbittlich. Seine Befehlsgewalt war unantastbar. In allen Provinzen der Zwei Länder herrschte Frieden. Als erster Pharao trug Djoser den Titel «Goldhorus». Damit huldigte er dem Falkengott Horus, dem Schutzherrn des Königtums, und verdeutlichte zugleich, daß sein Fleisch wie das der Götter aus Gold bestand. Horus stand für das goldene Sonnenlicht, dem Djosers besondere Verehrung galt. Damit rückte er in die Nähe der Priesterschaft von Heliopolis, der Stadt der göttlichen Sonne. Die neun Schöpfergottheiten der Stadt, die eine Enneade, eine Götterneunheit, bildeten, hatten dem Pharao ihr Wohlwollen mit folgenden Worten ausgedrückt: «Wir verleihen ihm alles Leben, Leben, das von uns herstammt, wir verleihen ihm alle Herrschaft, Herrschaft, die von uns ausgeht, wir bewirken, daß er Jubiläumsfeste feiert.»

Das Jubiläumsfest war ein Ritual der Erneuerung und auch der Anlaß, der die beiden Männer zum heiligen Bezirk von Sakkara geführt hatte. Djoser alterte bereits, Imhotep ebenfalls. Körperlicher Verfall und Tod rückten näher. Doch das wahre Wesen des Menschen würde nicht sterben. Der Pharao kannte das Morgen. Die Vollkommenheit des Seins und des Nichtseins wohnten in ihm. Er ging aus Gott hervor, er war derjenige, der das Wissen besaß. Dennoch konnte man nicht auf die Riten verzichten. Sie mußten an einem magischen Ort vollzogen werden, abseits der profanen Welt. Djoser hatte Imhotep beauftragt, ein solches Paradies auf Erden zu schaffen. Der Baumeister hatte seine Aufgabe erfüllt, und bald würde er seinem Herrscher zeigen können, was er ersonnen und verwirklicht hatte.

Djoser dachte an Ägypten. Das Volk war ruhig und zufrieden, die Grenzen sicher. Im Süden, Westen, Osten und im Norden zum Meer hin bildeten großzügig bemannte Festungen eine regelrechte Mauer, die jeden Eroberungsversuch von vornherein vereitelten. Diese Sicherheit war die unabdingliche Voraussetzung für den Aufbau einer effektiven Verwaltung. Der Pharao herrschte über die Legislative, die Justiz und die Exekutive. Was er befahl, war das Leben. Die Worte, die er aussprach, verwandelten sich sofort in Wirklichkeit. Er verkündete die heilige Regel und ernannte die Beamten, die über ihre Einhaltung wachten. Die Auswahl war streng. Schlüsselpositionen besetzte Djoser ausschließlich mit bewährten Männern, die sich durch eine starke, rechtschaffene und unbestechliche Persönlichkeit auszeichneten. Sie erhielten den Großen

Stab als Zeichen ihres Amtes und mußten über ihre Tätigkeit
Rechenschaft ablegen. Zu den Vertrauten des Königs gehörten
seine «Freunde», seine Brüder und die «Vorsteher der Geheimnisse». Gemeinsam regierten sie das Land. Die Hierarchieleiter war steil und schwer zu erklimmen, aber keinesfalls
nur den Reichen oder Hochgeborenen vorbehalten. Der König schätzte Fachleute, die gleichermaßen über handwerk-
liches Geschick wie über intellektuelles Denkvermögen verfügten.

Imhotep war selbst ein vielseitig begabter Mann, er war
sogar der beste von allen. Er hatte seine Laufbahn als Handwerker mit der Herstellung von Steingefäßen begonnen.
Dann wurde er vom Bildhauer zum Verwalter des Großen
Palastes und erhielt schließlich Zugang zu den höchsten
Ämtern: Kanzler und Siegelverwahrer des Königs, Hoherpriester von Heliopolis und Baumeister. Dieser «Große der
Sehenden» war außerdem Arzt, Astronom und Magier. In
seinen seltenen Mußestunden verfaßte er Weisheitslehren,
die den Menschen den Weg zur Kenntnis und Herzensfreude
aufzeigen sollten. In allen Wissenschaften, in allen Künsten
war er bewandert. Er war der Vorsteher der Schreiber, der
Oberste der Ärzte, für die er in Memphis, der Hauptstadt
der Zwei Länder, eine Schule eingerichtet hatte. Im Himmel
und auf der Erde gab es nichts, was ihm unbekannt gewesen
wäre.

Nach seinem anstrengenden Tagwerk setzte sich Imhotep
des Abends oft auf die Terrasse seines Hauses. Mit rasiertem
Schädel, die Beine untergeschlagen, einen entrollten Papyrus
auf den Knien, studierte er die heiligen Texte. Später, viel später sollte Imhotep in dieser Haltung verewigt werden. Überall
in Ägypten würden unzählige kleine Bronzestatuetten von
ihm Verbreitung finden. Jeder Schreiber würde vor der Arbeit
einige Tropfen Wasser verspritzen, um Imhotep, den Gebieter
der Weisheit, zu ehren. In Karnak, in Deir el-Bahari, in Edfu,

auf Philae sollten ihm Heiligtümer geweiht werden. Man erhob ihn zum heilkräftigen Gott.

Während er neben dem Pharao einherschritt, sann Imhotep über sein schwerstes und undankbarstes Amt nach: über das des Siegelverwahrers des Königs, des Obersten Leiters der Verwaltung. Als einziger trug er den Titel «Brust-Hand», gleichbedeutend mit «führen und handeln». Er leitete den Rat der Zehn, «die täglich tun, was Gott gefällig ist», die also *Maat*, die Lebensregel, im Kleinen wie im Großen praktizierten. Die Provinzherren hatten keine nennenswerte Machtbefugnis. Sie unterstanden der Krone. Nur so «funktionierte» das Land. Das «Weiße Haus», die Schatzverwaltung, die Zollbehörde, die Scheunenverwaltung, die Güterverwaltung, das Kanalamt, die Armee wurden korrekt geführt. Es wurden regelmäßig Volkszählungen durchgeführt. Die Schreiber waren eifrig und überwachten die Arbeit der Bauern und Handwerker, führten das Flurbuch, das Geburten- und Sterberegister und das Inventar der Staatsgüter. Ungerechtigkeit galt es zu vermeiden. Die Steuern wurden an Hand des Vermögens jedes einzelnen errechnet. Keine Karriere wurde behindert, nur weil der Anwärter nicht reich genug gewesen wäre.

Der Pharao und sein Baumeister blieben einen Moment stehen. Sie waren beinahe angekommen. Vor ihnen lag das gigantische Reich der Ewigkeit, das Imhotep für Djoser erbaut hatte. Geschützt von der Umfassungsmauer, die sich mehr als 500 Meter von Norden nach Süden und etwa 300 Meter von Osten nach Westen zog, erstreckte es sich über eine Fläche von 15 Hektar. Mitten in diesem Bezirk erhob sich eine 60 Meter hohe Pyramide mit sechs Stufen. Vom Standort der beiden Männer aus war nur ihre Spitze zu sehen. Ihr Sockel blieb von der Umfassungsmauer verborgen.

Djoser und Imhotep näherten sich dem einzigen Eingang, der stets unverschlossen blieb. Die beiden höchsten Persönlichkeiten des ägyptischen Staates waren tief bewegt. Djosers

Heiligtum war zwar von Menschen erbaut worden, aber nicht für sie. Es sollte dem *Ka* des Königs vorbehalten bleiben, seiner Lebenskraft, die, durch Rituale gepflegt, ewig lebendig bleiben würde. Djoser stand vor seiner eigenen Unsterblichkeit.

Der Eingang, den Djoser und Imhotep benutzten, befindet sich an der Südecke der östlichen Umfassungsmauer. Alle anderen Türen sind nur «Scheintüren». Kein Wesen aus Fleisch und Blut kann durch sie hindurchtreten. Djoser und Imhotep schritten also durch die Dunkelheit des schmalen, gedeckten Säulengangs und traten in einen großen Hof unter freiem Himmel hinaus. Der Anblick war ergreifend. Die Pyramide beeindruckte in ihrer Allmacht, zugleich im Boden verwurzelt und gen Himmel gereckt wie eine gigantische Treppe, die der König als Mensch von kosmischer Größe einst Stufe für Stufe erklimmen würde, um an der Seite des Schöpfergottes in Ewigkeit weiterzuleben.

Imhotep lächelte in sich hinein. Er spürte, daß sein alter Freund, der Pharao Ägyptens, entzückt, ja überwältigt war. Dabei war Imhotep ein kühnes Wagnis eingegangen: Im Bezirk von Sakkara war alles aus Stein, von den Scheintüren mit ihren Angeln, Stützlagern, Riegeln, Verbindungen, bis hin zu den Säulen, deren Kapitelle sich wie Blüten öffneten. Imhotep hatte die Steinarchitektur erfunden, er hatte Ägyptens Größe in ein Monument übersetzt, das der Zeit trotzen sollte.

Imhotep zeigte Djoser das Labyrinth des *Ka*, die Mauer mit den schützend aufgerichteten Schlangen, die Markierungssteine des großen Südhofes, die die Etappen des königlichen Jubiläumslaufes im Jenseits darstellten, den kleinen Festhof mit seinen Kapellen für die Götter, in dem der *Ka* des Königs mit neuer Energie aufgeladen wurde, die Häuser des Nordens und des Südens, die für die Verwaltung der Zwei Länder standen.

Nun näherten sie sich dem Grab. Weder Djoser noch Imhotep fürchteten den Tod. Sie kannten die heiligen Formeln, mit denen man ihn besiegen konnte. Sie dachten nicht als angstvolle Menschen an dieses Thema, sondern als Eingeweihte. Vereint mit den nächsten Verwandten, würde der mumifizierte Leib des Königs seine letzte Ruhestätte unter der Pyramide, im Zentrum eines Netzes unterirdischer Galerien finden.

Blaue Fayencetafeln zeigen den König heute noch in ewiger Jugend beim rituellen Lauf des Jubiläumsfestes. So wird seine Lebenskraft auch im Jenseits fortwährend erneuert. In diesen blauen Kammern beinahe 30 Meter unter der Erde symbolisieren Friese von *Djed*-Pfeilern die Beständigkeit und Stabilität, die der königliche *Ka* benötigt, um unversehrt zu bleiben. Überall finden sich «Scheintüren» und «Scheinfenster», durch die nur die immateriellen Bestandteile des Wesens dringen können. Unter der Südseite der Umfassungsmauer ist ein weiteres Grab angelegt. Es ist leer geblieben. Damit verfügte Djoser über eine Ruhestätte für seinen sichtbaren Leib, die Mumie, und über eine zweite für seine unsichtbare Erscheinungsform, die Seele.

Nach seinem letzten Atemzug würde Djoser einbalsamiert werden. Man würde seine Mumie in die Grabkammer hinunterbringen und die Gänge mit beinahe 40 000 steinernen Gefäßen, Schalen und Tellern füllen. Ihr unverwüstlicher Stein würde der Zeit widerstehen. Aus Alabaster, Schiefer, Diorit, Granit, Quarz bestand dieses magische Geschirr für ein immerwährendes Festmahl im Jenseits. Auf diesen Gegenständen fanden sich Inschriften: die Namen der Handwerker, die sie hergestellt hatten, Titel von Männern in bedeutenden Ämtern, Berufszeichen, Namen der Pharaonen, die Djosers Vorgänger gewesen waren, Anspielungen auf das Jubiläumsfest, bei dem Teller, Schüsseln und Schalen von auferstandenen Gästen benutzt wurden.

Vor der Nordseite der Pyramide entdeckte Djoser seine eigene Statue in einer kleinen, rundum geschlossenen Kapelle, dem *Serdab*. Lediglich zwei Öffnungen auf Augenhöhe ermöglichten es Djosers Abbild, nach draußen zu blicken. Bald würde die Statue kein unbelebter Stein mehr sein. Man würde ihr Mund und Augen öffnen. In ihr würde der *Ka* des Pharao wohnen. Djosers unsterblicher Körper aus der Hand des meisterlichen Bildhauers, dessen Werke die Jahrtausende überdauert hat, trägt das enganliegende weiße Gewand des Jubiläumsfestes. Sein schwarzes Haar ist unter einer Ritualperücke verborgen. Am Kinn ist der Zeremoniebart befestigt. Den rechten Arm hält er mit geschlossener Faust quer vor der Brust. Die linke Hand liegt flach auf dem Oberschenkel. Das Gesicht wirkt streng, geradezu unnahbar. Die Wangenknochen sind ausgeprägt. Djoser wird ewig regieren.

Auch Imhotep war fasziniert. Es war ihm tatsächlich gelungen, seinen König als Erscheinungsform göttlicher Befehlsgewalt darzustellen. Imhotep war überdies tief bewegt, denn der Pharao gewährte ihm eine Gunst, die den Rahmen der Etikette weit hinter sich ließ, eine Gunst, die ebenso unschätzbar wie ungewöhnlich war: Auf dem Sockel der Königsstatue waren Imhoteps Name und seine Titel verewigt. Die brüderliche Freundschaft, die die beiden Männer ihr Leben lang verband, fand hier ihren höchsten Ausdruck. Gemeinsam arbeiteten sie an der Größe Ägyptens. Gemeinsam wandeln sie auf den Pfaden der Ewigkeit und wachen weiterhin über Sakkara.

Zu allen Zeiten war Djosers Grabanlage in Sakkara ein Ort, der Pilger anzog. Die Eingeweihten behaupteten, in dieser Stufenpyramide wohne der Himmel und die Sonne der Weisen gehe an ihr auf. Der Bezirk des berühmten Pharao war eine heilige Stätte, an der göttliche Kräfte wirkten. Den Gerechten, die kamen, um Djosers Seele zu ehren, schenkten sie ein langes und glückliches Leben.

Der zaubermächtige Pharao und sein Erster Minister und

Baumeister täuschten sich nicht. Nicht nur ihre Namen sind uns überliefert, auch ihr Werk hat in all seiner ursprünglichen Kraft überdauert und jenen großen Augenblick im Stein verewigt, in dem Ägypten die erste Pyramide hervorbrachte.

4. KAPITEL

DIE RUDERINNEN DES GÜTIGEN KÖNIGS SNOFRU

Pharao Snofru wanderte mit finsterer Miene in seinem Palast auf und ab. Nun stand ihm eine seiner seltenen Mußestunden bevor, und er wußte nicht, wie er sie verbringen sollte. Den Begründer der IV. Dynastie (2575 v. Chr.), den seine Untertanen liebevoll den «gütigen König» nannten, übermannte die Verzweiflung. Da gab es nur eins: Er mußte seinen besten Ritualpriester um Rat fragen, denn der kannte die Papyrusrollen der heiligen Regel auswendig.

Der Ritualpriester wurde also gerufen und eilte herbei. Der Pharao vertraute ihm an, daß er keine Zerstreuung finden konnte. Was war zu tun? Der Ritualpriester mußte nicht lange nachdenken: «Möge Deine Majestät sich zum Palastsee begeben. Lasse alle hübschen Mädchen aus deinem Palast rufen und in ein Boot steigen. Das Herz Deiner Majestät wird sich erfreuen, wenn es sie auf dem See auf und ab rudern sieht. Und während du die üppig grünenden Ufer deines Sees betrachtest, wird sich dein Herz auch an diesem Anblick erfreuen.»[*]

Snofru zögerte nicht, er fand den Vorschlag ausgezeichnet. Der strenge, unermüdliche Herrscher, der stets von verläßlichen Beratern umgeben war, die er «meine Brüder», «meine

---

[*] Nach der französischen Übersetzung von Gustave Lefebvre. Unsere Erzählung basiert auf einem Text des Papyrus Westcar (Museum Berlin, Papyrus 3033).

Freunde» nannte, hatte sich seit langem keine Erholungspause mehr gegönnt.

Der Pharao befahl also, zwanzig Ruder aus vergoldetem Ebenholz bereitzulegen und ihm zwanzig schöne Mädchen mit straffen Brüsten und geflochtenem Haar zu bringen. Diese Jungfrauen legten ihre Alltagsgewänder ab und schlüpften in durchscheinende Kleider.

Auf dem Weg zum Seeufer, wo ihn ein Boot mit den reizenden Mädchen erwartete, dachte der gütige König an seine ruhige, glückliche Regierungszeit, in der das Ägypten des Alten Reiches das Leben in vollen Zügen genießen konnte. Snofru verwaltete den Reichtum so, daß jeder daran Anteil hatte. Er betraute seinen Ersten Minister, den Wesir, mit wichtigen Verantwortlichkeiten und duldete das Aufkommen von Privateigentum. Er behielt eine flexible, harmonische Rechtsprechung bei, innerhalb deren jeder für seine Belange eintreten konnte. Auch Erbschaften billigte er unter der Bedingung, daß die Güter in der Familie blieben. Man nannte ihn «Wohltäter im ganzen Land», und sein Name war Bestandteil zahlreicher ägyptischer Ortsbezeichnungen.

Die jungen Frauen verneigten sich vor dem Pharao, der sich ohne große Formalitäten im Bootsheck niederließ. Er trug nur einen schlichten Schurz. Zerstreut betrachtete er die hübschen Ruderinnen, die Inkarnation der Jugend, der Schönheit, der Lebensfreude. Unter den Sonnenstrahlen, die auf der Wasseroberfläche glitzerten, bewegten sich ihre geschmeidigen Körper im Rhythmus der Ruder, die sich hoben und senkten. Doch all diese Reize konnten den Nebel nicht vertreiben, der sich auf das Herz des Pharaos gesenkt hatte. Am Vorabend hatte er den königlichen Hofpropheten Neferti zu sich gerufen und über Ägyptens Zukunft befragt. Nefertis Antwort war niederschmetternd. Während der König dem Seher lauschte, nahm er aus der Truhe mit dem Schreibzeug eine Papyrusrolle, eine Palette und eine Schreibbinse und zeichnete die Prophezeiung eigenhändig auf.*

Neferti hatte Ägypten düstere Zeiten voller Unglück vorausgesagt: Anarchie würde über das Land hereinbrechen. Doch die Verzweiflung würde schließlich vorübergehen. Ein Retter, ein Messias, würde kommen. Er sollte Ameni heißen (der künftige Amenemhet I., ein Pharao des Mittleren Reiches, 1991–1962 v. Chr.). Um das östliche Delta vor Invasionen zu schützen, würde er die «Mauern des Fürsten» bauen. Auf die Finsternis würde so wieder ein Goldenes Zeitalter folgen.

Wie er so über den See dahinfuhr, dachte Snofru an die zahlreichen großen Schiffe, die er hatte bauen lassen, um seine Handelsflotte zu vergrößern: Sie waren über 50 Meter lang und aus einem Holz, das eigens aus dem Libanon eingeführt worden war. Snofru hatte den Verkehr auf dem Nil intensiviert und den Betrieb in den Werften verstärkt. Der wirtschaftliche Wohlstand konnte jedoch nur auf dem Boden des Friedens gedeihen. Ägypten hatte von keinem Land etwas zu fürchten. Der König hatte sich persönlich in den Sinai begeben. Dort demonstrierte seine Armee Ägyptens Stärke, um die Beduinen einzuschüchtern und für Ruhe zu sorgen. Eine Darstellung zeigt Snofru, wie er einen Asiaten am Haarschopf gepackt hält und ihm den Schädel mit seiner weißen Keule zertrümmert – ein zeitloses Symbol: Das Licht siegt über die Finsternis, der Pharao bringt Ordnung in die Welt. Snofru setzte seine Bergarbeiter bevorzugt in den Kupferminen des Sinai ein und ließ seine Wüstenpolizei dafür sorgen, daß sie unbehelligt arbeiten konnten. Im Norden herrschte Ruhe, im Süden ebenfalls. Lediglich zu Beginn seiner Regierung mußte Snofru einen erwähnenswerten Feldzug nach Nubien unternehmen. Dabei ging es jedoch weniger darum, Krieg zu führen. Statt dessen wurden Nubier als Diener für die königlichen Gebiete nach

---

* Der Text der «Prophezeiung des Neferti» ist erhalten.

Ägypten gebracht, und mit ihnen mehrere tausend Stück Vieh.

Plötzlich wurde das Boot langsamer. Eine der Frauen hatte aufgehört zu rudern. Die anderen taten es ihr gleich. Jäh aus seinen Gedanken gerissen, fragte Snofru nach dem Grund. Die jungen Frauen antworteten, daß ihre Anführerin nicht weiterrudern könne, und alle anderen ebensowenig. Da wandte sich Snofru an die Anführerin, die Schönste von allen, die verdrossen dreinschaute. Was war denn geschehen? Nach einigem Zögern entschloß sich die Frau zu sprechen. Ihr Schmuckstück aus Türkis in Gestalt eines Fisches war ins Wasser gefallen. Sie aber hänge an diesem Schmuck wie an ihrem Leben. Zunächst nahm der Pharao die Angelegenheit nicht allzu schwer. Er erbot sich, ihr ein anderes Schmuckstück zu schenken. Doch die Ruderin blieb unnachgiebig: «Ich ziehe meinen Schmuck jedem Ersatz vor», antwortete sie eigensinnig.

Der Pharao lächelte in sich hinein. Er, der Herrscher über Ägypten, Repräsentant Gottes auf Erden, befand sich mitten auf dem See seiner Palastanlage und konnte weder vor noch zurück – wegen der Laune einer Frau. Er nahm das als göttliches Zeichen und ließ erneut den Ritualpriester rufen.

Bis zu dessen Eintreffen dachte Snofru an seine riesigen Bauwerke, die Prunkstücke seiner Regierungszeit: eine beinahe 100 Meter hohe Pyramide in Medum; zwei über 100 Meter hohe Exemplare in Dahschur, der «doppelten Stadt der zwei Pyramiden des Snofru»: die nördliche oder «Rote» Pyramide, deren Kraggewölbe in 15 Meter Höhe über 4 Meter breiten Kammern architektonische Perfektion erreichten, und die sogenannte rhomboidische oder Knickpyramide, mit der Snofru die ganze Symbolik der Dualität zum Ausdruck bringen wollte, denn dort gab es zwei Böschungswinkel, zwei Eingänge und zwei Grabkammern. Die Ägypter glaubten, daß das duale Prinzip am Ursprung allen Lebens steht. Das Leben entstand, als der Schöpfergott Atum sich in eine weibliche und

40

eine männliche Wesenheit zweiteilte und als die männliche Wesenheit den Himmel von der Erde schied. In seinen drei Pyramiden enthüllte Snofru die geheime Lehre der Weisen und hinterließ der Nachwelt eine unsterbliche Botschaft im Stein.*

Als der Ritualpriester eintraf, war die Situation noch immer festgefahren. Snofru berichtete ihm, was vorgefallen war. Der Ritualpriester aber wußte Rat und sprach eine Zauberformel. Kraft der Magie des Wortes klappte er die eine Seite des Sees auf die andere. Der Grund wurde sichtbar, und dort lag auf einer Tonscherbe der fischförmige Anhänger. Der Ritualpriester stieg aus dem Boot, ergriff das wertvolle Kleinod und gab es der überglücklichen Besitzerin zurück. Nun mußte er die Welt wieder in Ordnung bringen: Mit einer neuen Zauberformel legte der Ritualpriester das Wasser des Sees wieder an Ort und Stelle.

Der Ritualpriester wurde mit Geschenken überhäuft, und das Königshaus verbrachte den Rest des Tages damit, das Wunder zu feiern. Bei Anbruch der Nacht verließ Snofru den Palast, um allein an den Ufern des Sees zu wandeln. Er war sich der Tatsache bewußt, daß er eine jener besonderen Stunden erlebt hatte, in denen sich das Göttliche manifestierte, was in einem Land, das mit dem Kosmos im Einklang lebte, jederzeit geschehen konnte. Er wußte natürlich, daß die Anführerin der Ruderinnen niemand Geringeres war als die Göttin Hathor, jene, die dem schweren Herzen Freude bringt, und daß der Anhänger in Gestalt eines Fisches ein Symbol der Auferste-

---

* Um so bedauerlicher ist es, daß Snofrus Monumente so wenig besucht werden. Die nördliche Pyramide zu Dahschur, die aus rotem Sandstein besteht, hat die gleiche Grundfläche wie die Große Cheopspyramide. Auch bei Snofrus Bauten handelt es sich um Meisterwerke, die den Touristen nicht vorenthalten werden sollten. Der Blick von Djosers Grabanlage in Sakkara auf die Pyramiden zu Dahschur ist übrigens höchst beeindruckend.

hung war. Die Göttin und der Ritualpriester hatten ihm den Grund des Sees gezeigt, auf dem sich der wahre Schatz befand; sicher wurde ihm diese Gunst zuteil, weil er ein gütiger König war, ein großer Baumeister und den Menschen, seinen Brüdern, ein Bruder.

5. KAPITEL

WARUM CHEOPS KEINE KÖPFE ABSCHLAGEN WOLLTE

Auf der Baustelle der Großen Pyramide herrschte rege Betriebsamkeit. Die besten Handwerker Ägyptens arbeiteten hier. Der Boden der Hochebene von Gizeh war bereits nivelliert worden, der Materialtransport verlief problemlos, die Mannschaften waren fleißig. Doch Cheops, der große König, war unzufrieden. Seit Wochen brütete er schon über dem Plan zur Innengestaltung der Pyramide und über der Anordnung der geheimen Kammern. Cheops wußte genau, was er wollte: Ebenso viele geheime Kammern wie im Tempel des Thot, Hüter des heiligen Wissens, Großer Meister der Hieroglyphen, der Götterworte, und Schutzherr der Schreiber. Diese vollkommene Vorrichtung wollte er in seinem «Land des Lichts», also in der Großen Pyramide, nachbauen.

Doch Cheops stieß auf ein unüberwindliches Hindernis. Die Archive des Lebenshauses enthielten keine Angaben zu diesem Thema. Seine nächsten Mitarbeiter – Priester, Ritualkundige und Eingeweihte, die den Kreis seiner Brüder bildeten – wußten darüber ebenso wenig wie er selbst. Das Wissen schien verlorengegangen zu sein.

Der mächtige Herrscher, der die Zügel des Staates fest in der Hand hielt, war darüber sehr betrübt. Das Land war wohlhabend, sein Wesir ein begabter Verwalter. Die Priester erfüllten ihr Amt so vollendet, daß die Götter auf Erden ihre Wohnstatt nahmen. Die hohen Beamten waren kompetente Männer, so wie Cheops' Schwiegersohn Anchhaf*, ein strenger, autoritärer, penibler Mann, oder der untersetzte, lebenslustige, großzügige Ka-aper**.

Alles wäre bestens, so vertraute Cheops seinem Sohn Djedefhor an, wenn es nicht dieses hartnäckige Geheimnis gäbe! Djedefhor war in die hohen Mysterien eingeweiht. Er verfaßte jene heiligen Texte, die lange Zeit später Kapitel des «Totenbuches» bilden sollten. Rituale und Zauberformeln waren sein tägliches Brot. Es schmerzte ihn, zu sehen, wie sein Vater sich quälte, um so mehr, als Cheops' Pyramide nicht nur das großartigste Meisterwerk der Baukunst werden, sondern überdies in ihrem Stein die Lehre der Weisen verkörpern sollte.

«Mein Vater», sagte er sanft, «es gibt jemanden in diesem Land, den du nicht kennst.» – «Das ist gut möglich», antwortete Cheops erstaunt. «Warum sagst du mir das?» – «Weil dieser Mann der größte Zauberer Ägyptens ist. Er lebt in einem Dorf namens ‹Snofru ist beständig›, nahe der Pyramide dieses Pharaos in Medum. Er ist 110 Jahre alt, hat also das Alter der großen Weisen erreicht, doch seine Kraft ist noch immer außergewöhnlich. Man sagt, er verspeise 500 Brote und einen halben Ochsen täglich und vollbringe wahre Wunder. Zum Beispiel kann er einen abgeschlagenen Kopf wieder anheften.» Cheops war beeindruckt und einigermaßen interessiert. Doch das genügte nicht, um ihn von seiner größten Sorge abzulenken.

«Eine Kleinigkeit noch», fügte Prinz Djedefhor hinzu. «Dieser berühmte Zauberer kennt die Zahl der geheimen Kammern des Tempels des Thot.»

Mit der ganzen Selbstbeherrschung eines Pharaos unter-

---

* Seine Büste wird im *Museum of Fine Arts* in Boston aufbewahrt.

** Auch *Sheik el-Beled* oder «Dorfschulze» genannt. Die Fellahs, die seine Statue unter Mariettes Leitung ausgruben, hielten ihn für lebendig, so ausdrucksvoll wirkt sein Gesicht.

drückte Cheops den Impuls, seinem Sohn um den Hals zu fallen. «Geh du selbst hin, mein Sohn, und bringe ihn zu mir.»

Sogleich wurden für Djedefhor Schiffe bereitgestellt, mit denen er den Nil hinauffuhr bis zu der Ansiedlung, in der Djedi der Zauberer wohnte. Ohne Zwischenfälle legten sie dort an. Der Prinz ging an Land, stieg in seine prunkvolle Sänfte aus vergoldetem Ebenholz und ließ sich zu seiner Wohnstatt bringen.

Der Zauberer war zu Hause. Vor seiner Wohnstatt lag er auf einer Matte. Ein Diener rieb ihm den Kopf mit einer Salbe ein, ein anderer massierte ihm die Füße. Der Prinz stieg aus seiner Sänfte und grüßte.

Er beglückwünschte den Zauberer zu seiner ausgezeichneten Verfassung, die bei einem Mann dieses Alters immerhin höchst bemerkenswert war. Keine Krankheit, kein Husten, kein Zeichen von Schwäche bei einem Greis von 110 Jahren, das war schon außergewöhnlich! Djedi antwortete nicht. Er hatte die Anwesenheit des Prinzen kaum zur Kenntnis genommen, der ihm nun erklärte, daß er im Auftrag seines Vaters komme, des Pharaos, der «gerechtfertigt ist durch die Stimme». Auch diese Nachricht schien den Zauberer nicht zu beeindrucken. Nachdem Djedefhor alle Höflichkeitsformeln ausgeschöpft hatte, versprach er Djedi goldene Berge: Der Zauberer werde von den erlesensten Speisen essen, die normalerweise nur dem Pharao und dessen Vertrauten vorbehalten seien; ihm werde eine herrliche Grabstätte eingerichtet werden.

Endlich ergriff Djedi das Wort. «Gemach, gemach, Königssohn, geliebt von seinem Vater! Möge dein Vater dich belohnen und dir einen hohen Rang unter den Altgedienten geben! Möge dein *Ka* gegen deinen Feind kämpfen, möge deine Seele die Wege erkennen, die zur Jenseitspforte führen.»

Beeindruckt ergriff der Prinz die Hände des Zauberers und half ihm auf die Beine. Der Greis erklärte sich bereit, die Reise an den Königshof zu unternehmen. Er verlangte Schiffe für seine Kinder und für seine Brüder. Djedefhor wich nicht von seiner Seite. Er nahm ihn mit auf sein eigenes Schiff.

Stolz trat der Prinz schließlich vor Cheops: «Pharao, mein Gebieter, ich habe Djedi mitgebracht», verkündete er. Cheops zeigte keine Regung. Er wollte den Gast im großen Palastsaal empfangen, wie es hochrangigen Besuchern gebührte.

Gelassen näherte sich Djedi dem Gottkönig. Cheops fragte ihn: «Wie kommt es, Djedi, daß wir uns noch nie begegnet sind?» Der Zauberer blickte dem Pharao ins Gesicht. «Stets kommt der, den man gerufen hat, o König. Man hat mich gerufen. Hier bin ich.»

Der Greis war eindrucksvoll und selbstsicher – aber Cheops nicht minder. Nach diesem kurzen Wortwechsel wollte der Gebieter der Zwei Länder sogleich die Angaben seines Sohnes überprüfen. «Man sagt von dir, Djedi, du könntest abgeschlagene Köpfe wieder anheften. Spiegeln diese Geschichten tatsächlich die Wirklichkeit?» Der Greis ließ sich nicht aus der Fassung bringen. «Das kann ich tatsächlich, mein Herr und Gebieter.»

«Wenn es so ist», sagte Cheops, «dann habe ich ein ganz besonderes Versuchsobjekt für dich: einen zum Tode Verurteilten, der hingerichtet werden soll. Ich werde ihn holen lassen. Man wird ihm den Kopf abschlagen, und du wirst ihn wieder anheften.»

Djedi wagte es, des Pharaos Blick standzuhalten. Ernst und furchtlos antwortete er: «Doch nicht an einem Menschen, König, mein Herr. Es ist uns verboten, solches an einem Wesen zu tun, das Gottes heiliger Herde angehört.»

Minutenlang lastete die Stille auf den Anwesenden. Der Zauberer verweigerte dem Pharao, der Inkarnation Gottes auf Erden, den Gehorsam! Cheops lächelte, ohne zu antworten. Der Mann, der da vor ihm stand, war tatsächlich ein Weiser. Er war nicht in seine Falle getappt. Tatsächlich war es der Pharao,

der nicht bereit war, einem Menschen zum Test den Kopf abzuschlagen.

Eine geköpfte Gans wurde gebracht. Der Zauberer und der
Pharao wußten beide, daß dieses Tier die materielle Verkörperung der Hieroglyphe für «Angst» darstellte. Djedi mußte nur
einige Zauberworte sprechen, um der Gans den Kopf wieder
aufzusetzen, die Angst also auszulöschen. Die Gans richtete
sich auf, watschelte los und begann zu schnattern. Djedi demonstrierte seinen Zauber noch an zwei weiteren Tieren, an
einer zweiten Gans und an einem Ochsen.

Daraufhin trat Cheops zu Djedi: «Mir wurde anvertraut»,
begann er, «daß du die Zahl der geheimen Kammern des
Tempels des Thot kennst. Entspricht das ebenfalls der Wahrheit?» Der Greis wirkte ein wenig verlegen. «Nicht ganz,
mein Gebieter. Ich weiß die Zahl nicht, aber ich kenne den
Ort, an dem dieses Geheimnis gehütet wird: in Heliopolis,
der heiligen Stadt des Gottes Re, in der Kammer der heiligen
Archive. Dort steht eine Truhe. In dieser Truhe befindet
sich das Geheimnis, das du suchst.»

Cheops' Herz füllte sich mit Freude. «Nun gut, Zauberer,
du wirst dich nach Heliopolis begeben. Du wirst die Kammer
der Archive betreten, die Truhe öffnen und mir das Dokument
bringen.» – «Unmöglich», antwortete Djedi. «Diesen Auftrag
kann ich nicht erfüllen.» Cheops war überrascht und mußte
seinen aufkeimenden Zorn bezwingen: «Wer soll es sonst
tun?»

Der Greis dachte lange nach, bevor er antwortete. Seine Zeit
auf dieser Erde würde bald zu Ende gehen. Sicher hatte er das
Alter der Weisen, 110 Jahre, nur erreicht, weil es ihm bestimmt
war, diese außergewöhnliche Stunde zu erleben, diese Unter-
redung mit dem mächtigsten Mann der Welt, in der Djedi ihm
erklären sollte, wie er Zugang zum Buch des Thot erlangen
und seine Pyramide bauen könnte.

«Die Frau eines Priesters des Re, des Herrn über Heliopolis, ist schwanger vom Licht. Bald wird sie drei Söhne gebären. Der älteste dieser drei Söhne des Lichts wird der Hohepriester von Heliopolis werden, der Größte der Sehenden. Er wird dir das Geheimnis enthüllen.»*

Das Schicksal erfüllte sich genau so, wie es der Zauberer Djedi vorausgesagt hatte. Cheops wurde tatsächlich in die Geheimnisse von Heliopolis und des Gottes Thot eingeweiht. Die Innengestaltung der Großen Pyramide besteht aus mehreren Gängen und drei Hauptkammern. Die unterste, «unvollendete» Kammer, versinnbildlicht die Materie in ihrem Urzustand, vor der Entstehung des Bewußtseins. Sie endet in einer Sackgasse. Kehrt man um, so stößt man auf einen Gang, der aufwärts in die mittlere Kammer führt, von der nur ein Teil sorgfältig bearbeitet ist. Diese Kammer ist eine Zwischenstufe, doch es geht noch weiter empor, bis in die Königskammer, die dem Proportionskanon entspricht und eine Matrix der Auferstehung enthält: den Sarkophag. Hier, in einem wahren «Kernreaktor» spiritueller Natur, wurde der Gebieter der Zwei Länder von neuer Energie durchdrungen und erlangte Unsterblichkeit. Sein ganzes Volk, die «Herde Gottes», nahm er vollzählig mit ins Himmelsparadies.

---

* Diese Episode ist durch einen Text des Papyrus Westcar überliefert.

6.
KAPITEL

DIE BLÜTEZEIT
DER PYRAMIDEN

Das Herz des alten Baumeisters Wasptah* erfüllte sich mit Freude. In jenem Jahr, 2430 v. Chr., besichtigte Pharao Neferirkare die Bauarbeiten an seiner Pyramide. Er war überaus zufrieden mit Wasptahs Leistung. Wasptah war zugleich Vorsteher aller Arbeiten des Königs und Erster Minister Ägyptens – eine schwere Bürde nach dem Vorbild des Imhotep und all jener, die seit Djoser dieses Amt bekleidet hatten.

Der Pharao sprach seine Belobigung aus, doch der Baumeister konnte ihn kaum noch hören. Nebel senkte sich vor seine Augen. Ihm wurde unwohl, seine Beine versagten den Dienst. Arme griffen nach ihm und stützten ihn. Man half ihm in eine Sänfte. Dann verlor er das Bewußtsein.

Als Wasptah wieder zu sich kam, befand er sich in einer Kammer des Königspalastes. Neben seinem Bett stand der Pharao. Besorgt erkundigte sich der Gebieter der Zwei Länder nach Wasptahs Befinden. «Zwecklos, mein Gebieter, vor der Wahrheit die Augen zu verschließen», antwortete der Baumeister. «Die Stunde des Todes ist gekommen.»

Doch keiner von beiden brach in Wehklagen aus. Der Tod war eine Prüfung, auf die sich beide seit langem vorbereitet hatten. Der Pharao teilte Wasptah mit, daß er einen Sarkophag

---

* Wasptah bedeutet «das *Was*-Zepter (die Macht) des Gottes Ptah (des Schutzherrn der Handwerker)».

aus Ebenholz für ihn anfertigen lasse. Der älteste Sohn des Baumeisters war dafür zuständig, seines Vaters Grabstätte vorzubereiten. Der König höchstpersönlich würde darüber wachen, daß das Haus der Ewigkeit seines Architekten auf das herrlichste gestaltet würde.

Wasptahs letzte Nacht in der Welt der Lebenden brach an. Der Pharao blieb bei ihm. Gemeinsam erinnerten sie sich an die großartige Blütezeit der Pyramiden, das Goldene Zeitalter des Alten Reiches, in dem diese vollendeten geometrischen Körper entstanden. Der Baumeister sah die Hochebene von Gizeh vor sich, auf der Cheops, Chephren und Mykerinos ihre Pyramiden mit den Namen «Cheops ist jener, der zum Land des Lichts gehört», «Chephren ist groß», «Mykerinos ist göttlich» erbaut hatten. Der Sphinx, ein einzigartiges Monument, dessen Körper die Bildhauer größtenteils aus einem gewachsenen Felsblock vor Ort herausgearbeitet hatten, wachte über diesen heiligen Bezirk.

Der Pharao gedachte seiner berühmten Vorgänger, die er auch als Vorbilder betrachtete. Cheops, genannt der «vollkommene Gott», war ein großer Gelehrter, dem es sogar gelungen war, Zahl und Anordnung der geheimen Kammern des Tempels des Thot, des Gottes des geheimen Wissens, in Erfahrung zu bringen. Dieses Geheimnis hatte er im Inneren seiner Großen Pyramide enthüllt, deren drei Kammern nahezu senkrecht übereinander angeordnet waren, vom rauhen Boden der unbearbeiteten Materie bis hinauf zum reichgeschmückten Sarkophag in der «Königskammer», in der sein Lichtkörper bestattet wurde.

Auch Chephren war ein großer Baumeister. Zu seiner Pyramide, die nur wenig kleiner ist als die des Cheops, ließ er einen Taltempel aus Assuan-Granit bauen, dessen einzelne Steinblöcke teilweise über 150 Tonnen wogen. In diesem majestätisch-schlichten Bauwerk wurden die königlichen Statuen im Tagesverlauf eine nach der anderen vom Sonnenlicht beleuchtet, das durch die geschickt angeordneten Türen und Fenster fiel.

Mykerinos war es, der die kleinste der drei Pyramiden auf der Hochebene von Gizeh bauen ließ. Dafür bestand sie aus den größten Steinblöcken. Der König kam oft, um die Arbeiten an seiner Pyramide zu inspizieren, und er beschenkte seine Würdenträger mit prachtvollen Mastabas, jenen Schachtgräbern, die rund um die Königspyramide einen Hofstaat für die Ewigkeit bilden.

Was war eine Pyramide anderes, so sinnierte der sterbende Baumeister, als ein lebendiges Wesen? In einem feierlichen Ritual wurde ihr der Mund geöffnet, damit sie das heilige Wort aussprechen konnte, sie trug einen Namen, sie war eine Erscheinungsform des Königs. Zu ihrem Schutz wurden Zauberformeln gesprochen.

Sie war kein allein stehendes Monument, sondern das Allerheiligste einer Gesamtanlage, die einen Taltempel mit einer Anlegestelle am Nil umfaßte, einen langen, gedeckten Aufweg zu einem weiteren Tempel in der Nähe der Pyramide, die wiederum den Zielpunkt dieser symbolischen Wegstrecke bildete. In der Hieroglyphenschrift heißt die Pyramide *Mer*: Sie trug den gleichen Namen wie die allumfassende Liebe, die Leben spendete, wie der Kanal, durch den das lebenspendende Wasser floß, und wie die Hacke, mit der der Pharao die Erde öffnete, um das Fundament eines Tempels auszuheben. Sie war eine Fusion mächtiger Dreiecke, ein versteinerter Sonnenstrahl, eine Himmelstreppe. Über diese Treppe stieg die Seele des Pharao empor zu jenem Licht, aus dem sie hervorgegangen war.

Wasptah erinnerte sich an die Gründungsarbeiten jener Baustelle, die er so viele Jahre hindurch geleitet hatte, um die Pyramide seines Königs zu errichten. Er legte einen Flußhafen an, in dem das von schweren Lastkähnen antransportierte Material ausgeladen werden konnte. Der benötigte Granit wurde aus dem fernen Assuan herbeigeschafft. Doch zunächst mußte der Standort für die Pyramide geebnet, geglättet und abgeglichen werden. Das gleiche war auch auf der Hochebene von Gizeh nötig gewesen, wo sich die Vorarbeiten als beinahe ebenso umfangreich erwiesen hatten wie der Bau der Pyramiden selbst. Es war unerläßlich, den Felsboden zu nivellieren, um eine vollendete Horizontale zu erhalten. In Begleitung der Gelehrten aus dem «Lebenshaus» nahm der Pharao eine astronomische Vermessung vor, um die genaue Ausrichtung des Monuments zu bestimmen, die mit den himmlischen Gesetzen im Einklang stehen mußte. Zu seinen Meßinstrumenten gehörten Visierstab und Senkblei. Danach begann der Baumeister mit seiner Arbeit. Die Zeit spielte dabei keine Rolle.

All dies wäre ohne die entsprechenden Menschen nicht zu verwirklichen gewesen, ohne jene kleinen Gruppen eingeweihter Handwerker, unter denen auch «Große Meister der schöpferischen Arbeit» waren, Spezialisten der Steinbearbeitung, die gern den einfachen Titel «Zimmermann» trugen. Namen kamen Wasptah in den Sinn: Chufu-Anch, einer der spirituellen Meister des «Lebenshauses» und Leiter aller Arbeiten des Pharaos; Hemiunu, Erster Minister unter Snofru, Baumeister des Cheops; Anchhaf, der ebenfalls für diesen König gearbeitet hatte; und unzählige andere, die heute in ihren Gräbern nahe bei ihrem König ruhten und an seiner Ewigkeit teilhatten.

Die Pyramidenbauer unterstanden dem Pharao unmittelbar. Sie galten als die Elite des Staates. Vom jahreszeitlich bedingten Frondienst der Bauern oder anderer Berufsgruppen waren sie befreit. Ihnen waren eigene Siedlungen oder Stadtviertel vorbehalten, mit großzügig angelegten Häusern für die Meister und Aufseher. Diese Männer, die in strenger Hierarchie lebten, hatten nur eine einzige Aufgabe: Tempel, Gräber und Paläste zu bauen. Wer in diese Bruderschaft eintreten wollte, mußte sich schon als junger Mensch strengen Prüfungen unterziehen. Es wurden intellektuelle und handwerkliche Fähigkeiten verlangt, außerdem Rechtschaffenheit und Verläßlichkeit im Bewahren von Geheimnissen. Der Lehrling wurde in den Gebrauch der Werkzeuge eingewiesen, in den Betrieb der Baustelle, und er mußte die heilige Regel achten. Man ließ ihn alle Techniken einüben. Die Schreiber des «Lebenshauses» unterrichteten ihn in der Hieroglyphenschrift, enthüllten ihm die heiligen Bücher, lehrten ihn das «Programm» der symbolischen Szenen, die an die Grabmauern gemeißelt und gemalt wurden. Der Lehrling lernte, die härtesten Gesteine zu bearbeiten, Kurbel- und Drillbohrer zu handhaben, beim Heben riesiger Monolithe zu helfen. Geometer, Steinbrecher, Steinmetzen, Schreiber und Werkzeugschmiede arbeiteten jeder an seinem Platz, den ihnen der für den reibungslosen Ablauf aller Arbeiten auf der Baustelle zuständige Oberste Baumeister zugewiesen hatte. Vertraglich gedungene Hilfsarbeiter, Soldaten und Bauern, die während der Überschwemmungsmonate auf den Feldern nichts zu tun hatten, leisteten Handlangerdienste. In das eigentliche Geheimnis der Konstruktion waren sie jedoch nicht eingeweiht.

Die Bruderschaft der Pyramidenbauer genoß hohes Ansehen. Ihre Mitglieder arbeiteten hart, doch sie führten ein glückliches Leben. Der Pharao selbst sorgte für ihr Wohlbefinden; er gewährte ihnen die besten Speisen, ließ die Kornspeicher für sie füllen, stets reichlich Brot, Bier, Öl und Weizen für sie bereitstellen und sie mit den besten Stoffen kleiden.

Bewegt dachte Wasptah an jene unvergeßlichen Stunden zurück, in denen er mit dem Bau der Königspyramide beschäftigt gewesen war. Rund umher entstand allmählich eine «Pyramidenstadt», die sich mit Handwerkern, Priestern und Beamten bevölkerte. Dort waren auch die «Priester des *Ka*» tätig, die mit ihren Riten die Lebenskraft des Pharao nährten. Die Familie und die Gefolgsleute des Pharao erhielten Gräber, Sarkophage, Opfertafeln, Stelen und Beisetzungszeremonien in der auf Erden materialisierten Jenseitsstadt. Die Lebenden sorgten so für die Toten, damit diesen ein glückliches Geschick im Jenseits zuteil würde. Sie kommunizierten durch «Scheintüren», durch steinerne Wandbereiche, die den Seelen Durchlaß gewähren sollten.

Baumeister Wasptah dachte auch an sein Amt als Erster Minister zurück, als Wesir und «Einziger Freund» des Königs. Dadurch war er ausgezeichnet worden unter den hohen Würdenträgern, die man «Augen und Ohren des Pharaos» nannte. Er stieg die Stufen der Palasthierarchie empor, wurde Sandalenträger, Kronenverwahrer, Priester des *Ka*. Schließlich wurde er an die Spitze der Verwaltung gesetzt, leitete die großen Staatsorgane, die Archive, die Schatzhäuser, und schickte seine Beauftragten im ganzen Land umher. Die Schreiber des «Lebenshauses» und die Vorsteher der Geheimnisse unterstanden seinen Anweisungen. Er selbst sah und hörte, was nur ein Eingeweihter zu sehen und zu hören bekam. Ihm wurden die Mysterien der Götterworte enthüllt, er durchdrang das Geheimnis des Gerichtshofes, der sich auf Erden an seinem himmlischen Vorbild orientierte. Ihm zur Seite standen die Gelehrten, Mathematiker, Kundige der Heiligen Geometrie, doch auch Ärzte, die eingeweiht waren von der furchterregenden Göttin Sachmet persönlich, die Leben geben und nehmen konnte – kurz, die gesamte intellektuelle und spirituelle Elite Ägyptens.

Diese Macht war dem Baumeister und Wesir Wasptah jedoch nie zu Kopf gestiegen. Sein größter Stolz war es, wie seine Vorgänger der universellen Harmonie *Maat* zu dienen, dem großen Gott Pharao und dem gesegneten Land Ägypten. Bald würde er seine irdischen Augen schließen. Sein vergänglicher Körper würde dann in einen unsterblichen Körper verwandelt, in die Mumie. Sie würde auf einem Schlitten zum Nil gezogen und auf ein Boot geladen, das den Fluß überqueren und am Westufer, dem Ufer der Toten, anlegen sollte. Seine Familie würde die Mumie bis zur Grabstätte geleiten, wo die Priester ihr Mund und Augen öffnen und die Zauberformeln sprechen würden, kraft deren der Auferstandene sich im Jenseits bewegen konnte. In einem feierlichen Ritual würde die Mumie dann in die Gruft hinuntergetragen; dort, im Herzen der Finsternis, würde die göttliche Energie sie durchströmen. Der Seelenvogel *Ba* würde sie regelmäßig verlassen, um in der Sonne Lebenskräfte zu tanken. Dann würde er in die Gruft zurückkehren und dort sein Licht verbreiten. Der Verstorbene würde niemals endgültig verschwinden. Durch eine Kapelle, die zur Außenwelt hin offen war, blieben die Toten immer in Verbindung mit den Lebenden.

Im Inneren des «Hauses der Ewigkeit» erinnern heute noch Darstellungen an den Alltag des Verstorbenen, an seinen Beruf, seine Ämter, an die glücklichen Stunden im Kreis der Familie, an seine Freizeitbeschäftigungen. Diese magischen Szenen sind für alle Zeiten lebendig und verleihen den dargestellten Menschen Unsterblichkeit.

Darin wird gezeigt, wie der Tote zum Osiris wird, seine sterbliche Hülle verläßt und in den mumifizierten Körper des Gottes eintritt, in dem sich seine Auferstehung vollzieht. Durch die Macht des Wortes und durch seine Kenntnis der richtigen Formeln wird er zum Bruder der Götter, zum Entdecker der himmlischen Räume, zum Gebieter über die Mächte des Kosmos.

Auf Erden werden seine Nachkommen für ihn sorgen, indem sie die Opfertische füllen und regelmäßig in seinem Grab zu einem Bankett zusammenkommen, an dem auch der Verstorbene teilnimmt. Dank der magischen Abbildungen wird es ihm niemals an Brot, Kuchen, Fisch, Fleisch, Gemüse, Käse und Früchten mangeln. Denn das Ewige Leben ist nichts anderes als ein immerwährendes Festmahl, zu dem alle Götter, Sterne und Menschen geladen sind.

Der Pharao und der Baumeister Wasptah erinnerten sich gemeinsam an die Schönheit des Lebens in der Pyramidenzeit, an die Achtung vor den Alten, die Liebe der Kinder zu ihren Eltern, die Wertschätzung der Familie, das Verantwortungsbewußtsein der Würdenträger und der Vornehmen, an den Respekt der Diener und der einfachen Menschen. Jeder sorgte für seinen Nächsten.

Schöne und glückliche Stunden schenkte auch das Familienleben. Die Mutter war die «Herrin des Hauses», der Vater verkörperte die von allen geachtete Regel. Kein größeres Unheil gab es als einen Sohn, der Unrecht beging und sich weigerte, seine Pflichten zu erfüllen. Man mußte ihn aus dem Hause jagen, bevor er es zerstörte, denn er hatte es nicht verdient, Sohn genannt zu werden. Zum Glück gab es dieses Unheil nur sehr selten. Wasptahs Söhne hatten ihren Vater stets geachtet und ihre Mutter geliebt. Sie vermieden es, Habsucht und Gier in ihre Herzen dringen zu lassen. Sie gründeten einen Hausstand, schätzten ihre Gemahlinnen und ihre Kinder. Seine Frau zu lieben war ein Geschenk der Götter; darum mußte man sich ihr gegenüber zuvorkommend verhalten, man mußte sie gut kleiden und gut ernähren, ihre Wünsche erfüllen und ihr treu sein. Man glaubte, daß eine glückliche Frau einem fruchtbaren Feld gleiche: Sie lasse ihr Haus gedeihen und verströme den Duft der Lotosblüte, aus der die Sonne des Morgens neu geboren wird.

Wasptah spürte, wie seine Lebensenergie nachließ. Bald würde er seinen Körper verlassen. Bald würde jener, der einst der Erste Minister der Zwei Länder war, in seine Mastaba Einzug halten, direkt neben der Pyramide seines Herrschers. Szenen vom Fischfang würden ihn umgeben, von der Jagd in der Wüste und in den Sümpfen, von Gärten mit Bäumen voller Früchte, von Viehherden, von Handwerkern bei der Arbeit. Tischler, Schiffsbauer, Steinmetzen, Bildhauer, Schmuckhersteller, Goldschmiede, Weber: sie sollten alle an seiner Seite weiterleben.

Der alte Diener verlosch. Mit ihm ging die Blütezeit der Pyramiden zu Ende, die Epoche der steinernen Giganten, die glanzvolle Welt des Alten Reiches. Neben ihm rief der Gottkönig *Maat* an, die universelle Norm, die heilige Lebensregel, die Göttin, die das Geheimnis der Weisheit hütete, die den Schweigsamen dem Leidenschaftlichen vorzog, den Großherzigen dem Neider, die jenen, der sie in sich lebendig hielt, mit allen- Tugenden beschenkte. *Maat* war der Sockel aller Götterstatuen. Sie war das Maß, der heilige Proportionskanon, der dem Plan der Pyramiden zugrunde lag. «Niemals erfüllt sich der Wille der Menschen; Gott allein befiehlt, was sich erfüllt», sprach der Pharao.

Wasptah, der klein gewesen und groß geworden war, der arm gewesen und reich geworden war, der es geschafft hatte, den Gipfel des Menschengeschicks zu erklimmen, war niemals geizig gewesen. Sein Reichtum war ein Geschenk Gottes, er hatte viel gegeben. Und er sprach die Worte, die ihm vor der Waage des Jenseitsgerichtes die Pforten zum Himmelsparadies auftaten: «Ich habe die Wahrheit gesprochen, ich habe nach der heiligen Regel gehandelt; ich habe dem Hungrigen Brot gegeben, ich habe dem Durstigen zu trinken gegeben, ich habe dem Nackten Kleider gegeben; ich habe den, der kein Boot hatte, über den Fluß gesetzt, ich habe den, der keinen Sohn hatte, begraben, ich habe den Schwachen vor dem Stärkeren gerettet; ich habe meinen Vater geachtet, ich habe meine Mutter geliebt ...»

Die Stimme des Baumeisters war erloschen. Der Pharao hatte seinen treuesten Freund verloren, den Mann, der fähig gewesen war, Häuser der Ewigkeit zu erbauen. Vom Fenster seines Palastes aus betrachtete der Herrscher Ägyptens in der Ferne die Pyramide, in der sein eigener sterblicher Körper sich bald in einen unsterblichen verwandeln würde.

7.
KAPITEL

DAS ÄLTESTE BUCH
DER WELT

2325 vor Christi Geburt: Die V. Dynastie ging zu Ende. Pharao Unas blickte bewundernd auf die drei gigantischen Pyramiden der Hochebene von Gizeh, die die geometrischen Gesetze der *Maat*, der goldenen Regel des Universums enthüllten. Wie jeder Pharao war auch er im «Lebenshaus» in das geheime Wissen eingeweiht worden. Er hätte wie seine Vorgänger eine Pyramide erbauen können, die den Großen Pyramiden wenn nicht in den Ausmaßen, so doch vom Grundkonzept her ähnlich gewesen wäre. Doch die Weisen des Lebenshauses hatten ihn soeben mit einer anderen Aufgabe betraut. Mit einer so schweren Aufgabe, daß der Pharao nun das dringende Bedürfnis nach einem langen, einsamen Spaziergang durch die Wüste verspürte. Erst danach wollte er eine endgültige Entscheidung treffen, die keiner seiner Nachfolger jemals wieder würde revidieren können.

Von Unas' etwa dreißigjähriger Regierungszeit sind kaum materielle Spuren erhalten. Unter der weisen Verwaltung des Wesirs war das Land wohlhabend, der Friede verläßlich. Der König selbst widmete sich ganz einer monumentalen Aufgabe: den Pyramiden eine Stimme zu verleihen.

Bis zu jener Zeit waren die Innenwände der Pyramiden noch niemals durch Texte geschmückt worden. Die Riten, die Symbole und die geheime Lehre von Heliopolis waren bisher ausschließlich mündlich überliefert worden. Doch die

Weisen der Sonnenstadt kamen zu dem Schluß, daß diese Zeit nun vorüber sei. Nachdem sie ihre Botschaft in Sakkara und Gizeh in eine streng geometrische Form gekleidet hatten, wollten sie sie nun in den Stein zu meißeln, in Hieroglyphentexte zu übersetzen. Und die Pyramide des Pharaos Unas sollte die erste Pyramide sein, die so mit eigener Stimme sprach.

Unas hatte sein Reich der Ewigkeit in der Nähe des Grabbezirks des Djoser in Sakkara erbaut. So stellte er sich unter den Schutz seines großen Vorgängers und dessen Baumeisters Imhotep.

In der Wüste fällte Unas seine Entscheidung: Er würde die Baustelle seiner Pyramide besuchen und mit Steinmetzen, Zeichnern, Bildhauern und Graveuren sprechen, damit das Werk begonnen und zu Ende geführt werden konnte. Er erreichte die Anlegestelle, die eigens für seinen Grabbezirk gebaut worden war. Langsam, Schritt für Schritt, folgte er dem mehr als 700 Meter langen gedeckten Aufweg zur Pyramide. Die Szenen an den herrlich gestalteten Innenwänden zeigten Handwerker bei der Arbeit, die Jagd in der Wüste, die tragische Hungersnot in den Provinzen nach mehreren Jahren unzureichenden Hochwassers, den Transport von Obelisken in Lastkähnen. Der König erlebte glückliche wie dramatische Stunden noch einmal, dachte an die zahlreichen Mastabas zu beiden Seiten des Aufwegs, die seinen Höflingen als Häuser der Ewigkeit dienen sollten. Der Aufweg schloß mit einem Tempel ab, der direkt an die Pyramide grenzte. In ihm standen die Stelen, die den Namen des Herrschers lebendig erhalten sollten.

Nun mußte Unas das Tageslicht verlassen und in den unterirdischen Bezirk eintreten. Ihm fiel der Name ein, den seine Pyramide trug: «Vollkommen sind die Orte». Tatsächlich war die Stätte von den Eingeweihten, die um die Energien des Himmels und der Erde wußten, sorgfältig ausgewählt worden.

Wenn Unas' körperlicher Tod einträte, würde man an ihm wie auch an seiner Pyramide die Rituale der Mund- und Augenöffnung vollziehen, damit der Mensch und sein Werk im Jenseits weiterhin sprechen und sehen könnten.

Der Zugang war beschwerlich. Der König mußte sich bücken, sich klein machen, um durch einen schmalen Stollen in die Tiefe zu steigen. Bald hörte das Gefälle auf, und über einen horizontalen Gang erreichte der König das Allerheiligste der Pyramide, die Grabkammer, in der der Sarkophag bereits aufgestellt war.

Unbeweglich blieb Unas in dieser engen Kammer stehen. Er hob die Augen zur Decke, die mit Sternen geschmückt war. Der steinerne Himmel der Pyramide öffnete sich zum Kosmos hin. Unas fühlte sich wie im Inneren eines Buches, des ältesten heiligen Buches der Menschheit, von dem er die erste Seite schreiben würde, die erste Zeile, die erste Hieroglyphe. Der Augenblick war gekommen. Der Pharao zeigte dem Graveur die richtige Stelle, die Südmauer der Sargkammer. Der Meißel des Steinmetzen ließ die ersten Zeichen der «Pyramidentexte» entstehen:

«Der Pharao ist nicht als Toter gegangen,
Er ist als Lebender gegangen.»

Sämtliche Innenwände der Pyramide des Unas wurden mit Texten bedeckt, ebenso jene der Pyramiden von Teti, Pepi I., Merenre, Pepi II., die alle der VI. Dynastie angehörten. Die Monumente der Königinnen Neith, Udjebten und Iput wurden ebenfalls zu Trägern dieses ältesten Gedankenguts der ägyptischen Religion. Später sollten die Texte nicht mehr auf Stein, sondern auf Holz geschrieben werden. Gegen Ende des Alten Reiches und im Mittleren Reich wurden die «Pyramidentexte» durch die «Sargtexte» abgelöst und auf Papyrus geschrieben. Im Neuen Reich wurden sie zum «Buch vom Herausgehen am Tage», das oft völlig unpassend als «Totenbuch» bezeichnet wird.

Unas wußte, daß er eine Einweihungstradition einleitete, die die ägyptische Seele jahrhundertelang nähren würde. In seinem Monument findet sich die älteste, die ursprünglichste und maßgebliche Sammlung der «Pyramidentexte». Später entstanden Varianten, Hinzufügungen, Ausweitungen. Doch bei Unas finden wir den «Kern», formuliert in knapper, mathematischer, strenger Sprache, deren Grammatik so klar und eindeutig ist wie die Kante einer Pyramide, deren poetische Ausdruckskraft so übermächtig ist wie ein Sonnenaufgang.

Eine vollständige Übersetzung der «Pyramidentexte» mit den notwendigen Kommentaren würde ein dickes Buch ergeben. Es bleibt zu hoffen, daß sich die Ägyptologie dieser drängenden und grundlegend wichtigen Aufgabe bald annimmt.

Die «Pyramidentexte» sind dem Autor dieser Zeilen zu einem Lieblingsbuch geworden. Ihre Zeichen wurden als lebendige Weisheiten betrachtet. Der Pharao ließ sogar all jene Hieroglyphen, die Schlangen oder Raubtiere darstellten, in zwei Teile zerstückeln, damit sie ihm im Jenseits nicht gefährlich werden konnten. Diese magischen Zeichenkolonnen, die von Auferstehung, Ewigkeit, unaufhörlichen Verwandlungen des Bewußtseins sprechen, kann man nicht entziffern, ohne von der Präsenz des Heiligen überwältigt zu sein.

Der König geht in den «Pyramidentexten» als Lebender ins Himmelsparadies ein. Diese lange Reise tritt kein Leichnam an, sondern ein vergöttlichtes Wesen, das zum Himmel emporsteigt über die Leiter der Schöpfermächte, indem es zum Sonnenstrahl wird, zum Rauch des Brandopfers. Der König kennt die Namen aller Pforten und ihrer Wächter. Er wird eingelassen. Er will in Gesellschaft der Götter leben. Bei seinen drei Mahlzeiten nährt er sich von deren energetischer Substanz. Er ist zugleich Re, das Prinzip des Lichts, und Osiris, das Prinzip der Verwandlung.

61

Der Pharao wird zu Atum, dem Baumeister der Welten. Sein Leib ist der eines riesigen Menschen, so groß wie der Kosmos. In ihm strömt das himmlische Leben: «Er wurde geboren», so sagen die «Pyramidentexte», «als der Himmel noch nicht geschaffen war, als die Erde noch nicht geschaffen war, als die Götter noch nicht geschaffen waren, als der Tod noch nicht existierte.»

Das Leben, vor allem das Leben vor dem Tod ist es, was die Weisen zu Heliopolis lehrten und das älteste Buch der Welt enthüllt.

8. KAPITEL — EIN ZWERG AM KÖNIGSHOF

Im Jahre 2248 v. Chr., gegen Ende der VI. Dynastie, der letzten des Alten Reiches, herrschte am Hofe des Pharaos helle Aufregung. Der ägyptische König war noch jung: Auf dem Thron der Zwei Länder saß ein zehnjähriger Knabe. Pepi II. wurde schon als Kind zum Pharao gekrönt, und ihm sollte die längste Regierungszeit der Geschichte vergönnt sein: 94 Jahre würde er an der Spitze des Staates stehen. Er sollte den traurigen Zerfall der Zentralmacht miterleben und alle Schrecken einer Zeit des Niedergangs. Doch noch wußte der junge, mit der Allmacht seiner Vorfahren ausgestattete Herrscher von alledem nichts. Zur Stunde erwartete er voller Ungeduld die Rückkehr eines Expeditionsleiters aus Nubien. Der berühmte Abenteurer namens Herchuf hatte versprochen, dem Pharao ein ganz besonderes Geschenk mitzubringen.

Die Zeit der großen Pyramiden war schon lange vorbei. Am Königshof herrschte zwar noch die einstige Pracht, doch die Provinzherren hatten ihre Befugnisse nach und nach ausgeweitet und die Zentralmacht dadurch empfindlich geschwächt. Bereits der Kindkönig zeigte den Willen, in Ägypten jene Harmonie aufrechtzuerhalten, die seit der Regierung des Osiris noch nie getrübt worden war. Dies war die Aufgabe, die der Vater an seinen Sohn weitergab. Wer dieses göttliche Gesetz nicht einhielt, der ließ zu, daß Gewalt die Oberherrschaft erlangte und Barbarei die Zwei Länder verwüstete.

Der junge Herrscher war von bewährten Männern umgeben, darunter der Baumeister Meriptahanchmerire, dessen Name bedeutet: «Geliebt von Ptah (dem Schutzherrn der Handwerker) und von Re (dem göttlichen Licht)». Dieser große Architekt war auch menschlich ein Vorbild: Er gab den Nackten Kleider, den Hungrigen und Durstigen Nahrung und Wasser. Als er sein eigenes Haus der Ewigkeit vorbereitete, zwang er niemanden zur Arbeit, sondern schloß mit den Handwerkern, die in seine Dienste traten, Verträge zu ihrem Vorteil. Sein Bruder wurde ein exzellenter Schreiber, der ihn auf die Baustellen begleitete, um die nötigen Aufzeichnungen zu machen, und ihm während seiner gesamten Laufbahn treu verbunden blieb. Meriptahanchmerire war außerdem ein brillanter Verwalter und führte seine Ländereien so gut, daß seine Diener ihn dafür rühmten.

Auch Karapepinefer, ein vornehmer Herr aus der Stadt Edfu, stand wegen seines vorbildlichen Verhaltens in hohen Ehren. In seiner Provinz mußte niemand Hunger leiden. Mit Vorräten aus seinen eigenen Kornspeichern tilgte er die Naturalienschulden der Armen. Er nahm sich stets besonders der Schlechtergestellten an, unterstützte die Mittellosen aus dem Vermögen der Reichen und schlichtete Streitfälle vollkommen unparteiisch.

Der Nächste, der Freund, der Vertraute des Königs war aber Weni, Aufseher der Priester der königlichen Pyramide, Leiter der Palastdomänen, Statthalter des Südens. Er wußte als einziger über die geheimsten Angelegenheiten Bescheid. Als «graue Eminenz» stand er auf gutem Fuß mit dem Wesir, also dem Ersten Minister; der Pharao selbst zog ihn ins Vertrauen. Weni wurde sogar damit beauftragt, die delikaten Angelegenheiten des königlichen Harems zu regeln, in dem es gewisse Rangstreitigkeiten gab. Dank seines Sinnes für Diplomatie bewährte er sich und erhielt überschwenglichen Lohn. Dieser «Einzige Freund» des Pharaos konnte durchaus auch energisch auftreten, wenn es nötig war. Schließlich war er als tapferer General gegen die Asiaten gezogen, an der Spitze einer mehrere zehntausend Mann starken Armee. Die Rekruten waren aus allen Teilen Ägyptens gekommen. Weni selbst hatte die Strategie ausgearbeitet. Die Angelegenheit war von höchster Bedeutung, denn die Einfälle der Beduinen in den Nordosten des Landes mußten unbedingt unterbunden werden. Die Plünderer wurden zu einer zunehmenden Bedrohung für die Karawanen. Man nannte die Unruhestifter «Sandläufer»; Weni mußte fünf Feldzüge unternehmen, um sie endgültig zu unterwerfen.

General Weni war besonders stolz auf das Betragen seiner Truppen. Sie hatten das Land der Rebellen und deren Festungen zerstört, Feigenbäume und Rebstöcke gerodet, Häuser in Brand gesetzt, Gefangene gemacht; doch bei alledem hatten die Soldaten Verantwortungsbewußtsein und gute Führung bewiesen. Kein einziger hatte seine Kameraden bestohlen oder etwa den Zivilpersonen, die ihnen unterwegs begegneten, Hab und Gut geraubt, sei es nun Brotteig oder gar Sandalen. Kein einziger hatte den Bewohnern der Dörfer, durch die sie zogen, auch nur eine Ziege entwendet.

Nicht immer verliefen die Militärunternehmungen so erfolgreich. Für eine geplante Reise nach Punt wurden etwa die Schiffe, die die weite Fahrt antreten sollten, von den ägyptischen Zimmerleuten direkt im Ausgangshafen an der asiatischen Küste des Roten Meeres gebaut. Beduinen überfielen die Handwerker und metzelten sie nieder. Der König ließ ihre sterblichen Überreste nach Ägypten überführen und schickte sofort eine Polizeitruppe aus, um das Verbrechen zu sühnen.

Doch derlei dramatische Ereignisse waren dem Denken des kleinen Pharaos noch fern. War er nicht die Verkörperung Gottes, vor der man sich zu Boden warf? War er nicht der Herrscher aller Herrscher, das vollendete Wesen, das mit den Göttern Zwiesprache hielt? Allzu bald schon sollte seine

Macht zerfallen, die Provinzherren sollten sich zu kleinen Monarchen entwickeln, die sich der Befehlsgewalt des Pharaos mehr und mehr entzogen. Memphis würde nicht mehr Hauptstadt der Zwei Länder sein, sondern nur noch der eigenen Region. Eine düstere Zukunft, von der der junge Pepi II. noch nicht ahnte. Zur Stunde kreisten all seine Gedanken um den aufregenden Brief, den er von Herchuf erhalten hatte. Herchuf war ein erfahrener Expeditionsleiter, der schon unzählige Male die unbekannten Länder des fernen Südens bereist hatte. Für ihn barg Afrika nicht mehr viele Geheimnisse. Herchuf brachte stets reiche Beute von seinen Reisen mit. Diesmal jedoch hatte er sich selbst übertroffen! In seinem Brief verkündete er, er werde dem Pharao einen Pygmäen mitbringen, einen jener Tanzzwerge aus dem Land der Bewohner des Lichts.

Pepi II. griff höchstpersönlich zur Schreibbinse, um Herchuf zu antworten. Er beglückwünschte ihn zum Erfolg seiner Expedition und dankte ihm schon im voraus für die zahlreichen Geschenke, die er mit Hathors Gunst für den *Ka* des Königs von Ober- und Unterägypten zusammengetragen hatte. Doch all das war unbedeutend neben einem Tanzzwerg! Zwar hatte es in ferner Vergangenheit bereits solche Zwerge bei Hofe gegeben, etwa jenen Pygmäen, den ein Schatzmeister Gottes während der Regierungszeit des Pharao Asosi (V. Dynastie) aus dem Land Punt mitgebracht hatte. Doch der von Herchuf war einzigartig und ohnegleichen, davon war der König überzeugt!

Pepi II. hielt sich nicht lange mit Ausschmückungen auf. Herchuf pflege stets zu betonen, wie treu er seinem König ergeben sei, schrieb Pepi II. Das ganze Jahr verbringe er damit, zu tun, was der Pharao befehle. Nun habe er eine ausgezeichnete Gelegenheit, seine Treue unter Beweis zu stellen! Strebte Herchuf nach neuen Ehren, nach neuem Reichtum, nach unvergänglichem Ruhm in den Herzen der Menschen? Dann solle er diesen Pygmäen behüten wie einen einzigartigen Schatz. Der Pharao wolle ihn so schnell wie möglich bei Hofe sehen. Doch Vorsicht! Herchuf dürfe nicht das geringste Risiko eingehen! Was, wenn es dem Zwerg in den Sinn käme, ins Wasser zu springen und zu ertrinken? Um ein solches Unglück auszuschließen, solle Herchuf selbst für die Sicherheit des Pygmäen bürgen. Er solle ihn keinem seiner Seeleute anvertrauen. Er solle nicht mehr schlafen, sondern Tag und Nacht an der Seite des Zwerges wachen und ihm jede Unannehmlichkeit ersparen. Er solle ihn unterhalten, mit ihm spielen, ihm die besten Speisen vorsetzen, ihn bei Kräften und bei guter Gesundheit halten. Viele Vorsichtsmaßnahmen seien besser als nur eine: Weise und umsichtige Männer sollten in der Nähe des Pygmäen bleiben, zu beiden Seiten des Schiffes. Sie sollten sich bei ihm in seinem Zelt niederlegen, während er schlafe. Selbstverständlich solle Herchuf alles stehen- und liegenlassen und, ohne eine Sekunde zu verlieren, nach Norden fahren, um seinen hohen Gast bis zum Königshof zu geleiten.

«Denn Meine Majestät», so schloß Pepi II., «wünscht diesen Zwerg dringlicher zu sehen als alle wertvollen Erzeugnisse des Sinai und Punts.»

Des Pharaos Wille war göttlichen Ursprungs. Herchuf erhielt den Antwortbrief. Welche Ehre für ihn! Sogleich ordnete er an, den Text in seinem Grab eingravieren zu lassen, das in Assuan für ihn vorbereitet war, dort an der Südgrenze Ägyptens, an der Pforte nach Nubien. Nun war sein Ruf tatsächlich unsterblich! Überwältigt, das Herz geweitet vor Freude, ließ Herchuf seinen kleinen Schützling an Bord bringen und brach unverzüglich zur Hauptstadt auf.

Die Reise verlief ohne Zwischenfälle. Herchuf hatte nicht daran gezweifelt, dennoch war er erleichtert, als er sein Ziel erreichte. Die Nachricht seiner Ankunft wurde dem Herrscher überbracht, und der rief ihn unverzüglich in den Palast. Herchuf und der Pygmäe waren gleichermaßen bewegt. Der eine, weil seine Glanzleistung die Anerkennung des Herrn der Zwei Länder fand, der andere, weil er vor einen Gottkönig trat, der Leben und Tod in seiner Hand hielt. Der kleinwüchsige Mann, der aus seiner fernen nubischen Heimat gerissen worden war, war völlig verängstigt. Doch dann stellte er fest, daß dieser zehnjährige Pharao kaum größer war als er selbst und sich nicht feindselig verhielt, im Gegenteil. Pepi II. empfing den Zwerg mit strahlendem Lächeln. Doch dann bat er ihn dringlich: «Tanze! Tanze den Göttertanz, um des Pharaos Herz zu erfreuen!» Der Zwerg war verunsichert und blieb zögernd stehen. Die Höflinge warfen ihm aufmunternde Blicke zu. Ein Orchester aus drei Musikerinnen mit Flöte, Harfe und Trommel begann zu spielen. Die Musik fuhr ihm unwiderstehlich in die Beine. Schon begann sich der Zwerg im Takt zu wiegen und instinktiv zu den Bewegungen seiner Ahnen zu finden.

So tanzte er den Göttertanz für den Pharao. Viele Jahre sollte der Zwerg am Hofe leben, Pepis II. Gunst genießen und durch sein Können von jener glücklichen Stunde Zeugnis ablegen, in der er das Entzücken eines Kindkönigs geweckt hatte.

9. KAPITEL

DIE ERFORSCHER NUBIENS

Die Reise neigte sich dem Ende zu. Herchuf, treuer Diener der Könige Merenre und Pepi II., kehrte von einer seiner Expeditionen ins ferne Afrika zurück. Er erreichte Elephantine*, die Hauptstadt des ersten *Nomos*** von Oberägypten. Herchuf liebte Elephantine über alles. Akazien, Maulbeerbäume, Dattelpalmen, Dumpalmen spendeten in den engen Straßen Schatten. Rund um die Stadt wuchsen Dattelpalmen- und Akazienwälder. In seinem großen Garten ruhte Herchuf von den Strapazen seiner Reise aus, im Schatten seines Weinspaliers, dessen Trauben einen vorzüglichen Wein hervorbrachten. Später würde er am Hafen die Seeleute begrüßen, die er kannte, dann wollte er weitergehen bis zum Markt, auf dem Ägypter, Libyer und Nubier wild gestikulierend miteinander handelten und palaverten. Elephantine war voller Leben, vibrierend und bunt, wie Herchuf es liebte. Überall lag Abenteuer in der Luft. Alle Geheimnisse Afrikas sammelten sich hier an den Nilufern und schufen einen stolzen, unerschrokkenen Menschenschlag.

Gegen Ende des Alten Reiches waren die Fürsten von Elephantine zu mächtigen Provinzherren geworden, deren Terri-

* Nach einer Inschrift in seinem Grab in Assuan (Urkunden I, 120–131).
** Nomos (Pl. Nomoi), gr.: Provinz oder Gau. In der Hieroglyphenschrift wird der Nomos als kariertes Rechteck wiedergegeben, das die von Bewässerungskanälen durchzogenen Ländereien darstellt. (Anm. d. Red.)

69

torium einen von der Krone verliehenen Sonderstatus genoß. Sie beschäftigten Dolmetscher und beherrschten selbst mehrere afrikanische Dialekte, die ihnen für ihre engen Handelsbeziehungen mit dem schwarzen Kontinent sehr zugute kamen. Immerhin war Elephantine einer der größten Umschlagplätze für Waren aller Art in Ägypten.

Natürlich war der Handel verlockend, doch viel mehr noch das Abenteuer! Herchuf dachte an seine Vorgänger, die zahlreiche Routen im fernen Süden erkundet hatten, besonders an Pepinacht und Mechu. Pepinacht war eine berühmte Persönlichkeit gewesen. Er war Truppenbefehlshaber und Fürst von Elephantine; von Pharao Pepi II. wurde er mit der schwierigen Mission betraut, die sterblichen Überreste jener Ägypter in die Heimat zu überführen, die an der Küste des Roten Meeres von Beduinen niedergemetzelt worden waren. Außerdem führte er ein Expeditionskorps in den Sudan, um aufrührerische afrikanische Stämme zu unterwerfen. Mechu, ein Fürst von Assuan, hatte ähnliche Aufträge zu erfüllen wie Pepinacht, doch seine Expedition über den zweiten Nilkatarakt hinaus fand kein gutes Ende – der Ägypter wurde von Sudanesen getötet. Für die Untertanen des Pharaos war es ein schreckliches Unglück, in der Fremde beerdigt zu werden. Darum rief Mechus Sohn Sebni, sobald er die schreckliche Nachricht erhalten hatte, die Bauern seiner Ländereien zu sich, stellte 100 Esel als Lasttiere für Waffen und Vorräte zusammen und brach nach Süden auf, um den Leichnam seines Vaters zu suchen und nach Ägypten zurückzubringen. Sebni erreichte sein Ziel allerdings nicht mit Gewalt, sondern mit Diplomatie. Er bot den Afrikanern billigen Schmuck, Glasperlen und Nahrungsmittel. Diese Waren waren heiß begehrt. Also übergaben die Afrikaner Sebni die sterblichen Überreste seines Vaters, der sorgsam in einen behelfsmäßigen Sarg gebettet und darin auf den Rücken eines Esels geladen wurde. Bald ruhte der unglückliche Mechu doch noch in seinem Grab in

70

Elephantine. Pepi II. war so gerührt von Sebnis Liebestat, daß er ihn an den Hof kommen ließ, um ihn persönlich zu belobigen und großzügig zu ehren.

Der Tod war in Elephantine stets gegenwärtig. Er verbarg sich nicht, im Gegenteil: Beim Blick auf die Berghänge am linken Flußufer sah man sofort die Gräber all jener, die der Stadt zu ihrem Glanz verholfen hatten. Eine lange, steile Rampe führte vom Ufer zum Grabeingang; über sie zog man den Sarkophag auf einem Schlitten empor. Vom Schönen Westen aus, von diesem Hang voller Sonne und Frieden, blickten die ruhmreichen Toten auf ihre Stadt und beobachteten das Leben darin.

Herchuf war noch lange nicht bereit, seinen ewigen Schlaf anzutreten. Sein Körper war noch voller Kraft. Die Sehnsucht nach dem fernen Süden brannte in ihm wie ein nie erlöschendes Feuer, obwohl er bereits eine lange Laufbahn hinter sich hatte, deren Episoden er an den Wänden seines Grabes ausführlich schildern ließ.

Fürst, Statthalter von Oberägypten, Schatzmeister des Königs von Unterägypten, Einziger Freund, Ritualkundiger, Leiter der Dolmetscher: Herchuf hatte seine zahlreichen verantwortungsvollen Ämter stets mit ausgeprägtem Pflichtbewußtsein erfüllt. Schon als junger Mensch wurde er in die Geheimnisse der Magie eingeweiht, lernte die Formeln des geheimen Wissens, wußte die rechten Worte zu sprechen. Doch das Abenteuer lockte! Alles begann an jenem Tag, an dem Pharao Merenre ihn zusammen mit einem anderen «Einzigen Freund» namens Iri in den Süden in das Land Jam schickte. Sieben Monate lang füllten die beiden Männer die weißen Flecken auf der Landkarte Afrikas, erschlossen Pisten, begegneten Eingeborenen. Herchuf war wie berauscht. Er stieß weiter vor als alle Expeditionen vor ihm, überschritt die Grenzmarkierungen, die die Karawanenführer hinterlassen hatten. Kaum war er wieder zu Hause, hatte er nur noch die nächste Expedition im Sinn. Der Pharao erklärte sich einverstanden, denn Herchufs Leistungen waren wirklich großartig. Die zweite Expedition führte Herchuf allein an. Die Reise dauerte acht Monate, und bei seiner Rückkehr konnte er verkünden: «Man kennt keinen Einzigen Freund und Leiter der Dolmetscher, der je zuvor so weit in das Land Jam vorgestoßen ist.» Die dritte und vierte Expedition verliefen ebenso aufregend und führten ihn noch über Nubien hinaus in Richtung Darfur. An der Spitze eines Expeditionskorps mußte er sogar allzu aufrührerische Stämme beruhigen.

Herchuf kam niemals mit leeren Händen von seinen Reisen in die Ferne zurück. Neben den vertraulichen Berichten an den Königshof über Geographie, Wirtschaft und Entwicklung der afrikanischen Stämme brachte er beeindruckende Mengen seltener und erlesener Erzeugnisse mit; er benötigte nicht weniger als 300 Esel, die beladen waren mit Weihrauch, Ebenholz, Pantherfellen, Elefantenstoßzähnen und sogar mit Bumerangs. Herchufs Armee machte auch Gefangene besonderer Art, Stiere und Ziegen, den Tribut der unterworfenen Stämme.

Der Ruhm des Forschers war mittlerweile so groß geworden, daß ihm auf dem Rückweg von seiner vierten Expedition offizielle Abgesandte von Elephantine entgegenreisten. Ihre Schiffe brachten Früchte, Kuchen, Bier und Wein. Man ließ ankern und veranstaltete ein großes Festmahl, um den Abenteurer zu feiern und von künftigen Reisen zu träumen.

Eine fünfte Expedition gab es jedoch nicht mehr. Herchuf war alt geworden und zog sich in sein schönes und komfortables Haus in Elephantine zurück, um dort einen beschaulichen Lebensabend zu verbringen. Sein Grab stand bereit, die Wandtexte schildern noch heute sein außergewöhnliches Leben. Auf der letzten Seite seiner Biographie steht geschrieben, wie er

dem jungen Pepi II. einen Pygmäen brachte, der den Göttertanz zu tanzen wußte.

Nun blieb dem unermüdlichen Forscher nur noch, seine
letzten Wünsche zu formulieren, die noch heute über dem
Eingang seines Grabes zu lesen sind: «Möge Herchuf in Frieden auf den Wegen des Westens wandeln, auf denen gewöhn-
lich die Lichtwesen (die *Imachu*) schreiten, möge er sich zum
Gott, dem Herrn des Himmels, in seiner Eigenschaft als
Imach erheben. Möge der Ritualpriester ihn zum Leuchten
bringen zu Beginn jedes Jahres: Herchuf, den Fürsten, Einzigen Freund, Ritualpriester, Leiter der Dolmetscher.»

10. KAPITEL

EXPEDITION ZU DEN STEINBRÜCHEN

Die Sonne brannte herab. Es war unerträglich heiß. Der Sand der Wüstenpiste glühte. Männer und Tiere waren erschöpft und durstig. So weit das Auge reichte, erstreckte sich die Wüste mit ihren unbewegten Wellen. Durchhalten, sich weiterkämpfen. Der Expeditionsleiter Henu blickte auf seine Karte. Noch eine halbe Stunde Anstrengung bis zum Ziel, von dem niemand zu sprechen wagte: ein Brunnen. Und wenn er längst ausgetrocknet war? Das war schließlich schon oft vorgekommen. Wenn er vom Sand bedeckt und nicht mehr zu finden war? Die Wasservorräte reichten nicht mehr für alle. Wie auch bei seinen früheren Expeditionen hatte Henu jedoch vorgesorgt. Ritualkundige und Zauberer begleiteten ihn. Seine Karten waren genau, seine Männer ausdauernd.

Die Erschließung der Steinbrüche war sein Leben, sein Beruf. In den Augen des Pharaos war dies ein sehr wichtiger Beruf. Die Wüste barg ungeheure Schätze: Granit in Assuan im Tagebau, Gold im Sudan und bei Edfu, Alabaster in Hatnub, Schiefer und Breccie im Wadi Hammamat, Roten Quarzit in Gebel Ahmar, am «Roten Berg» nordöstlich von Heliopolis, weißen Kalkstein in Tura, Kupfer und Türkis im Sinai.

Überall waren die Arbeitsbedingungen schwierig, sie erforderten Zusammenhalt und perfekte Organisation. Die Steinbruchexpeditionen waren nichts für Unerfahrene. Sie wurden von hohen Würdenträgern geplant, den «Kanzlern des Gottes», regelrechten Truppenführern mit der Befehlsgewalt eines Generals oder eines Admirals. Die Steinbrucharbeiter waren ähnlich organisiert wie die Schiffsbesatzung der Handelsmarine. Der Expeditionsleiter war der «Schiffskapitän», seine Rekruten die «Matrosen», eine «Mannschaft» transportierte die Steine aus den Brüchen zu den Baustellen. Die Steinblöcke wurden auf ihren schweren Schlitten «vertäut», und ihr Gleiten über den Boden erinnerte an die Fahrt eines Schiffes auf dem Nil.

«Kaptitän» Henu hatte gute Erfahrungen gemacht mit dieser straffen Arbeitsorganisation. Neben den «Matrosen» und den «Fischern», die sich besonders gut auf die Herstellung von Tauen sowie auf die Knoten zum Festzurren der Steinblöcke verstanden, waren Soldaten dabei, die die Expedition schützten, außerdem Techniker, Verwalter, Köche und königliche Boten, die den Kontakt zum Hof aufrechterhielten. Die Gruppe der eigentlichen Steinmetzen war eher klein, sie bestand nur aus wenigen hochqualifizierten Spezialisten, die ihr technisches Geheimwissen sorgsam hüteten. Das Begleitpersonal dagegen war sehr zahlreich. Sogar hohe Staatspersonen schlossen sich diesen großen Karawanen an. Henu erinnerte sich an einen hochrangigen Militärbefehlshaber mit dem Beinamen «der Lebende», der mitten in die Wüste gekommen war, um diesen fernen Landstrich mit seiner Gegenwart zu «erhellen». Dabei war die Wüste das Reich des Gottes Seth, des Hüters über das zugleich reinigende und zerstörerische Feuer der Blitze!

Bevor er in seinen derzeitigen bedeutenden und offiziellen Posten eingesetzt worden war, hatte Henu zu den *Sementjiw* gehört, die allgemein als wenig vertrauenswürdig galten. Doch eins war unbestritten: Um die Abenteuer dieser Burschen durchzustehen, mußte man schon sehr mutig sein! Als Schürfer, Bergarbeiter, Karawanenbegleiter war es die Aufgabe der *Sementjiw*, die Pisten zu kontrollieren und Polizeifunktion zu übernehmen. Schon deshalb waren sie große Wüstenkundige. Niemand kannte die Gebirge, die Straßen und Pfade zu Minen und Steinbrüchen besser als sie. Sie waren stets bewaffnet, nahmen regelmäßig Gesteinsproben und erschlossen neue Abbaugebiete. Als «Geheimagenten» der Wüste informierten sie die Verwaltung des Pharaos über die Wanderungen der Nomaden, mitunter schleusten sie sich sogar bei ihnen ein, um noch direktere Informationen zu erhalten. Wer zu diesem Bund gehörte, mußte überdurchschnittliche Ausdauer besitzen, sich in handgreiflichen Auseinandersetzungen behaupten können, mehrere Dialekte sprechen und bereit sein, ständig zu reisen, vom Sinai bis nach Nubien. Er mußte ohne Zaudern trostlose, von der Sonne verbrannte Landstriche durchqueren und sich auf die Behandlung von Skorpionstichen und Schlangenbissen verstehen. Vor Jahrhunderten, als Ägypten noch in den Kinderschuhen steckte, hatten die *Sementjiw* ein wenig Gold oder Kupfer in ihrem Quersack mit zurückgebracht, die magere Ausbeute einer oft lebensgefährlichen Reise. Inzwischen hatte sich die Situation dieser Berufsgruppe unter der Herrschaft mächtiger Pharaonen drastisch verändert. Sie leiteten Betriebe und Importunternehmen und handelten die Transportbedingungen aus, unter denen Gold, Silber, Kupfer, Lapislazuli, Türkis, Hart- oder Edelsteine zu den Tempeln gebracht wurden. Doch vor dem Transport stand der Abbau. Und vor dem Abbau stand der Durst. Der Brunnen war endlich in Sicht!

Henu hatte schon immer eine Vorliebe für die Pisten des Sinai und seine zerklüftete Landschaft gehabt, deren Felsen mit Inschriften bedeckt waren, die an die Steinbrecher und ihre Heldentaten erinnerten. Der schönste Reichtum des Sinai war der Türkis, der Lieblingsstein der Göttin Hathor, deren wohlwollendes Lächeln die Anstrengungen der Arbeit milderte. Doch der Türkis war launisch. Wenn er im Sommer aus der Ader gelöst wurde, behielt er seine ursprüngliche Farbe nicht. Darum mußte der Abbau zur Zeit der größten Hitze ruhen.

Doch nicht nur der Durst war eine Erschwernis, sondern auch die Beduinen, die allzu gerne Raubüberfälle und Plünderungszüge unternahmen. Die Eingeborenen im Sinai sahen die Anwesenheit der Ägypter gar nicht gerne. Meist wurde freundlich verhandelt, aber oft griff man auch zum Knüppel. Mitunter kam es zu regelrechten Scharmützeln. Doch allmählich hatte die ägyptische Armee diese Region beinahe vollständig unter Kontrolle. Im Mittleren Reich wurde kein einziger Konflikt mehr erwähnt. Manche Beduinen standen sogar in den Diensten der Ägypter und akzeptierten deren Steinbruchexpeditionen als Abwechslung und Gelegenheit zum Handel. Die «Asiaten» des Sinai waren keine Gegner mehr, sondern Partner, die von der Zusammenarbeit ebenso profitierten. Es gab nur noch vereinzelte Banden von Unruhestiftern, die hin und wieder kleine Diebstähle begingen. Ohne große Mühe konnte die Wüstenpolizei sie daran hindern, größeren Schaden anzurichten. Dieses relativ gute Einvernehmen änderte jedoch nichts an der Tatsache, daß es zwischen einem Barbaren, selbst wenn er sich friedlich verhielt, und einem Ägypter niemals irgendeine Gemeinsamkeit geben konnte.

Wie so viele andere Expeditionsleiter hatte auch Henu auf den Felsen des Sinai eine Inschrift hinterlassen. «O Lebende, die ihr auf Erden seid», so heißt es dort, «hohe Beamte des Königs, Freunde des Palastes, die ihr in diese Gegend kommt! Betet zum Pharao, rühmt seine Macht, verehrt ihn! Seht, was hier für ihn entsteht: Die Gebirge führen uns zu ihren Schätzen, sie fördern zutage, was in ihrem Schoß verborgen ist, Berge und Wüsten beglücken uns mit großzügigen Geschenken.»

Eine tiefe Liebe verband Henu mit diesen Wüstenlandschaften, mit diesem verbrannten Boden, dessen unermeßliche Reichtümer bald die Wohnstätten der Götter zieren würden. Auf der Piste zum Wadi Hammamat hatte er oft das Gefühl, eine heilige Mission zu erfüllen, eine außergewöhnliche Arbeit

77

zu leisten. Dabei war gerade diese Piste stets beschwerlich. Diese Hauptverbindung zwischen dem Niltal und dem Roten Meer begann bei der Stadt Koptos, nördlich von Theben, am Hafen von Kosseir. Von dort brach man gen Süden nach Afrika oder gen Norden in den Sinai auf. Die Route führte durch einen Engpaß, das Wadi Hammamat. Dort lagen ergiebige Steinbrüche mit reichen Vorkommen an Schiefer, Breccie, Basalt und jenem «herrlichen Stein von Bechen», der Grauwacke, den die Bibel als Material von höchster Güte erwähnt. Durch die Verwerfungen im Fels entstanden unterschiedlich große Blöcke, die sich teilweise sogar von selbst lösten. Ein Glücksfall für die Steinbrecher, die sie dann nur noch über die Berghänge hinuntergleiten lassen mußten. Das war jedoch schwieriger, als es zunächst scheinen mochte, denn man mußte sehr umsichtig vorgehen, damit die Blöcke bei diesem Vorgang nicht brachen. Um gefährliche Stellen zu umgehen, legte man schiefe Ebenen an. Die Steinblöcke aus dem Wadi Hammamat waren dem sakralen Bereich vorbehalten; aus ihnen entstanden Statuen, Sarkophage und Stelen.

Lange Zeit zuvor, als man mit dem Abbau in den Steinbrüchen gerade erst begonnen hatte, waren Verluste an Menschenleben nicht selten gewesen, bedingt durch Arbeitsunfälle oder Überfälle der Beduinen. Inzwischen hatte der Pharao diesen untragbaren Zuständen ein Ende gesetzt. Wie überall arbeitete die Wüstenpolizei auch hier zuverlässig. Die Expeditionen wurden von Soldaten eskortiert. Ursprünglich hatte es auf den vier Tagesetappen zu den Steinbrüchen keine einzige Wasserstelle gegeben. Mittlerweile waren zahlreiche Brunnen angelegt worden, die teils von Befestigungsmauern, teils sogar von kleinen Forts umgeben waren, die auch als Zuflucht und Schutz dienten. Der ganze Stolz der Expeditionsleiter war es, zu verkünden, daß sie alle Teilnehmer gesund zurückgebracht hatten. «Kein Arbeiter war krank», konnte Henu dann sagen, «kein Esel ist gestorben!»

Diesmal jedoch war er wirklich beunruhigt. Er näherte sich dem Brunnen, einem der wenigen, die noch nicht von einer Schutzmauer umgeben waren. Henu kannte diesen Brunnen gut, er spendete köstliches, kühles Wasser. Ein unbeschreiblicher Genuß! Also beugte er sich über den Brunnenrand – und erbleichte. Der Brunnen war ausgetrocknet. Der nächste auf seiner Karte war mehrere Wegstunden entfernt. Die Männer waren längst zu erschöpft, um eine solche Anstrengung durchzuhalten.

3000 Männer standen unter Henus Befehl. Sie waren noch ruhig, denn sie wußten noch nichts von dem Unglück. Was also tun? Auf ein Wunder warten? Solche Wunder hatte es bereits gegeben, etwa als ein Mann namens Antef die Bechen-Steinbrüche aufgesucht hatte, um von dort einen herrlichen Stein mit nach Hause zu bringen. Antef fand diesen Stein nicht, und niemand wußte, wo er zu suchen gewesen wäre. Verzweifelt warf er sich zu Boden und flehte den Gott Min und alle Gottheiten der Wüste an. Er brachte sogar ein Brandopfer von Terebinthenharz. Und siehe da: Die Götter antworteten ihm und wiesen ihm den Weg zu diesem Stein! Oder die Geschichte vom Wesir Amenemhet, der von Pharao Mentuhotep III. beauftragt worden war, einen außergewöhnlichen Stein für dessen Sarkophag zu finden. Der Wesir setzte sich an die Spitze einer großen Expedition, und die Arbeiter machten sich in den Steinbrüchen des Wadi Hammamat mit Eifer ans Werk. Doch vergeblich. Keine Ader lieferte ausreichend schönes Gestein. Da näherte sich plötzlich eine Gazelle. Verblüfft ließen die Steinbrecher ihr Werkzeug sinken. Normalerweise mied dieses scheue Tier die Menschen. Doch jetzt gebar es in unmittelbarer Nähe ihre Jungen – auf einem Steinblock von außergewöhnlicher Qualität, der dann zum Sarkophag wurde.

Warum sollten die Gottheiten nicht auch Henu zu Hilfe kommen? Genügte es nicht, sie demütig anzurufen? In seinem Herzen flehte Henu zum Gott Min, dem Gebieter über die

Wüstenpisten, dem Schutzherrn der Reisenden. Die Sonne brannte noch immer unbarmherzig herab. Ein Steinbrecher trat neben Henu. «Komm und sieh!» forderte er ihn auf. Ein Wunder war geschehen. Arbeiter hatten abseits der Straße einen Brunnen entdeckt, der bis zum Rand mit kühlem Wasser gefüllt war!

Henu war dankbar. Als alle sich satt getrunken hatten, befahl er, dem Gott Min eine große Opfergabe zu bringen und Weihrauch zu seinen Ehren zu verbrennen. Einmal mehr hatte der Gott der Wüste seine Schützlinge gerettet. Die Expedition würde es sich zur Aufgabe machen, entlang dieser Route neue Brunnen zu graben und die alten instand zu halten, um künftige Reisen angenehmer werden zu lassen.

Dank der Gewissenhaftigkeit von Henu und seinen Kollegen konnten in späterer Zeit riesige Expeditionen erfolgreich durchgeführt werden. Denken wir nur an jene des Ameni, Sprecher des Pharaos Sesostris I. Mehr als 15 000 Männer brachten 60 Sphingen und 150 Statuen zurück an den Hof! Bierbrauer, Bäcker und Köche sorgten für ein angenehmes Leben während der Reise. Brot und Bier wurden gemäß der Hierarchie verteilt, Fleisch war allerdings den Verantwortlichen vorbehalten.

Die bedeutendste bekannte Expedition fand unter Ramses IV. statt (Mitte des 12. Jahrhunderts v. Chr.). Zu jener Zeit wurden die Bergregionen rund um die Steinbrüche als geheim und heilig angesehen. Um ihre Lage in Erfahrung zu bringen, mußte Ramses in den Archiven des «Lebenshauses» nachforschen. Die Weisen hatten ihm geraten, er solle alles daransetzen, wertvolle Steine zu beschaffen. Ramses IV. scheute keinen Aufwand: Mehr als 10 000 Männer brachen auf, darunter der Hohepriester des Amun höchstpersönlich, außerdem Gelehrte, Techniker, Armeeschreiber. Nur drei Baumeister, ein Leiter der Handwerker, zwei Zeichner, vier Graveure und 130 Steinmetzen und Steinbrecher kamen mit. Diese Expedition blieb als so erfolgreich in Erinnerung, daß es hieß, sie habe die Wüste in urbares Land und den Weg in einen Kanal verwandelt.

Während der Opferrauch gen Himmel stieg, sah Henu in der Ferne ein Glitzern. Ein Sonnenstrahl hatte einen Fels aufblitzen lassen, als sei er aus Gold. Gold – in jener Gegend gab es tatsächlich Goldminen. Weitere fanden sich bei Edfu und im fernen Nubien. Das Gold war ausschließlich den Tempeln vorbehalten. Man sagte, es sei das unvergängliche Fleisch der Götter. Henu selbst schätzte die Goldminen nicht. Die Arbeitsbedingungen dort waren meistens entsetzlich, die Stollen so eng, daß man schlank, ja geradezu ausgezehrt sein mußte, um sich hineinzuzwängen. Verbrecher wurden zur Zwangsarbeit dorthin geschickt. Die Menschen brauchten das Edelmetall nicht. Nur der Pharao war fähig, es zu handhaben, um die Götterstatuen damit zu überziehen. War er nicht selbst der «Goldberg, der in der ganzen Welt leuchtet wie der Gott des Horizontes»?

Doch Henu wußte, daß er einen großartigen Augenblick erlebte, daß seine Expedition von Erfolg gekrönt sein würde, daß er wunderbare Steine für den Pharao mit zurückbringen würde und daß es ihm vergönnt war, Ägyptens Ruhm zu mehren.

11. KAPITEL DIE LEHRE EINES PHARAOS FÜR SEINEN SOHN *

«Eine Generation folgt der anderen unter den Menschen; doch Gott hält sich verborgen. Ein Herr der Hand kann nicht abgewehrt werden», so sinnierte der Pharao, der auf dem Gipfel seiner Macht und gleichzeitig an seinem Lebensabend stand. Er beschloß, der Tradition zu folgen und noch zu seinen Lebzeiten einen Nachfolger zum Mitregenten zu ernennen. Der erfahrene König würde den jungen in sein schweres Amt einweihen, in die Mechanismen der Macht, in die heilige Regel, der jeder Pharao unterstand.

Im Königspalast herrschte Stille. Alles schlief. Die Nacht war schön, voller Düfte, die Luft prickelte. Der Nil funkelte im Mondlicht. Die Sonne vollzog ihre Reise unter der Erde, kämpfte mit den Mächten der Finsternis, wanderte der Auferstehung des neuen Tages entgegen.

Diesen Moment hatte der Pharao gewählt, um seinen Sohn zu sich zu rufen. Er würde nicht als Vater zu ihm sprechen, sondern als Herr der Zwei Länder, als Stellvertreter Gottes auf Erden.

Der Nachfolger des amtierenden Pharaos war noch sehr

---

* Dieses Kapitel basiert auf zwei Texten: der Lehre des Pharao Cheti III. für seinen Sohn Merikare, publiziert von A. Volten, «Zwei altägyptische politische Schriften», Kopenhagen, 1945, und der Lehre des Königs Amenemhet I. für seinen Sohn Sesostris, publiziert von W. Helck, «Der Text der ‹Lehre Amenemhets I. für seinen Sohn›», Wiesbaden, 1969.

jung. Dennoch war es bereits an der Zeit, ihn die wichtigsten Grundlagen seiner künftigen Rolle zu lehren.

«Warum ist das Königtum unentbehrlich?» begann der Pharao und beantwortete seine Frage sogleich selbst: «Weil es von Gott geschaffen wurde. Gott schuf Himmel und Erde für den Willen der Menschen. Für sie zügelte er die Gier des Wassers. Er schuf den Lebensodem für ihre Nasen, denn sie sind seine Ebenbilder, aus seinen Gliedern hervorgegangen. Er schuf ihnen Kraut, Vieh, Vögel und Fische, um sie zu versorgen. Und er leuchtet am Himmel um ihretwillen. Er ist das Licht, die einzige Wahrheit auf Erden, die der Menschen spirituellen Drang erfüllen kann. Gott kennt die Sorgen der Menschen. Er weiß, daß sie nicht gleich sind. Darum muß der Pharao den Schwachen stützen. Das Königtum ist ein schönes Amt. Bei seinem Handeln muß der König stets bedenken, was sein Vorgänger getan hat, und er muß ein begonnenes Werk auch zu Ende führen.»

Der Prinz war gleichzeitig fasziniert und eingeschüchtert. Waren die Pflichten eines Pharaos wirklich so erdrückend? Welcher Aufgabe mußte sich der Herrscher Ägyptens vordringlich widmen?

«Das Wichtigste ist», antwortete der Pharao, «den Göttern zu huldigen und Denkmäler zu ihren Ehren zu erbauen, denn Gott ist der Schöpfer aller Dinge. Jeder Mensch muß zuvörderst sein spirituelles Leben pflegen. Vollziehe regelmäßig den Tempeldienst. Trage die weißen Sandalen der Reinen, durchdringe die Mysterien, tritt ins Allerheiligste ein, ernähre dich im Inneren des Tempels, versorge die Opfertische. Denn Gott weiß von dem, der aus Liebe zu ihm handelt.»

In dieser lauen Nacht berauschte sich das Herz des jungen Mannes an diesen Worten. Ja, er war bereit, den ebenso schweren wie erhebenden Weg einzuschlagen. Was konnte es Schöneres geben, als in einem prachtvollen Palast zu leben, der mit Gold, Silber, Lapislazuli, Kupfer und Bronze geschmückt war?

«Vergiß nicht, mein Sohn», mahnte der Pharao, «daß der einzig wahre Palast das Haus der Ewigkeit ist. Du, der du den Gebieter des Universums verkörpern wirst, sei stets eingedenk des Todes, des Göttergerichts, das über deine Taten urteilen wird. Das Kollegium, das den Schuldigen richtet – du weißt, daß es nicht milde ist am Tag des Richtens über den Unglücklichen, in der Stunde, in der die Zertifikate ausgestellt werden. Vertraue nicht auf die Dauer deines Lebens, denn sie betrachten die Lebenszeit nur als eine Stunde. Allein gelassen ist der Mensch nach dem Tod, und seine Übeltaten werden neben ihn gelegt als Haufen. Der Mensch ist dazu bestimmt, nach dem Tode weiterzuleben, wenn er die heilige Regel respektiert hat. Über dich wird mehr als über jeden anderen ohne Nachsicht geurteilt. Vergiß nicht, dein Grab vorzubereiten, denn das Haus des Todes dient dem Leben.»

Diese ernsten Worte verdüsterten die Stimmung. Der Prinz begriff, daß sein Dasein als Pharao weder Leichtfertigkeit noch Halbherzigkeit dulden würde. Sein Blick fiel auf die Papyrusrollen auf dem großen Tisch am Fenster. Allabendlich las der Pharao in den alten Schriften und schrieb selbst viele Hieroglyphenspalten.

«Der die Zwei Länder regiert, ist ein Wissender», fuhr der Pharao fort. «Der König kann nicht unwissend sein. Er ist bereits beim Herauskommen aus dem Leib seiner Mutter weise. Vollkommenes Glück wird dem niemals zuteil, der nicht weiß, was er wissen sollte. Mache dich kundig bei deinen Ahnen, deren Worte in den Schriften bewahrt sind. Werde ein Mann des Wissens. Lerne beharrlich, denn nur wer lernt, wird ein Weiser. Wenn du mächtig sein willst, sei ein Handwerker der Worte. Denn die wahre Macht eines Menschen liegt im heiligen Wort.»

Als Schüler des «Lebenshauses» wie alle künftigen Monarchen hatte der Prinz die Richtigkeit der Worte seines Vaters bereits bestätigt gefunden. Er mußte lernen, die heiligen Hieroglyphen zu schreiben, die Rituale zu lesen, die Energie des heiligen Wortes zu handhaben. Er lernte gerne, doch ebenso gerne kämpfte er, maß seine Körperkraft in Wettkämpfen. Trat sein Vater vor dem Volk nicht oft im Gewand des Kriegsherrn auf?

«Es ist des Königs Pflicht», antwortete der Pharao, «die Grenzen des Landes ebenso dauerhaft zu machen, wie jene des Himmels es sind, so wie es geschrieben steht. Krieg hat es gegeben und wird es auch in Zukunft geben … Doch halte ihn fern, so lange es möglich ist. Sei freundlich zu dem Südteil, wache über die Ostgrenze des Deltas. Unterwirf Nubier und Asiaten. Hebe junge Rekruten aus, mache dir Anhänger unter ihnen. Lasse keine alternden Soldaten in deiner Armee; sie sollen nicht mehr kämpfen. Sorge für die Sicherheit deiner Untertanen. Bewahre sie vor Unheil. Bewache deine Straßen. Jeder soll sein Hab und Gut unbehelligt besitzen können, ohne Diebe zu fürchten. Das Kind soll Frieden finden in den Armen seiner Mutter. Die Paare sollen sich lieben ohne Furcht vor dem Morgen. Die Witwe soll geschützt werden. Die großen Landgüter sollen gedeihen, die Kanäle sollen unterhalten werden. Die erste Sorge eines jeden Ortsvorstehers sei es, um sich herum Gutes zu tun und sich gegen jede Mißhandlung einzusetzen.»

Welch ein großartiges Regierungsprogramm! Doch man müsste doch auch die Wirklichkeit sehen, entgegnete der Prinz. Würde es nicht immer Reiche und Arme geben?

«Bevorzuge die Großen», riet der Pharao. «Ein reicher und gut genährter Mann wird weder mißgünstig noch voreingenommen sein; ihm wiederum obliegt es, dafür so sorgen, daß die Gesetze eingehalten werden. Den Reichen zu bevorzugen ist weniger gefährlich, als den Armen plötzlich zu Reichtum kommen zu lassen. Doch in deinem Königreich soll es keinen Menschen geben, der Hunger oder Durst leidet! Bekämpfe den Mißgünstigen, der seine Seele verliert, indem er sich das

Gut eines anderen aneignen will. Ziehe den Sohn eines Reichen nicht dem Sohn eines Armen vor, nur weil jener Güter besitzt. Richte einen Mann nur nach seinen Taten. Ein König muß den Armen gegenüber wohltätig sein. Denn er wird nach der Gerechtigkeit seiner eigenen Taten gerichtet werden.»

Gerechtigkeit! Ein großes Wort. Der Pharao hatte einen Wesir unter sich, der in des Königs Namen Recht sprach. Die Gerechtigkeit – war das nicht jene mysteriöse Göttin *Maat*, von der die Weisen sagten, sie sei Ägyptens größtes Geheimnis?

«*Maat* ist die universelle Regel», antwortete der Pharao. «Der Pharao lebt in Einklang mit der *Maat*, weil sein Herz rechtschaffen ist. Und einem Herrscher mit rechtschaffenem Herzen gelingt alles. Beginne damit, in deinem eigenen Haus die Harmonie herzustellen; ganz von selbst wird das Außen wie das Innen sein. Vollbringe das Rechte in großen wie in kleinen Dingen. Beruhige den Weinenden, nimm niemandem das, was ihm gehört, sei nicht streng im Übermaß, strafe nicht, wo es nicht nutzt. Befiehl Stockhiebe und Gefängnis, wenn nötig. Unerbittlich sei nur in einem Fall: gegen Aufrührer, Unruhestifter, Schwätzer. Sie lassen unter den Jungen umstürzlerische Gruppen entstehen, säen einen schädlichen Geist, erregen die Menge zu deren eigenem Unglück. Handele so, daß deine Untertanen bei sich deinen Sinn für Gerechtigkeit loben.»

Die Untertanen des Königs – darunter gab es ganz besondere, nämlich jene, die den Hofstaat bildeten. Waren sie alle ihrem Herrscher wirklich treu ergeben? Waren unter ihnen nicht auch Betrüger, Ehrgeizige, Opportunisten?

«Während du dein Amt ausübst», antwortete der Pharao, «vertraue niemandem. Du wirst weder Bruder noch Freund haben. Der, dem du viel gegeben hast, wird dich verraten; der Arme, den du reich gemacht hast, wird dir in den Rücken fallen; der, dem du die Hand gereicht hast, wird Unruhe stiften.

Wisse, mit wem du dich umgibst! Nimm dich in acht vor deinen Untergebenen und deinen Vertrauten. Zähle nur auf dich selbst. Nur dein eigener Geist kann dich behüten, denn niemand hat Anhänger am Tag des Unheils. Doch vergiß nicht, daß die wahren Freunde des Pharaos ebenfalls göttliche Wesen sind: Groß ist ein Großer, wenn seine Großen groß sind.»

Die Nacht war schon weit vorangeschritten. Der Pharao hatte viel gesprochen. Seinem Sohn fielen die Augen zu. Es blieb noch viel zu sagen. Der Beruf eines Pharaos ließ sich nicht an einem Abend erlernen, auch wenn dieser Abend, den sie gemeinsam erlebt hatten, ein wichtiger Augenblick in ihrer beider Leben bleiben sollte.

«Siehe, mein Sohn», schloß der Pharao, «ich habe den Anfang gemacht, und ich erbaue für dich das Ende. Ich bin ein Hafen, in dem du anlegen kannst. Dein Königtum hat sich manifestiert, schon als das meine begann. Du verstehst es, mit Liebe und Mut zu handeln. Schenke deine Liebe dem ganzen Volk. Und vergiß niemals: Der Pharao muß ein Herrscher der Freude sein.»

12.
KAPITEL

DAS ZEITALTER
DER SESOSTRIS

In seinem silber- und goldgeschmückten Palast mit Decken aus Lapislazuli und Türen aus Kupfer saß der große Sesostris auf dem Thron. Er war der berühmteste Monarch des Universums. Sein Ruhm ließ Ägyptens Grenzen weit hinter sich. Schon als er ein Kind war, prophezeiten die Magier, er werde einst die Welt regieren. Dabei befand sich Ägypten zu jener Zeit in trostlosem Zustand. Nach dem Niedergang des Alten Reiches war das Land in inneren Streitigkeiten versunken, die Provinzherren hatten sich auf Kosten der Zentralmacht bereichert. Erst im Jahre 2060 v. Chr. war es einer thebanischen Familie gelungen, die nationale Einheit wiederherzustellen.

Danach begann das glänzende Zeitalter des Mittleren Reichs, in dem Ägypten von Pharaonen wie Amenemhet oder Sesostris regiert wurde. Amenemhet bedeutet «Amun (das verborgene Prinzip) ist an der Spitze», «Amun manifestiert sich», also eine obligatorische Referenz an den Stadtgott von Theben, jener Stadt, in der die Bewegung zur Wiedervereinigung der Zwei Länder ihren Anfang genommen hatte. Sesostris (altägyptisch Senweseret, A. d. Ü.) bedeutet «der Mann der Göttin Weseret», also der Mächtigen. Diese Göttin wurde nur sehr selten genannt. Sie verlieh dem Pharao übermenschliche Kraft, dank deren er jedwedes Hindernis zu überwinden vermochte.

Aus diesem Grund schrieb man Sesostris großartige Heldentaten zu. Nach seiner Thronbesteigung unternahm der Bezwinger der Araber und Libyer die Eroberung der ganzen Welt. Nachdem er die Äthiopier hinweggefegt hatte, segelte er mit seiner Flotte ins Rote Meer, um die Inseln zu unterwerfen. Neun Jahre lang marschierte er durch Asien und erreichte schließlich Europa. Überall ließ er Stelen errichten, die an seine Siege erinnern sollten.

Endlich kehrte er nach Ägypten zurück, wo sein Bruder einen erfolglosen Mordanschlag auf ihn verübte. Dann entfaltete Sesostris großartige Bautätigkeiten. In jeder Stadt ließ er Baustellen eröffnen, um den Göttern vollkommene Tempel zu errichten. Er verbesserte das Bewässerungssystem, befestigte die Ostgrenze des Deltas, ließ die Bauplätze höherlegen, um Schäden durch das Nilhochwasser vorzubeugen, erstellte eine Verbindung zwischen dem Nil und dem Roten Meer. Er überarbeitete das System der *Nomoi*, der alten Provinzen, teilte jedem seiner Untertanen eine Parzelle Land zu und sorgte für eine gleichmäßige Verteilung der Steuern. Kein König war ihm übergeordnet, nur Osiris selbst.

So nahm die «Legende» von Sesostris Gestalt an. Der König Sesostris III., der die von Schreibern festgehaltenen Episoden dieser Legende kannte, wußte, daß sie zum großen Teil auf der Wahrheit beruhte. Die Ära der Sesostris', jene ruhmreiche Phase der ägyptischen Kultur, war keine Erfindung. Sie basierte auf dem Werk seines Vorgängers Sesostris I. und auf seinem eigenen.* In der Überlieferung verschmolzen sie zu einem einzigen Pharao.

Die Sesostris' residierten nicht in Theben, sondern in der Nähe von Memphis. Ihre Vorbilder waren die Herrscher des Alten Reiches. Sie strebten danach, Kraft und Macht dieses Goldenen Zeitalters wieder aufleben zu lassen. In allen Berei-

---

* Das Mittlere Reich umfaßt die XI. und XII. Dynastie (2134–1785 v. Chr.). Sesostris I. regierte von 1971 bis 1926 v. Chr., Sesostris III. von 1878 bis 1841 v. Chr. Beide gehören der XII. Dynastie an.

chen, in der Wirtschaft, Wissenschaft und in den öffentlichen Bauarbeiten, griffen sie auf altes Wissen zurück und entwikkelten es weiter.

Sesostris I. wurde als Eroberer berühmt. Nach seinen erfolgreichen Feldzügen gen Osten wurde er mit der schrecklichen Löwengöttin Sechmet verglichen, die Ägyptens Feinde mit ihren Zähnen zerriß. Tatsächlich führte Senostris I. insgesamt wenig Krieg. Er beschränkte sich weitgehend darauf, Ägyptens Grenzen zu sichern, um jede Invasion von vornherein zu verhindern. Zu den Aufgaben des Pharaos gehörte es, die Grenzen der Zwei Länder auszuweiten und zu befestigen, damit sein Volk in Frieden und in Sicherheit leben konnte. Welche Propaganda wäre also geeigneter gewesen als die, sich als kriegerische Persönlichkeit darstellen zu lassen, die fähig war, jede beliebige Armee zu besiegen und zur Eroberung der Welt aufzubrechen?

Zunächst wandte sich Sesostris I. nach Süden, nach Nubien. In seinem 18. Regierungsjahr demonstrierte die ägyptische Armee dort ihre Kraft und unterwarf einige aufrührerische Stämme. So hatte es bisher jeder Pharao getan. Doch Sesostris I., «Falke der zerstörerischen Macht», «Stern, der über den Zwei Ländern leuchtet», ließ es nicht dabei bewenden: Er baute mehrere gewaltige Festungen, vor allem in Buhen und Mirgissa. Mit ihren Befestigungsmauern aus Ziegelstein, ihren vorspringenden Bastionen, ihren Schießscharten und umlaufenden Gräben wirkten sie wie unbestechliche Wachposten im tiefsten Nubien. In Mirgissa wurde ein königlicher Magier damit beauftragt, kleine Figuren, die Ägyptens Feinde darstellen sollten, mit seinem Zauber zu belegen. Zwei Vorsichtsmaßnahmen waren schließlich besser als eine, und so wurden die Streitkräfte durch Magie wirksam unterstützt.

Die Expeditionen unter Sesostris I. drangen weit nach Süden vor, bis zum dritten Katarakt. In Kerma entwickelte sich sogar ein intensiver Handel, den die Ägypter kontrollierten.

Nubier durften die Grenze nach Ägypten nicht überschreiten, es sei denn, sie konnten nachweisen, daß sie in Handelsgeschäften unterwegs waren.

Durch diese Maßnahmen wurde die Region sehr sicher, und die Handwerker des Pharaos konnten den Abbau in den Steinbrüchen und Minen wiederaufnehmen. Die Materialzufuhr für den Tempelbau war gesichert.

Nachdem Sesostris I. die Südgrenze auf so spektakuläre Weise verstärkt hatte, wandte er sich nach Norden; in die Oasen schickte er Emissäre, die dort über die Einhaltung der Sicherheitsvorschriften wachten. Doch Ägyptens Schwachpunkt blieb die Ostgrenze des Deltas. Um Plünderer und Eroberer daran zu hindern, von dieser Seite nach Ägypten einzufallen, ließ Sesostris I. eine Reihe kleiner Forts errichten, die durch Signale miteinander kommunizieren konnten, die sogenannten Mauern des Fürsten. Zusätzlich zu diesem militärischen Programm ergriff er wirtschaftliche Maßnahmen: Die Beduinen, die ihre Herden in dieser Gegend weideten, erhielten keinen freien Zugang zu den Wasserstellen mehr; statt dessen mußten sie die Verwaltung jeweils um rationierte Mengen ersuchen. Auf diese Weise konnten sie sehr genau überwacht werden, auf ihr Konto gingen schließlich die meisten Plünderungen in jüngster Vergangenheit. Die «Mauern des Fürsten» waren so beeindruckend, daß die Überlieferung sie zu einer riesigen Mauer in Ägypten machte, die von Pelusium bis nach Heliopolis reichte.

Als Meister der Weisheit, «Gott ohne seinesgleichen», ließ Sesostris I. die Sonne ganz nach seinem Belieben aufgehen. Er machte sein Land zur Heimat der wahrhaftigen Menschen und war so großzügig, daß er die Liebe seines Volkes gewann. Er verehrte die drei großen Götter Re, Ptah und Amun und stellte damit ein harmonisches Gleichgewicht zwischen den drei Städten Heliopolis, Memphis und Theben her. «Unvergänglich ist das Werk, das ich vollbracht habe», verkündete er, «denn der König, bekannt durch seine Bauwerke, stirbt nicht.» In Heliopolis ließ er eine große Baustelle eröffnen, um einen Tempel für die Göttin Hathor und einen weiteren für den Gott Atum zu errichten.

Der Pharao hatte seine engsten Berater zu einer Besprechung im Palast zusammengerufen.* Er erschien mit der Doppelkrone auf dem Haupt und ließ sich auf seinem Thron nieder. Er hatte den Wunsch, Monumente zu Ehren des Lichtgottes Harachte zu errichten. War er, der Herrscher Ägyptens, nicht erschaffen worden, um den göttlichen Willen zu erfüllen? Der Pharao war ins Amt des Hüters dieser Erde eingesetzt worden. Noch als er sich im Leib seiner Mutter befand, wurde ihm Weisheit zuteil, und nun war es seine Aufgabe, diese Weisheit an die Gesellschaft weiterzugeben. Zwischen den Göttern und ihm fand ein fortwährender Austausch von Schöpfungen statt. Das heilige Wort wohnte in den Worten des Pharaos, das intuitive Wissen beseelte ihn. Darum vermochte er den Tempelplan zu zeichnen. Kein Handwerker konnte mit seinen Bemühungen Erfolg haben, wenn nicht der Pharao der Gründer im Geiste war.

Die Entscheidung wurde getroffen, in Harachte einen Tempel zu errichten. Der König, «eines jeden Menschen Augen», vertraute die Arbeiten einem Baumeister an. Sobald die Beratung beendet war, leitete er das feierliche Ritual der Tempelgründung.

Sesostris III. stand seinem ruhmreichen Vorgänger in nichts nach. Ihn bezeichnete man als den Damm, der den Strom daran hinderte, über die Ufer zu treten, als kühlen Raum, in dem der Mensch, vor der Hitze des Tages geschützt, schlafen konnte, als Zuflucht vor jedem Verfolger, als Schatten im Frühling, als warmen und trockenen Ort im Winter, als

---

* Der Text ist auf einer Lederrolle erhalten (P. Berlin 3029).

Schutzwall gegen den Sturmwind. Die Ära der Sesostris war tatsächlich eine Zeit tiefen Friedens, in der die Ägypter sich vollkommen sicher fühlten.

Sesostris III. ließ die erste bekannte Kolossalstatue errichten. Sie war über 2,50 Meter hoch und wurde in der Stadt Bubastis im Delta aufgestellt. Sie verkörperte die selbstsichere Macht des Herrschers. Sesostris war ein nüchterner, strenger Mann. Auf manche Betrachter wirkte sein Gesichtsausdruck traurig, beinahe enttäuscht. Möglicherweise war er sich jedoch lediglich der erdrückenden Verantwortung bewußt, die auf seinen Schultern lastete. Was an seinen steinernen Portraits besonders auffällt, ist der tiefgründige Blick, der jedem Betrachter in die Seele dringt. Der König ließ sich gerne im Alter darstellen, autoritär, wenig darauf bedacht, zu gefallen oder zu verführen. Ganz offensichtlich hatte er sich Pharao Djoser zum Vorbild genommen. Sesostris sah sich als Djoser des Mittleren Reiches; wie der Schöpfer von Sakkara wählte auch er für sein Haus der Ewigkeit die Pyramidenform.

Der König vermehrte, was ihm hinterlassen worden war, vor allem aber hatte er die von seinen Vätern festgelegten Grenzen überschritten und damit die Sicherheit des Landes vergrößert. Der Pharao griff nur an, wenn er selbst angegriffen wurde, er antwortete auf alle Taten mit gleicher Münze, er sprach das heilige Wort, und er handelte. Was sein Herz, sein Bewußtsein ersannen, verwirklichte sein Arm. Er sorgte für seine Getreuen, wachte über den Gehorsamen, kannte keine Nachsicht für den Angreifer. Zu schweigen, wenn man angegriffen werde, so erklärte er, heiße das Herz des Gegners zu ermutigen: Tapfer sei der, der zu erobern vermöge, doch feige der, der zurückweiche.*

Um den aufsässigen Nubiern diese kategorische Haltung

---

* Texte von Grenzstelen in Semna und auf der Insel Uronarti. Die Nubier behielten Sesostris in vorzüglicher Erinnerung: Im Neuen Reich verehrten sie ihn als ihren Schutzgott.

einzuschärfen, ließ der große Sesostris Stelen errichten und Statuen aufstellen, die von der immerwährenden Gegenwart des Pharaos in diesen fernen Gefilden zeugten. Die Vorschriften zur Grenzüberschreitung im Süden wurden zu seiner Zeit noch strenger gehandhabt als in der Vergangenheit. Kein Schwarzafrikaner durfte zu Lande oder zu Wasser nach Ägypten einreisen, wenn er keine von ägyptischen Beamten ausgestellte Genehmigung vorweisen konnte. Sogar Diplomaten und Leiter von Handelsmissionen wurden kontrolliert. Die Soldaten der nubischen Festungen hielten die sudanesischen Stämme unter Kontrolle, die allzugern Raubzüge nach Nubien unternahmen und dort Unruhe stifteten.

In Asien herrschte unter Sesostris III. Ruhe. Vorsichtshalber ließ der Pharao wie alle seine Vorfahren potentielle Feinde zusätzlich durch Magie verzaubern. Der stabile Friede ermöglichte die Pflege von Handelsbeziehungen sogar mit Phönizien und Kreta.

Innenpolitisch brachte Sesostris III. die große Verwaltungsreform der Herrscher des Mittleren Reiches zum Abschluß. Den Provinzfamilien, die stets auf eine Schwächung der Zentralgewalt lauerten, nahm er jede Hoffnung auf Machtzuwachs: Der Pharao regierte, und nur er allein. Um die Zeit des Wohlstands wiederkehren zu lassen, studierte er die alten Schriften im «Lebenshaus». Nach dieser Lektüre nahm er eine Neuverteilung der Steuern vor, eine Volkszählung, eine Revision des Flurbuches, um die Provinzgrenzen genau festzulegen. Nun waren die Grenzmarkierungen ebenso dauerhaft wie der Himmel. Jeder Provinz gab der König das, was ihr zustand. Die Ländereien, die eine Stadt einer anderen geraubt hatte, wurden zurückgegeben, der Wohlstand gleichmäßig verteilt.* Unter der Kontrolle des Wesirs wurde der Etat des

---

* Diese Reform ist zum großen Teil das Werk des Begründers der XII. Dynastie, Amenemhets I. (1991–1962 v. Chr.).

Hofes und der Verwaltung sorgfältig kontrolliert. Jede Ausgabe, die eine offizielle Person tätigte, mußte von einem Schreiber aufgezeichnet werden. Die Verwaltung war übrigens sehr bürgernah: Mobile Amtsstuben, die einem höheren Beamten unterstanden, bewegten sich von Dorf zu Dorf. Den Provinzvorstehern oblag es, die Steuern einzutreiben, für die Instandhaltung und die Sicherheit der Kanäle zu sorgen, die Landwirtschaft zu verwalten, über das Wohlergehen der Bevölkerung zu wachen und dem Wesir regelmäßig zu berichten.

Der große Sesostris verlor nichts von seiner Strenge, doch tief im Inneren empfand er sicherlich die intensive Freude eines Gebieters der Zwei Länder, dessen Volk eine Zeit des Glücks beschert war. Er dachte an den Text des Sehetepibre, der auf einer Stele in Abydos festgehalten ist. Darin heißt es, jeder Schreiber und jeder hohe Beamte solle den Pharao rühmen und in seine Gedanken einschließen, nicht um ihm zu schmeicheln, sondern weil er derjenige ist, der Leben spendet.

13. KAPITEL

IM REICH DES KROKODILGOTTES

Reur, «Freund» des Pharaos, Mitglied seines engsten Rates, Beisitzer am Gerichtshof des Wesirs und Großgrundbesitzer, bestieg seine Sänfte. An diesem Vorfrühlingstag hatte er beschlossen, Ägyptens jüngstes Wunder zu besuchen: das Fajjum, das Reich des Krokodilgottes.

Bei Hofe gab es kein anderes Gesprächsthema mehr als diese Region, die neuerdings von Baumeistern, Vermessungskundigen und Landschaftsarchitekten gestaltet wurde, kurz, von einem ganzen Stab von Spezialisten, dem der Pharao eine gigantische Aufgabe übertragen hatte. Schon oft hatte Reur die saftigen Gurken des Fajjum genossen, deren Anbau bis ins Alte Reich zurückging; doch seit der Pharao die landwirtschaftliche Nutzung dieser Region angeordnet hatte, kultivierten die Bauern noch viele andere Köstlichkeiten.

Der Morgen war kühl. In der Ferne zeichnete sich die Silhouette der libyschen Gebirgskette ab. Die Träger folgten einer Straße am Bahr Jussuf, einem Nilarm. Reur kannte den krassen Gegensatz zwischen dem Fruchtland und der Wüste; doch als er die große Schleuse erreichte, die den Wasserzulauf in das Fajjum regulierte, war er doch überrascht, wie üppig die Pflanzen hier gediehen. Jene, die ihm von dieser Region vorgeschwärmt hatten, übertrieben nicht. Die Senke war tatsächlich eine Oase mitten in der Wüste, oder sogar das vollendete Abbild des Paradieses, in das die Gerechten eingingen,

96

nachdem sie vor dem Jenseitsgericht des Osiris bestanden hatten.

Die Schleuse war nicht das einzige Mittel, um die Bewässerung der Region zu regulieren; es gab noch einen großen Staudamm. Reur wußte, daß die Bauplaner den großen Karun-See nivelliert hatten, der die Sohle der Fajjum-Senke bedeckte und mitunter «das Meer» genannt wurde – so endlos erstreckte sich seine Wasserfläche. Früher bestand die Senke aus weiten Sümpfen, in die nur die wagemutigsten und erfahrensten Jäger eindrangen. Heute lauerten hier keine Gefahren mehr; Zonen für Jagd und Fischfang wurden eingerichtet, die Familien zur Entspannung und Zerstreuung aufsuchen konnten. Die Kinder durften mit in die kleinen Boote klettern, von denen aus der Vater versuchte, Wasservögel zu erlegen.

Wenn das Hochwasser abfloß, diente der große See als Wasserreservoir für die Felder. An seinen Ufern prangte ein üppiger Pflanzenwuchs. In der heißesten Zeit des Sommers gewährten diese Wassermassen überdies merkliche Kühlung, und kleine, malerische Pavillons luden zum Ausruhen ein.

Reur, der das Wurfholz vollendet zu handhaben verstand, nahm sich vor, zusammen mit seiner Frau bald einen Ausflug in das Vogelschutzgebiet des Fajjum zu unternehmen, in dem nur bestimmte Arten für die Jagd freigegeben waren. Teiche, Wasserstraßen und Kanäle bildeten dort ein idyllisches Labyrinth, in dem jeder die Freuden einer Bootsfahrt genießen konnte, sofern er die Regeln beachtete, deren Einhaltung von Jagdaufsehern kontrolliert wurde.

Nach seiner Ankunft in Schedet, der Hauptstadt der Region, begab sich Reur sogleich in den Tempel des Krokodilgottes Sobek, dessen Hohenpriester er persönlich kannte. Das ägyptische Wort Schedet bedeutet, «Ort, der durch Aushebung entstanden ist»; in dieser bukolischen Hauptstadt wurden heilige Krokodile gezüchtet, die nicht getötet werden durften.* Der krokodilköpfige Gott Sobek schien nichts Sympathisches an sich zu haben. Und doch galt er als unwiderstehlicher Verführer, der vor allem verheiratete Frauen in Versuchung führte. In ihm konnte sich die Sonne verkörpern, die seine Reptiliennatur in eine positive Kraft verwandelte. Er stand in engem Bezug zu jenen uranfänglichen Göttern, die das Fajjum schufen, zu einer Zeit, in der es keine Hungersnot gab, in der der Dorn nicht stach, in der die Schlange nicht biß.

Der Hohepriester von Schedet erinnerte seinen Besucher an diesen uralten Mythos; er erzählte von jenem unendlichen See, gewissermaßen ein flüssiges Pendant des Himmels, in dem sich fern von der Menschheit und ihren Schwächen das Sonnenkrokodil verbarg. Dieses Wasser war die Mutter der Götter, aus ihm ging das Leben der Menschen hervor. Das Fajjum glich dem *Nun* genannten Ozean kosmischer Energie, der alle Lebensformen in sich trug. Dem Krokodil Sobek war die immerwährende Fruchtbarkeit dieser Provinz zu verdanken. In Schedet feierte man überdies das Fest, bei dem die 42 verstreuten Teile des ermordeten und zerstückelten Osiris zusammengetragen wurden. Jede Provinz sandte den Teil, den sie als heilige Reliquie aufbewahrte, in das Fajjum. Osiris, der Gebieter über das Leben nach dem Tod, wurde hier ebenso wiederbelebt wie die Sonne, deren allmorgendliche Auferstehung sich im großen See vollzog. War Re selbst nicht entstanden, indem er auf dem Rücken einer Himmelskuh das Wasser verließ? Wenn das Hochwasser kontrolliert und gebändigt in den See strömte, feierte man den Sieg der Sonne über die Finsternis.

Neben den großen Göttern verehrte die Bevölkerung des Fajjum auch eine Schlangengöttin als Schutzherrin der Ernten

---

* Das antike Schedet ist das moderne Medinet el-Fajjum. Heute liegt die Stadt nicht mehr am Ufer des Sees, sondern ganze 20 km davon entfernt. Das einstige wasserreiche Paradies ist durch unzulängliche Pflege drastisch geschrumpft.

und Vorratsspeicher. Nachdem Reur sich vom Hohenpriester verabschiedet hatte, besuchte er einige kleine Landbesitzer, die einst auf seinen Gütern gearbeitet und inzwischen hier kleine Parzellen erworben hatten, für die sie selbst verantwortlich waren. Sie lebten glücklich und zufrieden in den Dörfern der Landarbeiter, in denen es an Nahrung nicht mangelte. Die etwas größere Siedlung Kahun* war streng nach Plan, beinahe quadratisch angelegt (etwa 350 Meter Seitenlänge) und von einer Ziegelmauer umgeben, die sich im Süden zum Nil hin öffnete. Reur fand diese kleine Stadt mit ihrem einfachen und klaren Aufbau sehr malerisch. Neben einer Hauptstraße umfaßte Kahun mehrere Nebenstraßen und Gäßchen, die sich im rechten Winkel trafen. Die zwei bedeutendsten Viertel waren dasjenige um den Palast herum, der mit seinen Nebengebäuden etwa die Hälfte der Stadtfläche einnahm, und jenes, in dem die Privathäuser standen. Die bescheidensten Häuser bestanden noch aus mindestens vier Räumen, während die weitläufigen Wohnstätten der Vornehmen Höfe, Vorhallen, säulengeschmückte Empfangssäle, Privatgemächer und Wasserreservoirs enthielten. Diese Anlagen zeugten von der Vorliebe der Ägypter für ein angenehmes und luxuriöses Leben. In Kahun praktizierten berühmte Ärzte, vor allem Gynäkologen.

Hätte Reur mehr Muße gehabt, so hätte er die Königspyramiden aus dem Mittleren Reich und den Tempel zu Kasr el-Sagha besucht, der keine Reliefs oder Inschriften enthielt, aber mit seinen sieben Kapellen nach dem gleichen Prinzip konstruiert war wie Abydos; er hätte im Tempel zu Medinet Madi verweilt, der Sobek und der schlangengestaltigen Erntegöttin Renenutet geweiht war. Doch der Tag war schon vorangeschritten, und er hatte noch eine letzte Verabredung im Palast von Amenemhet III., der so weitläufig und kompliziert ange-

---

* In der Nähe des heutigen Illahun. Kahun ist eine der wenigen antiken Siedlungen, deren Plan genau bekannt ist.

legt war, daß er mitunter «das Labyrinth» genannt wurde. Dieser Pharao, der im Fajjum bedeutende Arbeiten hatte ausführen lassen, wurde dort wie ein Gott verehrt. Man behauptete sogar, der Palast in der Nähe von Hawara enthalte 3000 Räume, auf zwei Etagen verteilt! Tatsächlich handelte es sich um einen Totentempel, dessen zahlreiche Kammern untereinander durch ein kompliziertes Gangsystem verbunden waren, in dem sich der Nichteingeweihte zwangsläufig verirren mußte. Die Gruppierung zahlreicher Monumente innerhalb der Umfassungsmauer erinnert noch heute an den heiligen Bezirk des Djoser.

Aus einem Fenster dieses ungewöhnlichen Palastes betrachtete Reur die Sonne, die über dem großen See des Fajjum unterging und die grünenden Ufer ein letztes Mal aufleuchten ließ – eine besinnliche Stunde voller unaussprechlicher Emotionen, mitten im Paradies auf Erden.

14. Kapitel
Die wundersame Reise des Sinuhe *

Sinuhe, dessen Name «Sohn der Sykomore» bedeutet, war ein treuer Diener des Königs Amenemhet I. Bei bestimmten Expeditionen zog auch ein Teil des Harems mit. Auch Sinuhe war kein Soldat. Er gehörte zum Harem der Königin Nefru, «der Vollkommenen», Tochter von Amenemhet I. und Gemahlin von Sesostris. Im Gefolge der Königin, die oft «der Himmel» genannt wurde, mußte Sinuhe jetzt also seine vertraute, beschauliche Heimatstadt Lischt verlassen, um mit dem Sohn des Pharaos, Sesostris I., auf einem Feldzug gegen die Libyer über ferne, staubige Pisten zu marschieren, auf die die Sonne erbarmungslos herniederbrannte.

Glücklicherweise verlief die Expedition gut. Sie hatte bereits den Rückweg eingeschlagen und würden binnen kurzem die Heimat erreichen, Ägypten, das einzige Land, in dem es sich gut leben ließ. Die Armee baute ihr Lager auf. Die Gefangenen und das Vieh, das als Tribut eingezogen worden war, ließen sich abseits nieder. Die Nacht brach herein. Die Atmosphäre

---

* Die Erzählung des Sinuhe ist der bekannteste literarische Text des alten Ägypten. Die zwei wichtigsten Papyri, auf denen er basiert, werden in Berlin aufbewahrt (Papyrus Berlin 3022 und 10499). Weitere Varianten sind auf zahlreichen anderen Papyri sowie auf Ostraka (Tonscherben) erhalten. Sinuhes Abenteuer beginnt mit dem Tod von Amenemhet I. (Begründer der XII. Dynastie) im Jahre 1962 v. Chr. Sesostris I. hatte gut zehn Jahre lang gemeinsam mit seinem Vater regiert.

war drückend. Sinuhe hatte Sesostris den ganzen Tag nicht zu Gesicht bekommen. Hatte er etwa seine Truppen verlassen, um ihnen in den Palast vorauszueilen? Das war unwahrscheinlich. Dafür hätte es einen schwerwiegenden Grund geben müssen. Nach einem einfachen Nachtmahl begaben sich alle zur Ruhe. Doch Sinuhe war noch nicht müde. Er ging am Rande des Lagers zwischen Dornengestrüpp spazieren. Plötzlich hörte er Stimmen. Es wurde geflüstert und getuschelt. Beunruhigt kauerte sich Sinuhe nieder. Das waren keine einfachen Soldaten, sondern hochrangige Befehlshaber, Sinuhe erkannte sogar eines der Kinder des Königs! Doch weshalb diese Heimlichkeit, weshalb diese Zusammenkunft im Schutze der Dunkelheit?

Ebenso besorgt wie neugierig spitzte Sinuhe die Ohren. Was er zu hören bekam, ließ ihm das Blut in den Adern gefrieren. Der alte Pharao Amenemhet I. war gestorben! Er war in die Lichtregion eingekehrt, aus der er entstammte. Er war in den Himmel emporgestiegen und mit der Sonnenscheibe verschmolzen, er war aufgegangen in jenem, der ihn geschaffen hatte. Der Hof war in Trauer. Schwermut bemächtigte sich aller Herzen. Das große Palasttor blieb geschlossen, die Schweigezeit hatte begonnen. Die Höflinge warfen sich nieder und legten den Kopf auf die Knie. Das Volk klagte. Auf diese schreckliche Nachricht folgte eine überraschende Neuigkeit: Der Sohn und Mitregent des Pharaos Sesostris I. hatte die Expedition verlassen, um in aller Eile die Hauptstadt zu erreichen.

Sinuhe begriff. Es würde ein Komplott geben, Sesostris sollte abgesetzt werden! Vielleicht hatte der Bürgerkrieg sogar schon begonnen. Diese Männer, die sich leise berieten, hatten sich gegen Sesostris und seine Gefolgsleute verschworen.

Sinuhe wurde schwindelig. Er war tief erschüttert von dem, was er erlauscht hatte, und fürchtete um sein Leben. Er zitterte. Wenn er sich nicht bewegte, würde er das Bewußtsein verlieren. Wenn er sich aber rührte, würde man ihn entdecken. Nach Luft ringend kroch er zwischen zwei dichte Büsche und versteckte sich dort, bis sich die Verschwörer entfernt hatten.

Inzwischen konnte er seine Gedanken sammeln. Unmöglich, nach Ägypten zurückzukehren, denn dort erwartete ihn der sichere Tod. Er mußte flüchten, er mußte ins Exil. Seine Entscheidung war gefallen; er vergewisserte sich, daß die Luft rein war, und brach nach Südosten auf, in Richtung der Südspitze des Deltas. Er kam am See des Gerechten vorbei und erreichte die Insel des Snofru, wo er einen ganzen Tag lang am Saum des Fruchtlandes rastete, um sich zu erholen. Da tauchte ein Mann auf. Er kam direkt auf Sinuhe zu. In Panik glaubte Sinuhe, man habe ihn erkannt. Zur Flucht war es zu spät. Doch der Mann grüßte ihn nur und ging seiner Wege.

Sinuhe mußte weiter. Auf einer Fähre überquerte er den Nil. Der schwere Kahn hatte kein Steuerruder, doch der kräftige Westwind trieb ihn voran. Am anderen Ufer stieg Sinuhe aus und wandte sich dem Roten Berg zu, in dem sich die Steinbrüche des Gebel Ahmar befanden, gegenüber von Heliopolis, in der Nähe des heutigen Kairo. Er «gab seinen Füßen Weg», beschleunigte den Schritt und bog nach Norden ab, um die Grenze zu erreichen, die durch die «Mauern des Fürsten» befestigt war – eine gefährliche Etappe. Soldaten patrouillierten hier regelmäßig. Sinuhe versteckte sich erneut in einem Gebüsch. Wenn man ihn erwischte, würde er verhört und erkannt werden. Auf der Mauer marschierte ein Wachposten auf und ab. Sinuhe beschloß, zu warten, bis es Nacht würde. In der Dunkelheit gelang es ihm, die Grenze unbemerkt zu überwinden. Bis zum Morgengrauen lief er durch die Wüste.

Gerettet – glaubte er. Doch bald wurde sein Hochgefühl empfindlich gedämpft. Sinuhe war zwar der Grenzpolizei entkommen, doch der sengenden Sonne und dem Durst entging er nicht. Als er auf einer der Inseln in der Gegend der Bitterseen Rast machte, fühlte er sich dem Ersticken nahe. Seine Kehle war völlig ausgedörrt, und kein Tropfen Trinkwasser weit und breit!

Allein und verlassen, wie er war, übermannte ihn die Verzweiflung. «Das ist der Vorgeschmack des Todes!» rief er aus. Plötzlich hörte er in der Ferne Geräusche. Er lauschte. Kein Zweifel: eine Viehherde, getrieben von Beduinen. Sinuhe schöpfte neue Hoffnung. Mit letzter Kraft schleppte er sich ihnen entgegen. Die Beduinen brachten ihn zu ihrem Anführer. Bei dessen Anblick wich Sinuhe zurück: er kannte diesen Mann. Auch der Beduinenführer erkannte Sinuhe sofort: er war ihm bei einem seiner Aufenthalte in Ägypten begegnet. Freundlich bot er Sinuhe Wasser und warme Milch an, stellte keine Fragen und nahm ihn in seinen Stamm auf.

Nun begann ein unstetes Leben. Sinuhe zog mit dem Beduinenstamm umher. Er wurde mit Nahrung versorgt und gut behandelt. Er wanderte von einer Gegend in die andere, verweilte in Byblos, hielt sich eineinhalb Jahre in Südpalästina auf, ohne behelligt zu werden.

Der Fürst dieser Region war beeindruckt von den Abenteuern des entwurzelten Ägypters. Er erklärte, er wisse um Sinuhes große Fähigkeiten und habe seine Weisheit rühmen hören. Also begab sich Sinuhe an den Hof des Fürsten – mit gemischten Gefühlen. Offenbar zu Recht, wie sich zeigte, denn an der Seite des Fürsten erwarteten ihn Ägypter.

Sinuhe glaubte, in eine Falle geraten zu sein. Mühsam bewahrte er Ruhe. Fliehen konnte er nicht. Seine Landsleute stellten ihm Fragen. Warum lebte er hier? Was war ihm zugestoßen? Waren bei Hofe dramatische Dinge geschehen? Sinuhe seufzte innerlich. Sie wußten offenbar auch nicht besser Bescheid als er selbst. Er antwortete ausweichend: Er habe vom Tod des alten Königs erfahren, doch er wisse nicht, was danach geschehen sei. Dann griff er zu einer Notlüge: Auf dem Rückweg von einer langen Expedition habe ihn plötzlich ein heftiges Unwohlsein befallen. Sein Herz sei schwach geworden, sein Geist habe sich in seinem Leib nicht mehr wohl gefühlt. Dabei habe ihm niemand Unrecht getan, man habe ihn nicht angegriffen, ihn keines Verbrechens und keiner Verfehlung bezichtigt. Er sei wie von Sinnen gewesen, habe unter Gedächtnisschwund gelitten, nicht mehr gewußt, wer er sei. Wie unter Zwang habe er den Weg in die Wüste eingeschlagen. Und so sei er hierhergekommen, ohne es zu wollen. Dieses ganze Abenteuer war ihm offenbar vorherbestimmt. Es war der Plan eines Gottes!

Sinuhe hoffte, daß seine Rede glaubwürdig wäre. Seine Zuhörer waren aufgeregt. Der Tod des alten Königs war eine wichtige Neuigkeit für sie. Wie würde sich Ägypten ohne diesen König verhalten, der in allen Fremdländern gefürchtet gewesen war? Sinuhe zögerte nicht mit der Antwort. Jetzt war der Augenblick gekommen, in dem er seine Treue zu Sesostris erklären mußte, der höchstwahrscheinlich die Macht behalten hatte. Also erklärte er, daß der Sohn die Nachfolge des Vaters angetreten habe. Sesostris sei ein Herrscher voller Weisheit, seine Absichten edel, seine Befehle gerecht. Mit den fremdländischen Völkern könne er ausgezeichnet umgehen. Schon lange sei sein alter Vater im Palast geblieben, während Sesostris selbst in die Ferne aufgebrochen sei, um die Regionen unter ägyptischem Protektorat zu kontrollieren. Der König sei ein wahrer Held, ein Kämpfer, der die Hände seiner Gegner lähme, so entsetzt seien sie bei seinem Anblick. Keiner außer ihm sei stark genug, seinen eigenen Bogen zu spannen. In der Schlacht ermüde er nie. Doch dieser unerbittliche Kriegsherr sei auch ein Herrscher, der durch die Liebe erobere, die er der Menschheit entgegenbringe. Er sei voller Güte, Männer und Frauen wüßten, daß er ihnen das Leben verleihe. Sesostris sei ein Geschenk Gottes! Er würde den Norden und den Süden unterwerfen, doch er würde auch Wohlwollen herrschen lassen über all jene, die ihm treu ergeben seien.

Sinuhe hatte eine lange Lobrede auf den Pharao gehalten, ja, als er dessen Fähigkeiten rühmte, geriet er sogar in Begeisterung. Der palästinische Fürst hatte geduldig zugehört, doch nun schloß er lakonisch: «Wie schön für das Land, von einem solchen Herrscher regiert zu werden; doch du bist hier, und hier wirst du auch bleiben.» Sinuhe schauderte. Was hatte das zu bedeuten? Der Fürst erklärte, er biete Sinuhe seine älteste Tochter zur Frau und werde ihn zum bedeutendsten Mann des Landes machen. War es nicht ratsam, einem Ägpyter, der den Pharao so gut zu kennen schien, jeden Wunsch zu erfüllen? Schließlich war seine bloße Anwesenheit ein Unterpfand der Sicherheit für die Palästinenser.

Sinuhe erhielt ein wunderbares Landgut, auf dem der Wein noch reichlicher floß als das Wasser, auf dem es Feigen, Honig, Olivenöl, Gerste, Weizen, Früchte aller Art, Vieh in Hülle und Fülle gab: es war das Paradies auf Erden. Der Ägypter wurde zum Stammesführer ernannt und bekam Tag für Tag beeindruckende Mengen an Nahrungsmitteln: Bier, gekochtes und gebratenes Fleisch, Wildbret, Kuchen.

Das ruhelose Leben war zu Ende. Sinuhe war zu einem regionalen Potentaten geworden. Seine Herkunft vergaß er. Er führte eine glückliche Ehe und hatte mehrere Kinder, die ihrerseits Stammesführer wurden. Sinuhes «Clan» festigte seinen Einfluß auf die Region. Er war ein rechtschaffener Mann, gab dem Durstigen Wasser, leistete dem Bestohlenen Hilfe, führte den Verirrten auf den rechten Weg zurück.

Ägypten war fern, doch in Sinuhes Hausstand war dieser mächtige Staat gut angesehen. Sesostris' Boten kehrten bei Sinuhe ein. Dieser stand noch immer unter der Befehlsgewalt des palästinischen Fürsten, und für ihn mußte er sogar gegen asiatische Stämme in den Kampf ziehen, die in dieser reichen und glücklichen Gegend Unruhe stifteten. Solche Missionen zur Erhaltung von Recht und Ordnung standen bei den Ägyptern ebenso wie bei den Beduinen in hohem Ansehen. Sinuhe erwies sich als vorzüglicher Truppenführer. All seine Feldzüge waren von Erfolg gekrönt.

Alles stand zum besten in der besten aller Welten. Da erschien eines Tages ein palästinischer Hüne in Sinuhes Zelt, um den Ägypter herauszufordern. Der Mann war wagemutig und furchteinflößend, ein berüchtigter Draufgänger. Noch nie war er besiegt worden. Er wollte mit Sinuhe kämpfen. Es stand viel auf dem Spiel: Der Sieger sollte den gesamten Besitz des Besiegten erhalten.

Sinuhe fragte den palästinischen Fürsten um Rat. Warum hatte es der Hüne ausgerechnet auf ihn abgesehen? Sinuhe kannte ihn nicht einmal! Doch er konnte dem Zweikampf nicht ausweichen, ohne als Feigling dazustehen. Also mußte er sich auf diesen ungleichen, von vornherein verlorenen Kampf vorbereiten, so gut es eben ging. Die ganze Nacht über brachte Sinuhe seine Waffen in Ordnung und trainierte. Er schwenkte das Schwert, übte sich im Bogenschießen und klagte nicht. Er hatte schließlich glückliche Jahre erleben dürfen, bis Gott ihm diese Prüfung auferlegte. Als der Tag anbrach, war er bereit. Eine riesige Menschenmenge hatte sich versammelt, um dem Zweikampf beizuwohnen. Sinuhes Gegner hatte seine Stämme mitgebracht. Doch alle Herzen waren auf Sinuhes Seite. Frauen wie Männer riefen ihm aufmunternde Worte zu.

Sinuhe war sehr ruhig. Der Hüne stapfte sofort auf ihn zu. Er war mit einem Kriegsbeil bewaffnet, mit Wurfspeeren und einem Schild. Es gab nur eine Möglichkeit: zurückweichen, scheinbar zur Beute werden und ihn ermüden. Wutentbrannt schleuderte der Hüne seine Speere auf Sinuhe, verfehlte ihn jedoch. Unvermittelt blieb Sinuhe stehen. Zornig stürzte sich sein Gegner auf ihn, um ihn in einen Nahkampf zu verwickeln. Flink und konzentriert spannte Sinuhe da seinen Bogen und schoß einen Pfeil ab. Er durchbohrte den Hals des Hünen, der vor Schmerz aufschrie und vornüberfiel. Sinuhe hatte unverhofft den Sieg errungen! Er ergriff das Kriegsbeil des Gegners, tötete ihn vollends, stellte sich auf seinen Rücken und stieß einen Siegesschrei aus. Alle Asiaten brüllten vor Freude. Der palästinische Fürst schloß Sinuhe in die Arme. Der Ägypter vergaß nicht, dem Kriegsgott Month zu danken, der ihn bei seinem Kampf unterstützt hatte.

Sinuhes Reichtum wuchs mit einem Schlag beträchtlich. Alle Habe und alle Schätze des Hünen gehörten nun ihm. Trotz seines materiellen Wohlstandes befiel Sinuhe jedoch eine tiefe Nachdenklichkeit. Er hatte so nah an der Schwelle des Todes gestanden und doch überlebt! Drückte Gott damit seine Vergebung, dem, den er aus Ägypten vertrieben hatte, aus? Sinuhe hatte bereits erfahren, daß man an Sesostris' Hof von ihm sprach. Man hatte die Spur des Flüchtigen aufgenommen, des Unglücklichen, der sich einst nur mit ein paar Kleidern am Leib davongemacht hatte. Man wußte, daß er inzwischen ein reicher Mann geworden war, der seinen Nächsten Gutes tat. Wie müde war das Herz des Exilägypters! Stumm betete er: «O Gott, der du mir diese Flucht bestimmt hast, wie dein Name auch sein mag, lasse Barmherzigkeit walten und führe mich nach Ägypten zurück!»

Während all dieser Jahre hatte sich Sinuhe selbst betrogen. Sein Herz hatte Ägypten niemals verlassen. Dort, wo er geboren worden war, dort wollte er auch mit allen Riten begraben werden. Der zunächst aussichtslos scheinende Zweikampf mit dem Hünen hatte ihn wachgerüttelt: Er mußte nach Hause, und nur die göttliche Macht konnte ihm dabei helfen. Sinuhe war alt geworden. Er war beinahe sechzig. Der Tod rückte näher. Er fühlte sich müde. Seine Gliedmaßen hatten ihre einstige Kraft verloren, seine Beine trugen ihn nicht mehr so weit und so schnell wie früher.

Doch das Wunder trat ein: Sinuhes Abenteuer rührten den Pharao. Boten vom ägyptischen Hof sprachen bei Sinuhe vor. Sie überbrachten ihm einen königlichen Befehl. Viele Jahre lang war er durch fremde Länder gestreift, war dem Drang seines Herzens gefolgt. Doch warum hatte er das getan? Warum hatte er geglaubt, der Pharao werfe ihm etwas vor? Sinuhe hatte niemals schlecht über Ägpyten, seinen König, seine Befehlshaber gesprochen. Sein Herz war getrübt, das Herz des Pharaos jedoch nicht. Der Befehl lautete: Sinuhe solle nach Ägypten zurückkehren, damit er die Königin sehe, seine Herrin, der er treu gedient hatte, den Hof, an dem er aufgewachsen war; künftig würde er zu des Pharaos Vertrauten gehören. Schließlich war Sinuhe kein junger Mann mehr, er mußte an seine letzte Reise denken, an den Übergang in den Seinszustand des Lichts im Jenseits. Dazu mußte er die heiligen Riten durchlaufen, die nur in Ägypten vollzogen werden konnten. In Asien würde man ihn in ein Schaffell wickeln und unter einem einfachen Grabhügel bestatten. In Ägypten dagegen würde man ihm einen Sarkophag vorbereiten, in dessen Dekkel der Himmel eingraviert sein würde, und die Auferstehungsriten für ihn vorbereiten. Die Zeit des Umherstreifens sollte nun vorüber sein, und der verirrte Freund würde heimkehren.

Kein Befehl hätte Sinuhe größere Freude bereiten können. Als der Bote verstummte, warf sich Sinuhe bäuchlings zu Boden und streute sich Sand auf das Haar zum Zeichen seiner völligen Unterwerfung. Dann konnte er nicht länger an sich halten und lief durch seine Ländereien, um allen die gute Nachricht zuzurufen und des Pharaos Milde zu rühmen, der einen verirrten Diener wieder zu sich holte. Dann formulierte Sinuhe seine Antwort. Er räumte ein, daß seine Flucht ein schwerer Fehler war. Er hatte sie nicht geplant. Er wollte nicht fliehen. Es war wie ein Traum gewesen, ein Moment der Trance, der durch nichts zu rechtfertigen oder zu erklären war. Eine göttliche Macht hatte Sinuhe ins Exil getrieben.

Bevor Sinuhe seine Ländereien endgültig verließ, ordnete er seine Angelegenheiten. Er übertrug seinen Besitz an seine Kinder, nahm Abschied von allen. Die Gefühle überwältigten ihn, als er zum letzten Mal eine große Reise antrat. Er wandte sich nach Süden, rastete an der Festung der Horuswege an der syrisch-ägyptischen Grenze. Diesmal mußte er sich nicht verstecken. Er sprach beim Kommandanten der Grenzwachen vor, der sogleich den Hof von der Ankunft dieses ungewöhnlichen Fremden benachrichtigte. Die Antwort ließ nicht lange auf sich warten. Ein vom Pharao entsandter Güterverwalter traf ein, um Sinuhe abzuholen. Seine Schiffe waren mit Geschenken für die Beduinen beladen, die den Exilierten bis zur Grenze begleitet hatten. Sinuhe sprach jeden von ihnen mit seinem Namen an und verabschiedete sich ein letztes Mal. Er würde die Grenze zu einer anderen Welt überschreiten. Dann ging er an Bord. Sogleich servierte man ihm kühles Bier, das vor seinen Augen gefiltert wurde.

Die Nacht war ruhig. Sinuhe jedoch fand keinen Schlaf. Gegen Morgen erreichten sie ihr Ziel. Zehn Diener führten Sinuhe in den Palast. Die Königskinder erwarteten ihn auf der Schwelle. Jene, die man die «Freunde» nannte und die des Pharaos Beraterkreis bildeten, geleiteten ihren neuen Bruder in den Audienzsaal.

Der Pharao saß auf seinem goldenen Thron. Sinuhe verneigte sich und verlor beinahe das Bewußtsein, so bewegt und beeindruckt war er. Der Pharao sprach ihn mit schlichten Worten an. Doch Sinuhe verließen die Kräfte, sein Körper zitterte, sein Herz wollte ihm schier die Brust sprengen, er konnte das Leben nicht mehr vom Tod unterscheiden – seltsame Empfindungen, die er schon einmal verspürt hatte, damals, als er die Flucht ergriff. Heute war jedoch alles anders. Er stand vor dem Herrscher über Ägypten, vor dem Verwahrer von Weisheit und Kenntnis. Der Pharao bat einen Freund, Sinuhe zu stützen, damit er wieder zu sich käme. «Nun bist du also zurück!» sagte der Pharao. Er erklärte seinem reuigen Diener, daß ihm dereinst eine feierliche Bestattung zuteil werden würde, und bat ihn, nicht mehr so unbesonnen zu handeln. Sinuhe war

110

starr vor Angst. Noch immer fürchtete er eine Strafe. Er brachte kein Wort über die Lippen. So gerne hätte er sich gerechtfertigt, aber kein Argument fiel ihm ein. Schließlich legte er sein Leben in die Hände seines Königs. Sollte dieser tun, was er für richtig hielt!

Der Pharao lächelte. Er ließ die Königin und die königlichen Kinder in den Audienzsaal geleiten. «Seht nur unseren Sinuhe an», sagte der Herrscher, «ein richtiger Beduine ist aus ihm geworden!» Die Königin und die königlichen Kinder gingen auf das Spiel ein und riefen aus: «Er ist es gar nicht! Wir erkennen ihn nicht wieder!» Bevor Sinuhe sich erneut ängstigen konnte, erklärte der Pharao jedoch: «Er ist es wahrhaftig.»

Nun war es Zeit für das Ritual. Die Königin und die königlichen Kinder griffen zu Sistren und Rasseln; diese Musikinstrumente ließen göttliche Schwingungen und die Harmonie entstehen, die Sinuhe den verlorenen Seelenfrieden wiedergaben. Die Goldgöttin Hathor, die Herrin der Sterne, die dem Pharao Leben spendete, verlieh es auch seinem Diener. Die Königin bat den König, Sinuhe ganz und gar zu vergeben. Nur aus Furcht vor dem Pharao sei er geflohen; heute sei diese Furcht vergangen, denn er habe den Pharao gesehen. Das Auge, das den Herrn erblickt hat, fürchtet sich niemals mehr.

Sodann sprach der König sein Urteil: Sinuhe sollte in den Rang eines Freundes erhoben werden.

Damit gingen Sinuhes sehnlichste Wünsche in Erfüllung. Er erlebte die glücklichste Stunde seines Lebens. Die königlichen Kinder reichten ihm die Hand und führten ihn in seine neue Bleibe, das luxuriöse Haus eines Königssohnes. Es verfügte über einen kühlen Vorratsraum, eine Kleiderkammer mit prachtvollen Leinengewändern, ein Badezimmer mit Salben und kostbarem Öl. Diener eilten herbei, um Sinuhe wieder ein ägyptisches Aussehen zu verleihen. Er wurde gewaschen, gekämmt, rasiert, neu eingekleidet.

Sinuhe fühlte sich an Leib und Seele verjüngt, doch es erwarteten ihn noch weitere Überraschungen. Man stellte ihm ein altes Haus zur Verfügung, das einem Freund gehört hatte. Zahlreiche Arbeiter waren mit der Renovierung beschäftigt, im Garten wurden Bäume gepflanzt. Hier sollte Sinuhe die meiste Zeit leben. Um seine Versorgung brauchte er sich nicht zu kümmern: mehrmals täglich wurden ihm fertig zubereitete Mahlzeiten aus dem Palast gebracht.

Dennoch verlor er das Wesentliche nicht aus den Augen: die Vorbereitung seines Hauses der Ewigkeit. Der Leiter der Steinmetzen kümmerte sich persönlich um Sinuhes Pyramide, gemeinsam mit dem Leiter der Bildhauer und dem Leiter der Zeichner. Das Grabmobiliar wurde mit größter Sorgfalt hergestellt. Sinuhe konnte sogar die goldüberzogene Statue bewundern, die sein unsterbliches Wesen symbolisierte und die nach dem Tod seines Körpers «beseelt» werden würde.

Alle Sorgen waren vergessen. Wenige Männer hatte der Pharao mit so vielen Wohltaten bedacht. Sinuhe war sich dieser Gunst bewußt; er genoß den Rest seines irdischen Lebens mit ungetrübter Freude.

Dies ist, wie es der ägyptische Text nennt, «das wundersame Abenteuer des Sinuhe, erzählt vom Anfang bis zum Ende, so wie es in der Schrift festgehalten wurde». Die Ägyptologen machen sich schon seit langem Gedanken über die tatsächliche Rolle des Sinuhe, und schließlich gelangten sie einvernehmlich zu dem Schluß, daß er in Palästina mit einer Spionagemission von höchster Bedeutung betraut war. Sinuhe war also gewissermaßen der erste James Bond der Geschichte! Es gelang ihm, sich in die Hierarchie des Gegners einzuschleusen und hochrangige Funktionen zu übernehmen. Seine Verbindung zum ägyptischen Königshof brach nie wirklich ab, stets sandte er dem Pharao seine Berichte. Ohne Zweifel war es sein Ziel, den Frieden zwischen Ägypten und Syrien-Palästina zu festigen. Um die Region und die Probleme ihrer Bewohner besser kennenzulernen, heiratete er und lebte viele Jahre unter ihnen, er lernte die Sprache und entdeckte die örtlichen Sitten und Bräuche. In der Fremde zu leben war ein schmerzhaftes Opfer für einen Ägypter, der seine Heimat liebte. Der Hüne, der ihn zum Zweikampf herausforderte, hatte Sinuhes «doppeltes Spiel» durchschaut und wollte ihn bei dem Zweikampf vor aller Augen umbringen. Ein solcher «offizieller» Tod hätte keine Vergeltungsmaßnahmen von seiten der Ägypter nach sich gezogen. Doch Sinuhe war wie David, der Goliath durch eine List besiegte.

Wenn man annimmt, daß Sinuhe Ägyptens bester Geheimagent in den Fremdländern war, dann ist sein herzlicher Empfang bei Hofe nicht weiter verwunderlich. Sinuhe hatte seinen Auftrag bestens erfüllt und nun die Altersgrenze erreicht. Deshalb rief ihn der Pharao nach Ägypten zurück, um ihn mit einem glücklichen und sorgenfreien Lebensabend zu belohnen.

Sinuhes Leben war beispielhaft. Für ihn zählte allein die Größe des Pharaos und Ägyptens. Indem er Sesostris rühmte, beschrieb er das Wirken eines Gottes auf Erden. Der Freund und Geheimagent Sinuhe wußte um die Bedeutung seines Amtes; er wußte auch, daß seine Heimat das schönste Land auf Erden war.[*]

---

[*] In diesem Rahmen haben wir den religiösen und weisheitlichen Aspekt der Erzählung des Sinuhe außer acht gelassen. Als «Sohn der Sykomore» ist er ein Adept der Göttin Hathor, deren irdische Verkörperung die Königin ist. So wird ja auch erwähnt, daß Sinuhe ein Diener der Königin Nefru, «der Vollendung», ist. Die Königin ist es auch, die Sinuhe bei seiner Ankunft im Palast rehabilitiert, nachdem sie an die Milde des Königs appelliert hat. Sie ist eine Urmutter, die seine Verjüngung bewirkt, bevor sie ihn auf die Jenseitsmysterien vorbereitet. Tiefere Einblicke in diese Thematik bietet unser Werk *Pouvoir et Sagesse selon l'Egypte ancienne*, Editions du Rocher, 1981, S. 21 ff.

15. KAPITEL

ABYDOS UND DIE MYSTERIEN DES OSIRIS

Im Jahre 1880 v. Chr. erreichte der Kanzler Ichernofret den Höhepunkt seiner Laufbahn. Ichernofret gehörte zu den Vornehmen; er erfüllte bereits das verantwortungsvolle Amt des Schatzmeisters für Unterägypten, war Verwalter des Doppelten Goldhauses und Siegelverwahrer des Königs. Als Einziger Freund gehörte er zu den engsten Vertrauten des Pharaos und hatte Zugang zu den Mysterien der Einweihung, die in den Tempeln enthüllt wurden.

In diesem Jahr hatte ihn sein Herrscher Sesostris III. mit der allerhöchsten und heiligsten Aufgabe betraut: Er sollte die Mysterien des Osiris in der heiligen Stadt Abydos ausrichten.*

Abydos war die geheimnisvolle Stadt, ganz den Mysterien des Übergangs vom irdischen zum himmlischen Leben geweiht. Sie war das Heiligtum des Osiris, des Herrn über den Tod. Abydos war die heilige Stadt, in der sich die Pharaonen der I. Dynastie begraben ließen, die ihren Nachfolgern als Reliquien und als Vorbilder dienten. Hieß es nicht, das Grab des Königs Djer sei das des Osiris selbst?

Eine heilige Stadt, doch auch ein Ort der Freiheit. Waren nicht jene spirituellen Kräfte, dank deren es den thebanischen

---

* Dieses Kapitel basiert auf dem Text einer Stele, den Heinrich Schäfer veröffentlicht hat in: *Die Mysterien des Osiris in Abydos unter König Sesostris III. nach dem Denkstein des Oberschatzmeisters Icher-nofret im Berliner Museum*, Ausgabe 1964, Georg Olms, Hildesheim.

Fürsten im Mittleren Reich gelungen war, die Einheit Ägyptens wiederherzustellen, von Abydos ausgegangen? Wie seine beiden Vorgänger gleichen Namens gewährte auch Sesostris III. dieser uralten Stätte eine besondere Gunst, der Stadt des «Herrn der Westlichen», der die gerechten Seelen ins Paradies geleitete.

Ichernofret verließ also die königliche Residenz, um den Nil flußaufwärts zu fahren bis Abydos. Unterwegs dachte er an die berühmte «Wallfahrt» zur heiligen Stadt, von der alle Ägypter sprachen. Dabei handelte es sich nicht um eine Wallfahrt des Körpers, bei der sich riesige Menschenmengen vor dem Osiris-Tempel versammelten, sondern um eine Reise spiritueller Natur: Jeder Ägypter sandte eine Stele nach Abydos, die seinen Namen trug sowie einen Ritualtext, der dem Geist erklärte, wie er die «schönen Wege des Westens» finden könne, die ins Paradies führten. Diese Stelen wurden in einem nur für Eingeweihte zugänglichen heiligen Bezirk rund um die Stätte des Osiris aufgestellt. Das Osiris-Heiligtum nannte man «Treppe des Großen Gottes». Es symbolisierte eine Treppe von der Erde zum Himmel. Jeder Ägypter wollte durch eine Stele aus Stein, die den unsterblichen Aspekt seines Wesens versinnbildlichte, dem Gott nahe sein.

Abydos war nur jenen zugänglich, die in die Mysterien eingeweiht waren. Ichernofrets Aufgabe bestand keineswegs darin, irgendein Volksfest zu gestalten, sondern das wichtigste Ritual überhaupt, bei dem das Mysterium des Lebens enthüllt wurde. Er würde zu Ehren seines Vaters Osiris arbeiten und dem Gott das Gold darbringen, das der Pharao aus Nubien hatte kommen lassen, um Osiris' Tempel zu schmücken.

Ichernofret entsann sich der Worte, die ihm der Pharao mit auf den Weg gegeben hatte: «Ich vertraue dir diese Aufgabe an, weil mein Herz gewiß ist, daß du meine Erwartungen erfüllen wirst, weil du die heilige Kenntnis erlangt hast dank der Lehren des Pharaos, weil du mein Zögling und mein einziger

Schüler bist. Niemand außer dir kann diese Aufgabe erfüllen.»
Gerade 26 Jahre war Ichernofret damals alt, als ihm die er-
schreckende Ehre zuteil wurde, in den Palast geführt zu werden und dem Pharao als geistigem Lehrmeister Auge in Auge
gegenüberzutreten. Denn der König Ägyptens war nicht nur
ein Führer und Verwalter. Er war auch ein Mann der Weisheit.

Nach seiner Ankunft in Abydos begab sich Ichernofret direkt ins «Lebenshaus», in dem die Eingeweihten und die Ritualkundigen arbeiteten und die Pharaonen die Schriften aus der
Zeit Atums, des Weltenerbauers, einzusehen pflegten. Der
Kanzler des Königs verbrachte viele Stunden in der Bibliothek
des Lebenshauses, um alle Schriften zum Osiriskult zu studieren.

Nach getaner Arbeit gönnte sich Ichernofret einen Spazier-
gang in Abydos. Überall fand er Gräber – Gräber bar jeder
Traurigkeit und Verzweiflung, Gräber als Keimzellen der
Wiedergeburt. Hier wurde auch die heiligste aller Reliquien
aufbewahrt: das Haupt des Gottes Osiris, der in mythischer
Zeit von seinem Bruder Seth getötet und zerstückelt worden
war. Ichernofret sann über die uralte Legende nach: Osiris, der
König des Goldenen Zeitalters, hatte die Ägypter die Kunst
des Regierens gelehrt, die Wissenschaft, die Symbole, die
Landwirtschaft. Er war ein vollkommener, von allen geliebter
Herrscher. Diese Beliebtheit ließ im Herzen seines Bruders
Seth das verwerflichste aller Laster keimen, den Neid. Er lud
Osiris zu einem Festmahl ein. Dieser kam ohne Argwohn und
ließ sich auf das Spiel ein, das sein Bruder vorgeschlagen hatte:
In der Mitte des Saales stand eine wunderbare Holzlade, die
Seth jenem Gast zum Geschenk versprach, der genau hinein-
paßte. Einer nach dem anderen legte sich hinein, doch insge-
heim war diese Lade genau nach Osiris' Körpermaßen angefertigt worden. Sobald dieser sich darin ausgestreckt hatte,
schlossen Seth und seine Komplizen ihn darin ein, versiegelten
den Deckel mit geschmolzenem Blei und warfen die Lade in

den Nil. Lange trieb Osiris' Sarg im Wasser, bis er sich in den Zweigen einer Zeder verfing. Der Leib wurde aufgefunden und sollte angemessen bestattet werden. In einem unbeobachteten Moment zerstückelte Seth ihn aber wutentbrannt und verstreute die Teile in allen Provinzen Ägyptens. So schienen das Böse und das Verbrechen den Sieg davongetragen zu haben. Doch Seth hattte nicht mit Isis, der liebenden Witwe des Osiris, gerechnet. Nach langer und schwieriger Suche gelang es ihr, den Leichnam wieder zusammenzusetzen und ihm für wenige Augenblicke neues Leben zu verleihen, um sich von ihm befruchten zu lassen und den Sohn Horus zu gebären.

Ichernofret suchte die Handwerker auf, die im Dienst des Tempels standen. Er wies sie an, für den Gott einen neuen Thron aus Gold, Silber und Lapislazuli anzufertigen. Außerdem befahl er, Statuen herzustellen und die Kapellen der an den Mysterien beteiligten Götter auszubessern. Danach empfing er nacheinander alle Ritualkundigen, die bei der Zeremonie mitwirken sollten, um ihre Kompetenzen zu prüfen.

Bevor die Mysterien beginnen konnten, blieb jedoch noch die schwierigste Aufgabe zu erledigen: Er mußte Zugang zum Osiris-Tempel erbitten und sich in den Raum begeben, in dem die heilige Barke des Osiris aufbewahrt wurde. In den Tempel wurde Ichernofret als *Sem*-Priester mit reinen Händen eingelassen, also als Eingeweihter, der die Mysterien der Auferstehung kannte und fähig war, Totgeglaubtes wieder zum Leben zu erwecken.

Vor der heiligen Barke sammelte sich Ichernofret. Er gab dem Leiter der Handwerker Anweisung, die Kabine zu erneuern, in der die Osirisstatue aufgestellt werden sollte. Ichernofret hatte sie eigenhändig mit Lapislazuli, Türkis, Elektrum und wertvollen Steinen geschmückt. Da er auch das Amt des Vorstehers der Geheimnisse innehatte, wurde ihm die Ehre zuteil, dem Gott die Kronen aufzusetzen.

Inzwischen war es Nacht geworden. Alles war bereit. Die Eingeweihten trugen die Masken jener Götter, die bei der Osiris-«Passion» mitwirkten. Ichernofret selbst übernahm die Rolle des Osirissohnes Horus, der von seinem toten und auferstandenen Vater gezeugt wurde, um die Harmonie im Diesseits wiederherzustellen. Horus war außerdem der Hüter des Königtums und der Beschützer des amtierenden Pharaos.

Im Tempel trat Stille ein. Kein Windhauch kräuselte die Oberfläche des Heiligen Sees. Die Eingeweihten, die nur zusehen sollten, hatten auf einer kleinen Tribüne Platz genommen, von der aus sie den Verlauf der Mysterien verfolgen konnten.

Die Prozession setzte sich in Bewegung. Vorneweg schritt ein Priester mit Schakalmaske. In Begleitung ihres Gebieters Osiris, der durch eine Statue verkörpert wurde, wanderten die Eingeweihten durch die Welt. Doch sie gerieten in einen Hinterhalt und wurden von Osiris' Feinden unter der Führung seines Bruders Seth überfallen. Ein erbitterter Kampf entbrannte. Die Eingeweihten, Söhne des Lichts, gewannen die Oberhand über die Söhne der Finsternis. Doch der Sieg konnte nur um den Preis des allergrößten Unglücks errungen werden: Zwar war die Heilige Barke unbeschädigt geblieben, doch Osiris selbst war tödlich getroffen worden. Eilig kehrten die Eingeweihten in den Tempel zurück, doch es war zu spät. Der Gebieter lebte nicht mehr.

Zu klagender und langsamer Musik verließ eine neuerliche Prozession den Tempel, um Osiris zu seiner letzten Ruhestätte zu geleiten. Die Barke glitt über den Heiligen See, gesteuert von Thot, dem Herrn der Heiligen Wissenschaft.

Die Feinde der Weisheit gaben sich jedoch noch nicht geschlagen und griffen erneut an; doch nun rächte Horus seinen Vater und tötete sie alle. Wohlbehalten erreichte Osiris' Leichnam sein Ziel, und die Rituale der Grablegung wurden vollzogen. Der nun folgende geheimste Teil der Mysterien im Inneren des Grabes war einer kleinen Elite vorbehalten: die Auferstehung des ermordeten Gottes.

Leblos lag Osiris auf einem Bett. Ichernofret mit der Maske des Falkengottes Horus stand neben ihm. Der Ritualpriester sprach die heiligen Formeln. Durch die magische Kraft des Wortes wich der Tod dem Leben. Osiris richtete sich auf und vertrieb die Schatten des Todes. Man erklärte ihn für «gerechtfertigt durch die Stimme» und krönte ihn zum Jenseitskönig.

Die Eingeweihten verließen das Grab. Die letzte Fahrt der Barke über den Heiligen See war eine Fahrt der wiedergefundenen Freude; große Ehre gebührte dem Eingeweihten, der das Steuerruder führte. Die Prozession kehrte in den Tempel zurück, und dessen Tore schlossen sich. Man trug die Barke zurück in ihr Heiligtum, das sie erst zur nächsten Feier der Mysterien wieder verlassen würde. Die Statue des Osiris, der kraft der Riten von den Toten auferstanden war, wurde wieder in ihrem Schrein verwahrt.

Schließlich entzündeten die Mitglieder der Osiris-Bruderschaft Lampen, sinnbildlich für den Sieg des Lichts über die Finsternis. Ein großes Festmahl bildete den Abschluß der Mysterien. Während Ichernofret gemeinsam mit seinen Brüdern feierte, begriff er, daß er soeben die erhebendsten Stunden seines Daseins erlebt hatte. Und ihm kam die wichtigste Lehre der Mysterien in den Sinn: «Jeder Mensch kann ein Osiris werden, jeder Mensch muß ein Osiris werden, um die Pforten des Todes zu durchschreiten.»

16. KAPITEL

DIE KLAGEN EINES REDEGEWANDTEN BAUERN

Ein Bauer mit dem Namen Chuienanubis, «Den Anubis beschützt», wanderte friedlich den Nil entlang. Er stammte aus der Salzoase, dem Wadi Natrun westlich des Deltas.* Er hatte seine Esel mit Gerste beladen, die er im Niltal gegen Nahrungsmittel für seine Kinder eintauschen wollte. Als Reiseproviant hatte ihm seine Frau Brot und Bier mitgegeben.

Neben der Gerste trugen die Esel des Bauern noch verschiedene andere Dinge: Schilf, Pflanzen, Salz, Natron, Holz, Pantherfelle, Wolfspelze, Tauben, Vögel und Sämereien. All diese schönen und nützlichen Waren würde er leicht eintauschen können. Der Bauer zog also unbeschwert dahin: Im Land herrschte Frieden, die Straßen waren in gutem Zustand.

Am Nilufer stand reglos ein Mann, der die kleine Karawane beobachtete. Thotnacht, «Thot-ist-mächtig», gehörte zu den Landpächtern eines Obergüterverwalters namens Rensi. Thotnacht war von einer Krankheit befallen, die der Moralkodex der Ägypter streng verdammte: Neid. Diese mit Schätzen beladenen Esel vorbeiziehen zu sehen, das ertrug er nicht. Um den Bauern zu berauben, legte er einen Hinterhalt.

---

* Dieses Kapitel beruht auf mehreren Papyri des Mittleren Reiches, die veröffentlicht sind in: F. Vogelsang und A. H. Gardiner, «Die Klagen des Bauern», in: *Literarische Texte des Mittleren Reiches*, I, Leipzig 1908. Vermutlich haben sich die Ereignisse unter König Cheti III. (X. Dynastie) zugetragen, doch der Text entspricht bereits dem Geist des Mittleren Reiches.

Der Bauer mußte direkt an Thotnachts Haus vorbei. An dieser Stelle war der Weg sehr schmal, nicht breiter als ein Stofflaken. Rechts davon war das Land überflutet, links grenzte ein Gerstenfeld an. Thotnacht ersann einen arglistigen Plan: Er befahl seinem Diener, ihm ein Laken zu bringen. Das breitete er über den Weg, bevor der Bauer die Stelle erreichte. Der Stoff grenzte auf der einen Seite ans Wasser, auf der anderen Seite an das Gerstenfeld.

Der Bauer zog auf diesem öffentlichen Weg entlang und erreichte Thotnachts Haus. Der stürmte heraus und fuhr den Bauern an: «Vorsicht, Bauer! Du beschmutzt meinen Stoff!» Erstaunt bemerkte der Bauer das auf dem Weg ausgebreitete Laken. «Ich muß aber hier vorbei», gab er zurück. «Ich habe keineswegs die Absicht, deinen Stoff zu zerreißen, aber diese Straße gehört allen. Sie ist so eng, daß du sie nicht durch ein Stück Stoff noch enger machen solltest.» Um aber Streit mit diesem jähzornigen Menschen zu vermeiden, führte der Bauer seine Esel auf eine Seite des Weges, dorthin, wo der Stoff an das Gerstenfeld angrenzte. Die Lücke war schmal, aber es würde gehen. Thotnacht reagierte blitzschnell: «Willst du etwa meine Gerste zertrampeln, Bauer?» Nun hatte der Bauer genug. Der Weg war doch kein Privateigentum! Es war jetzt offensichtlich, daß man ihn am Weitergehen hindern wollte, und das würde er sich nicht gefallen lassen.

In diesem Moment geschah das Unvermeidliche. Von den menschlichen Streitigkeiten unbeeindruckt, tat sich einer der Esel des Bauern an ein paar Gerstenhalmen gütlich. Thotnacht hätte sich keine bessere Wendung vorstellen können. Sofort bezichtigte er den Bauern des Diebstahls. Die Strafe lag auf der Hand: Da der Bauer Thotnacht seine Gerste geraubt habe, müsse er ihm den Esel überlassen. Der arme Bauer war fassungslos vor soviel Böswilligkeit. Doch er wollte nicht klein beigeben! Er kannte zufällig den Besitzer dieser Ländereien, den Obergüterverwalter Rensi, der sich rühmte, jeden Dieb

121

angemessen zu bestrafen. Sollte er, der Bauer, sich ausgerechnet auf dem Grund und Boden dieses gerechten Mannes berauben lassen?

Thotnacht ließ sich auf keine Diskussion ein. Mit schlagkräftigen Argumenten wollte er den Bauern davon abhalten, die Sache vor Gericht zu bringen. Er griff nach dem Ast einer Tamariske und prügelte damit auf den Bauern ein, der schließlich zusammenbrach. Dann nahm Thotnacht ihm alle Esel weg. Der Bauer weinte vor Schmerz, stöhnte und protestierte. Das wurde seinem Angreifer lästig, und er befahl ihm, gefälligst still zu sein, wenn er nicht auf schnellstem Wege ins Reich der Toten gelangen wolle, ins Haus des Herrn der Stille.

Der Bauer glaubte an die Götter. Also rief er den Herrn der Stille, den Totengott Osiris, an. Doch der Gott antwortete nicht. Umgänglich wie er war, blieb der Unglückliche noch zehn Tage lang in der Nähe von Thotnachts Haus und flehte den Dieb an, ihm sein Hab und Gut zurückzugeben. Doch Thotnacht war sich seines Sieges gewiß und stellte sich taub.

Der Bauer aber gab sich nicht geschlagen. Wenn er schon allein nichts ausrichten konnte, dann wollte er beim Besitzer dieser Ländereien, dem ehrenhaften Rensi, Klage einreichen. Tapfer machte er sich wieder auf den Weg, wandte sich nach Süden und erreichte die Provinzhauptstadt Herakleopolis. Endlich war ihm das Glück hold. Er entdeckte Rensi, als dieser gerade sein prachtvolles Haus verließ, um in sein Dienstschiff zu steigen, eine Art schwimmende Amtsstube, das ihm von der Verwaltung zur Verfügung gestellt worden war. Respektvoll sprach der Bauer diese hochstehende Persönlichkeit an; er erbot sich, Rensis Herz zu erfreuen, indem er ihm eine gewisse Angelegenheit anvertraue, von der er Kenntnis habe. Rensi befahl also einem zuverlässigen Schreiber, die Aussage des Bauern festzuhalten.

Als Rensi den Bericht las, war er zunächst unschlüssig und beriet sich mit seinen Notabeln. Doch diese bagatellisierten den Vorfall. Ein kleiner Streit, nicht ernst zu nehmen; vermutlich trugen beide Beteiligte gleichermaßen Schuld. Der Dieb, wenn er denn tatsächlich gestohlen hatte, sollte dem Bauern ein wenig Salz zurückgeben; damit sei der Gerechtigkeit Genüge getan. Rensi schwieg und dachte sich seinen Teil.

Sehr in Sorge um den Ausgang seiner Sache, sprach der Bauer erneut bei Rensi vor. Mit beeindruckender Redekunst trug er ihm ein erstes Bittgesuch vor: Er, Rensi, der dem Waisenkind ein Vater sei, der Witwe ein Ehemann, der aus dem Hause gejagten Frau ein Bruder, ein Gewand jenem, der keine Mutter mehr hat, ein Führer für das, was noch nicht ist, und für das, was ist, ein Großer frei von Niedertracht, der auf dem See der Gerechtigkeit zu segeln wisse – könnte er die Klage eines Mannes zurückweisen, der nur sein gutes Recht einforderte? An Rensi sei es, die Lüge zu vernichten und die Wahrheit zum Leben zu erwecken. Möge er die Not und das Elend eines armen Bauern vertreiben, der all seiner Habe beraubt wurde.

Aufmerksam folgte Rensi der großartigen Rede des Bauern. Er begab sich zum Pharao, um ihm den Sachverhalt aus seiner Sicht zu schildern: «Majestät», erklärte Rensi, «ich habe einen Bauern gefunden, der wahrlich redegewandt ist und der von einem Mann, welcher in meinen Diensten steht, all seiner Habe beraubt wurde.» Der Pharao interessierte sich sehr für diesen einfachen Menschen, der sich so talentiert auszudrükken wußte. Deshalb trug er Rensi auf, die Angelegenheit so lange wie möglich hinauszuzögern. Rensi solle die Bittgesuche des Bauern anhören, ohne zu antworten, um zu sehen, wie weit der Bauer seine Redekunst steigern könne. In dieser Zeit würde der Staat für seine Frau und seine Kinder sorgen. Der Bauer selbst solle alle nötigen Lebensmittel erhalten, doch er solle nicht erfahren, woher sie kämen. Mit zehn Broten und zwei Krügen Bier pro Tag würde er nicht hungern.

Nach angemessener Frist trug der Bauer Rensi sein zweites Bittgesuch vor. Er bezeichnete ihn als Steuerruder des Himmels, als Stützbalken der Erde, als Senklot; er erinnerte ihn daran, daß eine Waage, die sich fälschlich neigt, oder ein Lot, das von der Senkrechten abweicht, schlechte Dinge seien. Wenn die Gerechtigkeit verschwinde, täten die Großen Böses, würden die Worte ungenau, die Richter zu Dieben. Was gebe es Schrecklicheres, als zu sehen, als daß jener, der ein Vorbild in Sachen Gerechtigkeit sein sollte, ungerecht würde? Rensi sei mächtig, reich, er wisse nichts vom Elend eines Menschen, der zu Unrecht seiner Habe beraubt wurde. Er empfinde kein Mitleid. Sein Besitz sei groß, er habe zu trinken und zu essen. Warum dulde er, daß sich das Böse vor seinen Augen ausbreite? Warum wolle er, der gelehrteste aller Männer, von dieser Sache nichts wissen?

Wie verabredet gab Rensi keine Antwort. Der Bauer ließ sich nicht entmutigen und trug Rensi ein drittes Bittgesuch vor, zu dessen Beginn er den Verwalter mit dem Himmelsherrn Re verglich, mit dem Nil, der das Fortbestehen aller Lebewesen sichere. Er möge der unaufhaltsam näher rückenden Ewigkeit gedenken, den Dieb bestrafen und einen armen Bauern unterstützen. Er möge Gutes nicht mit Schlechtem vergelten, er möge nicht eine Sache an die Stelle einer anderen setzen! Ägyptens Gleichgewicht hänge davon ab, daß Gerechtigkeit geschaffen werde. Rensi sei doch ein bedeutender Mann, darum dürfe er keine Lügen aussprechen, sondern müsse eins sein mit der Waage. Wenn er sich weigere, dem Bauern seine Habe zurückzugeben, handele er wie ein Raubvogel, ein Sadist, ein herzloser Mensch.

Diesmal war der Bauer zu weit gegangen. Er hatte einen Würdenträger beleidigt! Rensi befahl zwei Wachen, ihn auszupeitschen. Doch auch diese Strafe ließ den Kläger nicht verstummen; sogleich nannte er Rensi ein Schiff ohne Kapitän, eine Stadt ohne Gouverneur, einen Polizisten, der zum Dieb wird, eine Führungsperson, die sich der Unehrenhaftigkeit schuldig macht.

Der Verwalter ließ den Bauern aus dem Palast werfen. Doch der Bauer begegnete Rensi wieder, als dieser den Tempel verließ. Ohne zu zögern, hob er zu einem vierten Bittgesuch an. Diesmal machte er Rensi bittere Vorwürfe. Das Gute sei verschwunden. Die Lüge trage den Sieg davon. Niemand könne mehr für eine gerechte Sache eintreten. Einen Mann wie Rensi die Wahrheit zu sagen nütze nichts. Er höre nicht zu, er kenne keine Milde. Könnte nicht Barmherzigkeit in seinem Herzen erwachen, könnten seine Augen nicht endlich sehend werden? Wenn er ein echter Steuermann sei, dann dürfe er sein Schiff nicht ins Verderben fahren lassen. Der Bauer verlor allmählich die Geduld: Nun flehe er Rensi schon zum vierten Mal an; solle er den Rest seines Lebens damit verbringen, für das zu kämpfen, was ihm rechtens zustehe?

Rensi schien nichts gehört zu haben. Der Bauer versuchte es zum fünften Mal. Er verglich Rensi mit den Fischern, die die Fische im Fluß töten. Er sei derjenige, der einen Armen seiner Habe beraubt und ihn somit zum Tode verurteilt habe. Er, dem das Amt des ehrwürdigen Richters anvertraut wurde, unterstütze einen Dieb. Er sei selbst zum Verbrecher geworden.

Rensi hörte diese Anschuldigungen ungerührt an, und so wagte der Bauer ein sechstes Bittgesuch. Rensi möge die Gerechtigkeit wiederherstellen, die der Sättigung nach langem Hungern gleiche, der Kleidung, die der Nacktheit abhelfe, dem blauen Himmel nach dem Gewitter. Er möge endlich der Wahrheit ins Auge sehen! Er solle Frieden bringen, und statt dessen stifte er Unfrieden, er solle das Leid der Einfachen lindern, und statt dessen erdrücke er sie mit Schwierigkeiten. Rensi sei ein Gelehrter, ein kompetenter Mann, er kenne keine Gier. Und doch verhalte er sich wie ein Mann, der gern Angelegenheiten nicht ordne. Die Rechtmäßigkeit habe ihn verlassen. Er sei der Gärtner des Bösen, der sein Land mit schlechten Taten bewässere.

Trotz des hartnäckigen Schweigens des Verwalters gab der

Bauer noch immer nicht auf. In seinem siebten Bittgesuch verglich er Rensi mit dem Steuerruder des Landes Ägypten, welches dorthin fahre, wohin Rensi es lenke. Er solle endlich Gnade walten lassen, sein Herz solle dem Gerechten gegenüber nicht länger feindselig sein, denn das sei seiner unwürdig. Der Bauer habe Unrecht erlitten. Er habe alles versucht, um sich zu rechtfertigen. Er habe geredet und geredet und all seine Argumente ausgeschöpft. Nun bleibe ihm nur noch zu schweigen. Sein Gesicht sage genug über sein Leid. Rensi sei faul und habgierig. Er habe keinen Schlafenden geweckt, keinen Narren zum Weisen gemacht, keinen Unwissenden etwas gelehrt; und die Notabeln, die ihn umgeben, seien keinen Deut besser als er!

Auch diese Woge der Verbitterung blieb wirkungslos. Da begann der Bauer mit einem achten Bittgesuch. Wie komme es, daß Rensi so habgierig sei, er, dem es doch an nichts mangele? Diebe und Räuber seien auch seine Notabeln, deren Hauptaufgabe es doch sei, das Böse zu bekämpfen. Natürlich hätte sich der Bauer eigentlich vor Rensi ängstigen, neuerliche Bestrafung fürchten müssen. Doch er war so empört, daß die Klagen wie von selbst aus seinem Munde strömten. Rensi verfüge über riesigen Besitz und zahlreiche Ländereien, und doch nehme er jenem etwas, der nichts habe! Er, ein Anhänger des Thot, der mit der Schreibbinse verglichen werde, mit der Papyrusrolle, mit der Palette des Schreibers, er achte die Regel nicht, die in den Worten des Gottes liegt. Dabei könne eine schändliche Tat niemals in einen guten Hafen führen; der Weise dagegen steuere sein Schiff sicher ans Ufer.

Drohungen, Lobreden, nichts half. Rensi schien unabänderlich stumm und gleichgültig gegenüber der Angelegenheit des Bauern, der zum neunten Mal seine Klage formulierte. Die Waage eines Mannes sei seine Zunge, erklärte er. An ihr sei es, die Wahrheit zu sagen. Die Lüge habe weder Nachkommen noch Erben; wenn sie auf Reisen gehe, müsse sie sich verirren.

Rensi solle nicht parteiisch sein und den Bittsteller nicht abweisen, der solle nicht mehr zögern, das gerechte Urteil zu sprechen. Der, der sich der heiligen Regel verschließe, habe keinen Freund mehr, dem Gierigen werde kein glücklicher Tag mehr zuteil.

Schließlich mußte sich der Bauer dem Offensichtlichen fügen: Er bat, doch Rensi erhörte ihn nicht. Nun würde er ebenfalls schweigen und diese Gegend der Ungerechtigkeit verlassen. Er konnte sich nur noch an eine Person wenden: an Anubis, seinen heiligen Schutzpatron, den Führer der Toten.

Rensi ließ den Bauern davonlaufen, schickte ihm jedoch zwei Wachen nach, die ihn zurückbrachten. Der Bauer hatte Angst. Er fürchtete, wegen der Beleidigungen verhaftet und streng bestraft zu werden. Er hielt eine allerletzte Rede, in der er seinen eigenen Tod herbeiwünschte, um endlich von seinem Unglück befreit zu sein.

Doch Rensi beruhigte ihn: «Fürchte nichts, denn wenn man so an dir gehandelt hat, dann nur, damit du bei mir bleibst.» Verblüfft empörte sich der Bauer: Solle er denn in alle Ewigkeit das Brot des Verwalters essen und dessen Bier trinken? Belustigt bat ihn Rensi, noch ein wenig Geduld aufzubringen. Er ließ die Schreiber rufen, die die neun Bittgesuche des Bauern mitgeschrieben hatten, und ließ sie vorlesen.

Die Texte wurden dem Pharao gesandt, der entzückt war von der Redegewandtheit des Bauern und von den Argumenten, die er nach allen Regeln der Kunst entwickelt hatte. Das abschließende Urteil, so entschied der Pharao, obliege dem Obergüterverwalter Rensi.

Weitere Verhandlungen waren nicht nötig: Rensi sprach sein Urteil. Thotnacht wurde mit all seiner Habe vor ihn geführt: Gerste, Weizen, Esel, Vieh, Schweine und dazu die sieben Bediensteten. Der arme Bauer erhielt das gesamte Vermögen desjenigen, der ihn bestohlen hatte. Der Dieb wurde so zu seinem Diener.

Mut, Geduld und Hartnäckigkeit besiegten die Ungerechtigkeit. Reicher, als er jemals war, machte sich der Bauer auf den Rückweg zu seiner Oase und sann über das Glück nach, in einem Land wie Ägypten zu leben, in dem man sich stets darauf verlassen konnte, daß die Verantwortlichen für die Einhaltung der göttlichen Regel sorgten.

17. KAPITEL

DIE VERTREIBUNG DER HYKSOS

Im Jahre 1552 v. Chr. lag Finsternis über Ägypten. Fürst Ahmose, «Der aus dem Mond geboren ist», also aus dem Symbol einer kriegerischen und aggressiven Göttergestalt, war besessen von der Glut der Vergeltung.* Seit vielen Jahren war Ägypten geteilt und von Eroberern besetzt, von fremden Stammesfürsten, die Hyksos genannt wurden. Sie hatten den vorangegangenen Verfall der Zentralmacht und schwerwiegende politische Fehlentscheidungen genutzt, um die Zwei Länder endgültig aus dem Gleichgewicht zu bringen. Der ägyptische Historiker Manetho (um 305–285 v. Chr.) sollte die Ereignisse dieser Epoche folgendermaßen wiedergeben: «Der göttliche Zorn wehte gegen uns, ich weiß nicht, weshalb, und unversehens wagten es Männer einer unbekannten Rasse, aus dem Orient in unser Land einzudringen, und ohne Schwierigkeiten oder Kampf bemächtigten sie sich seiner mit Gewalt. Diese Leute ergriffen die Anführer, steckten wie Barbaren die Städte in Brand, machten die Tempel der Götter dem Erdboden gleich und behandelten die Eingeborenen mit äußerster Grausamkeit, die einen erwürgten sie, und Frauen und Kinder nahmen sie als Sklaven zu sich.» Ein Anführer der Barbarenstämme setzte sich durch, erließ eigene Gesetze, er-

---

* Siehe auch Claude Vandersleyen, *Les Guerres d'Ahmosis, fondateur de la XVIII. Dynastie*, Brüssel, 1971.

129

hob Steuern, errichtete Garnisonen in mehreren ägyptischen Städten und machte Auaris im Delta zu seiner Hauptstadt.

Manethos apokalyptische Darstellung war, wie wir heute wissen, stark übertrieben. Ganz ohne Gewalttaten und Machtmißbrauch kamen die Hyksos sicher nicht aus, doch von dem geschilderten Maß an Zerstörung und Schrecken waren sie weit entfernt. Ihre Machtübernahme ging eher schleichend vonstatten. Doch wer waren sie eigentlich? Asiaten? Phönizier? Hethiter? Oder ein Gemisch aus all diesen Völkern? Der Thebanische Fürst Ahmose allerdings scherte sich wenig um die ethnische Herkunft der Eroberer. Für ihn waren sie Asiaten, die durch eine Woge der Völkerwanderung nach Ägypten gedrängt worden waren. Der Reichtum der Zwei Länder hatte fremde Völker schon immer angelockt. Tatsächlich waren die Hyksos nichts anderes als ein Bündnis kleiner Stämme, das beschlossen hatte, in Ägypten die Macht zu übernehmen und sich definitiv dort niederzulassen.

Das konnte der Thebaner Ahmose nicht länger ertragen, auch wenn die Kolonisatoren selbst bald schon kolonisiert wurden. Ägyptens Magie hatte sich ihrer bemächtigt und sie ägyptisiert. Mit der Zeit vergaßen sie ihre eigenen Bräuche und übernahmen jene der Pharaonenkultur. Dennoch blieben sie Fremde, Thronräuber. Sie waren schuld daran, daß das Land geteilt war in ein Hyksos-Ägypten im Norden und ein ägyptisches Ägypten im Süden. Der Glanz des Alten und Mittleren Reiches schien unwiederbringlich im Wüstensand begraben – um so mehr, als die Hyksos über eine furchteinflößende neuartige Waffe verfügten: von Pferden gezogene Streitwagen. Überdies waren ihre Schwerter aus Eisen. Die ägyptische Armee war ihnen nicht gewachsen. Ihre befestigte Hauptstadt Auaris schien uneinnehmbar. Ihr Gott war der schreckenerregende Baal, den sie mit dem ägyptischen Seth gleichsetzten. Sie wagten es, sich «Söhne des Re» zu nennen! Ahmose aber wußte, daß sie regierten, ohne das göttliche Licht empfangen zu haben und ohne die Regel der Maat, der Harmonie des Universums, zu respektieren.

Es gab nur ein Mittel, um die Hyksos aus Ägypten zu vertreiben: Krieg. Beharrlich hatten die Thebaner eine Armee zusammengestellt und neue Kräfte gesammelt. Offiziell stand zwar das ganze Land unter Hyksos-Herrschaft, doch dem thebanischen Fürsten war es gelungen, seine Unabhängigkeit zu bewahren, und sein Einfluß erstreckte sich sogar noch auf die Nachbarprovinzen.

Bewegt dachte Ahmose an den ersten Thebaner, der es gewagt hatte, an der Macht der Hyksos zu rütteln: Sekenenre. Um 1560 v. Chr. hatte er die Besatzer jahrelang bekämpft. Doch er war ungenügend vorbereitet gewesen, wurde besiegt und getötet.* Ihm folgte der unnachgiebige und tapfere Kamose, der von 1555 bis 1551 v. Chr. einen Befreiungskrieg kämpfte. Er hatte aus dem Scheitern seiner Vorgänger gelernt, war besser vorbereitet und hatte eine Armee ausgehoben, die diese Bezeichnung verdiente. Kamose wußte, daß Ägyptens völlige Vernichtung drohte. Tatsächlich sah er sich zwischen zwei Feinden in die Mangel genommen: den Hyksos im Norden und den Nubiern im Süden. Es war abzusehen, daß sich Schwarzafrikaner und Asiaten früher oder später zusammentun würden, um Theben zu zerstören und damit den letzten Widerstandsherd auszulöschen. Ägyptens einzige Chance war ein Überraschungsangriff.

Trotz der drohenden Gefahr konnte Kamose seine Berater nicht überzeugen. Warum solche Risiken eingehen, obwohl Theben unbehelligt und in Frieden lebte? Die wirtschaftliche Lage war gut, das Volk konnte sich satt essen, die Feinde waren weit, sie zeigten sich nicht angriffslustig. Von seiner großartigen Aufgabe begeistert, versuchte Kamose, den Beratern zu

---

* Sekenenres Mumie wurde im Versteck von Deir el-Bahari gefunden. Sie wies an Kopf und Hals schwere Verwundungen auf.

erklären, daß diese zögerliche Haltung den baldigen Tod bedeuten könne. Doch sie akzeptierten seine Argumente nicht, sondern rieten zum Abwarten. Sie hielten ein Bündnis der Asiaten im Norden mit den Schwarzen im Süden für unwahrscheinlich und argwöhnten, Kamose dramatisiere die Situation, weil er unbedingt Krieg führen wolle. Er sei nicht weitsichtig genug und werde Theben in die Katastrophe führen.

Doch der ungestüme General setzte sich über die Meinung seiner Berater hinweg. Mit den ihm treu ergebenen Soldaten marschierte er nach Norden, nahm kampflos die heilige Stadt Hermopolis ein und beschloß, Memphis zu belagern. Zuvor wandte er sich jedoch den Oasen zu, um dort eine Operationsbasis einzurichten. Das Glück war ihm hold: Ihm fiel ein Hyksos-Bote in die Hände, der nach Nubien unterwegs war, und zwar mit einem überaus wichtigen Dokument: einem Brief des Anführers der Asiaten an den Anführer der Nubier, der ihren Bündnisversuch gegen die Ägypter belegte. In dem Schreiben erklärte der Hyksos-Führer, daß er von Kamose angegriffen worden sei. Er rief die Nubier zu Hilfe und versprach, wenn sie Thebens Widerstand gebrochen hätten, würden sie Ägypten unter sich aufteilen. Das war ein unanfechtbarer Beweis für die Richtigkeit von Kamoses politischer Analyse! Nun mußten seine Berater ihn wohl oder übel unterstützen. Der eigentliche Befreiungskrieg begann. Kamose ließ die Oase Bahrija «reinigen» und besetzte die kleine Stadt Sako 200 Kilometer südlich von Memphis. Ein Teil seiner Truppen überwachte die nubische Grenze. So waren die Ägypter vor einem Einkesselungsmanöver geschützt, während die Front allmählich nach Norden vorrückte und sich dem Gros der Hyksos-Truppen näherte. Während der heißen Jahreszeit schlug Kamose sein Quartier in Assiut auf; seine tapferen Soldaten nutzten die Gelegenheit, um die ersten Siege zu feiern, zu jagen und zu fischen. In Theben herrschten Freude und Überschwang. Die Frauen umarmten ihre Männer, es wurde getanzt und gefeiert.

Zum Glück gab es keinen Anlaß zur Trauer, denn kein einziger ägyptischer Soldat war in den Kämpfen gefallen.

Kamose ließ im Tempel zu Karnak eine Stele* errichten. Darauf erklärte er, daß er ein großes Festmahl feierte, bei dem er den roten Wein der Asiaten trank. Er hatte ihre Paläste verwüstet, ihre Bäume abgeschlagen, ihre Frauen verschleppt, ihre Streitwagen, ihre Waffen und ihre Reichtümer beschlagnahmt. Ihre Häuser hatte er in Trümmer gelegt, denn sie hatten Unglück über Ägypten gebracht und verdienten eine Bestrafung. Darum war Kamose unerbittlich gegen die Städte im Delta, die sich mit den Hyksos verbündet hatten, statt gegen die Besatzer Widerstand zu leisten.

Die thebanischen Priester sorgten dafür, daß der Text dieser Siegesstele im ganzen Land bekannt wurde. Diese altägyptische «Propaganda» verlieh der Bevölkerung neue Hoffnung. Sie glaubte wieder an Ägyptens Befreiung.

Als Ahmose im Jahre 1552 den Thron bestieg, war Kamose noch am Leben. Doch seine Tage waren gezählt. Vor seinem Ableben führte er den jungen Nachfolger noch ins Königsamt ein. Ahmose war von weniger kriegsliebendem Temperament als sein Vorgänger. Sachlich analysierte er die Situation. Halb Ägypten war tatsächlich befreit, doch das Delta befand sich noch fest in der Hand der Besatzer. Mit der bestehenden Armee einen Großangriff zu starten wäre Irrsinn gewesen: sie war zahlenmäßig unterlegen und schlechter bewaffnet als die der Hyksos. Daher verbrachte Ahmose die ersten zehn Jahre seiner Regierungszeit damit, den entscheidenden Angriff vorzubereiten. Er rüstete seine Armee, ließ Schiffe für den Transport der Truppen bauen und Streitwagen, die denen der Hyksos ebenbürtig waren. Diese Kriegsvorbereitungen waren eine

---

* Eine der Stelen des ungestümen Kamos wurde 300 Jahre nach seinen Heldentaten im Sockel einer Statue von Ramses II. wiederverwendet. Auf diese Weise huldigte Ramses der Große seinem ruhmreichen Vorgänger und ließ sich auf magischem Wege von dessen Kraft durchdringen.

schwere Belastung für die Bevölkerung, doch der Pharao erreichte einen breiten Konsens. Nach Kamoses ersten Erfolgen kam es nicht mehr in Frage, auf halber Strecke aufzugeben. Ahmose war Berufssoldat. Schon als junger Mann war er in die Armee eingetreten und hatte ganz unten auf der Hierarchieleiter begonnen, in der Infanterie. Er hatte alle Dienstgrade durchlaufen, kannte die Belange der Soldaten also aus eigener Erfahrung und verstand es, zu ihnen zu sprechen und sie zu motivieren.

Die Zeit von seinem fünfzehnten bis zu seinem zweiundzwanzigsten Regierungsjahr widmete Ahmose der Offensive. Nichts an seinem Vorgehen war übereilt; die Anstrengungen waren wohldosiert, die Strategie vollendet durchdacht. Ahmose wandte sich nach Norden. Heliopolis und Memphis widerstanden ihm nicht lange. Überall unterstützten die Ägypter die Befreiungsarmee. Die Zwei Länder hatten wieder einen Pharao. Wie durch ein Wunder rückte die Einheit wieder in greifbare Nähe.

Doch es gab noch ein ernstzunehmendes Hindernis: Auaris, die Hauptstadt der Hyksos im Delta. Diese hatten ihre letzten Streitkräfte in der befestigten Stadt zusammengezogen, deren Belagerung sich noch jahrelang hinziehen sollte.

Mit dem Fall von Auaris war Ägypten endlich vollständig befreit. Um ganz sicher zu gehen, verfolgte Ahmose die flüchtenden Gegner, die sich im palästinischen Scharuhen verschanzten. Er nahm die Stadt ein, denn er wollte das Übel mit der Wurzel ausmerzen. Es war ein großartiger Sieg. Bei diesem brillanten Feldzug erbeutete Ahmose wunderbares heiliges Mobiliar für die thebanischen Tempel: goldene und silberne Opfertische, Musikinstrumente aus wertvollen Metallen, Goldkronen, Gefäße … Man bejubelte Ahmose als großen Pharao, als Befreier Ägyptens.

«Seht nur», so rief man, «Ahmose ist Gott auf Erden!» Tatsächlich war der Pharao die irdische Inkarnation des Schöpfers des Universums. Weil Gott in ihm wohnte, wurde ihm der Sieg zuteil.

Ahmoses letzte Regierungsjahre verliefen friedlich und unbeschwert. Der König wurde für seinen freundlichen und sanften Charakter gerühmt. Seinen Lebensabend verbrachte er damit, zusammen mit der Königin in seinem thebanischen Palast die Ruhe zu genießen. Einmal, als die Sonne gerade hinter dem Westgebirge untergehen wollte, bemerkte die Königin, daß der Pharao verstimmt war. Seine Miene drückte Besorgnis aus. Welche düsteren Gedanken trübten sein Herz? «Wir müssen unserer Ahnen gedenken», antwortete der König. «Wir müssen ihr Andenken ehren und zu den Festen des Himmels und der Erde ihre Opfertische füllen. Wir müssen ihre Gräber ausschmücken, herrliche Paläste der Ewigkeit erbauen lassen, rundherum Bäume pflanzen, Wasserbecken anlegen, darüber wachen, daß die Grabpflege gewissenhaft durchgeführt wird.»

So näherte sich Ahmoses Geist den Ahnen, die längst ins ewige Leben eingegangen waren. Auch der alte König hatte es verdient, ins Paradies zu gelangen. Mit der Vertreibung der Eroberer und der Gründung der XVIII. Dynastie hatte er einen Höhepunkt der ägyptischen Geschichte erlebt.

18. KAPITEL

DIE ABENTEUER DES AHMOSE, SOHN DER IBANA

Admiral Ahmose, Sohn der Ibana, hochbetagt und vielgeehrt, inspizierte die Arbeiten an seinem Haus der Ewigkeit, einem Felsengrab in der Nekropole von Elkab in Oberägypten. Er hatte allen Grund, stolz zu sein: Die Stelle war gut gewählt, das Grab beinahe fertig. Über die Wände lief ein langer Text, der aus dem außergewöhnlichen Leben des großen Soldaten Ahmose berichtete.*

Bewegt erinnerte sich Ahmose, Sohn der Ibana, an seine Heldentaten. In den Hieroglyphenspalten heißt es: «Ich spreche zur Menschheit. Siebenmal habe ich das Ehrengold erhalten, ganz Ägypten war versammelt. Zahlreiche Ländereien wurden mir geschenkt. Der Ruf eines Mannes entspringt seinen Taten. Der meine wird niemals untergehen.»

Hochmut? Keineswegs, denn Ahmose hatte die wichtigsten Phasen der Befreiung Ägyptens von den Hyksos miterlebt und das glanzvolle Neue Reich entstehen sehen, das mit der XVIII. Dynastie seinen Anfang genommen hatte.

Ahmose war in Elkab geboren worden und dort auch aufgewachsen. Seine Mutter hieß Ibana und sein Vater Baba. Dieser war Offizier in der Armee des Königs Sekenenre, der auf dem Schlachtfeld ums Leben kam. Als sein Vater starb, war Ahmose

---

* Auf diesem Text basiert unser Kapitel. Siehe auch *Journal of Egyptian Archaeology*, Bd. V, S. 36–56.

noch sehr jung. Er war noch nicht verheiratet und trug noch den Kinderschurz. Dennoch setzte man großes Vertrauen in ihn und übertrug ihm den Posten seines Vaters auf einem Kriegsschiff mit Namen «Kämpfender Stier». Der junge Mann erwies sich seines Vaters würdig, man bemerkte seine Tapferkeit. Nachdem er eine Familie gegründet hatte, beorderte man ihn zu einer Einheit der Kriegsmarine des Nordens, und nur wenig später wurde ihm das Privileg zuteil, zur Leibgarde des Pharaos Ahmose zu gehören. Ahmose, Sohn der Ibana, verließ also sein Schiff, um über des Pharaos Sicherheit zu wachen, wenn dieser in seinem Streitwagen unterwegs war.

So ergab es sich, daß er am wichtigsten Ereignis des Befreiungskrieges teilhatte: an der Einnahme von Auaris, der Hauptstadt der Hyksos.* Während die ägyptische Armee die befestigte Stadt belagerte, vollbrachte Ahmose, Sohn der Ibana, zu Wasser wie zu Lande eine Glanzleistung nach der anderen. Er war einer der erbittertsten Kämpfer auf dem Schiff, das im Kanal von Auaris postiert war. Aus mehreren Zweikämpfen ging er als Sieger hervor; zum Beweis seiner Tapferkeit brachte er dem Pharao die abgeschlagenen Hände der getöteten Feinde und wurde dafür mit dem Ehrengold belohnt.

Doch die Hyksos verfügten noch über einige weitere Stützpunkte. Eine kleine Armee der Ägypter versuchte, sie zu befreien. Während Auaris belagert wurde, entsandte der Pharao Truppen in den Süden, um jene zu bekämpfen, die die Asiaten unterstützten. Ahmose, Sohn der Ibana, gehörte zu einem «Stoßtrupp» und tat sich dadurch hervor, daß er einen Gefangenen machte. Mit diesem Gefangenen auf den Schultern durchquerte er derart leichtfüßig einen Flußarm, als liefe er unbeschwert einen Weg entlang. Diese Demonstration seiner

* Im Grab des Ahmose, Sohn der Ibana, befinden sich die bisher einzigen bekannten Texte, die die Einnahme der Hyksos-Hauptstadt durch die ägyptischen Truppen relativ detailliert schildern.

Herkuleskraft wurde dem königlichen Herold berichtet, und der Pharao zeichnete Ahmose, Sohn der Ibana, zum drittenmal mit dem Ehrengold der Tapferen aus.

Auaris wurde eingenommen. Die Hauptstadt der Besatzer fiel. Ahmose, Sohn der Ibana, äußert sich in seinen Grabtexten nur knapp über dieses bedeutende Ereignis. Die Belagerung war langwierig; es war ein Sieg durch Zermürbung, nicht durch einen glorreichen Angriff. Nebenbei machte unser Held vier Gefangene: «Einen Mann, drei Frauen, insgesamt: vier Köpfe.» Köpfe, die nicht rollen sollten, denn Ahmose, Sohn der Ibana, nahm diese Gefangenen als Diener zu sich.

Ein Teil der Hyksos-Truppen hatte den Fall der Stadt Auaris nicht abgewartet. Ihnen war die Flucht nach Palästina gelungen, und sie hatten in der Stadt Scharuhen Zuflucht gesucht. Doch der Pharao Ahmose gewährte seinen siegreichen Truppen keine Atempause. Er verfolgte den Feind bis in dessen eigenes Gebiet. Die palästinische Stadt wurde drei Jahre lang belagert. Selbstverständlich war Ahmose, Sohn der Ibana, an der Einnahme von Scharuhen beteiligt und machte wiederum Gefangene, diesmal nur Frauen. Für seine Verdienste wurde er erneut mit dem Ehrengold ausgezeichnet.

Auf den Krieg im Norden folgte der Krieg im Süden. Ahmose, Sohn der Ibana, nahm auch an der «Operation Nubien» teil, in deren Verlauf er zwei Männer gefangennahm. Noch einmal Gold als Auszeichnung und dazu ein Geschenk: zwei Frauen. Die Dienerschaft des Helden wuchs stetig. Pharao Ahmoses große Kämpfe waren geschlagen, Ägypten befreit, doch auf dem triumphalen Rückweg in die Hauptstadt gab es noch einige Scharmützel. Die Truppen eines Rebellen namens Aata und die eines Aufständischen namens Teti-an wurden von des Pharaos Armee vernichtet. Ahmose, Sohn der Ibana, war an diesen letzten Glanzleistungen maßgeblich beteiligt; er erhielt weitere Diener und große Ländereien in seiner Heimatstadt.

In den letzten Regierungsjahren des Pharaos Ahmose

herrschte Frieden. Doch als Berufssoldat mußte Ahmose, Sohn der Ibana, seinen Dienst in der Armee des nächsten Pharaos, Amenophis I. (1527–1506 v. Chr.), wiederaufnehmen. Erneut gab es Unruhen in Nubien. Der Pharao leitete einen großen Feldzug, der dem Gegner einen schweren Schlag versetzte: Die nubischen Truppen wurden vernichtet, ihr Anführer wurde gefangengenommen und in Ketten gelegt. Ahmose wurde befördert und hatte nun den Posten eines Hauptmanns inne; selbstverständlich kämpfte er in der ersten Reihe. Die Belohnung: Gold, zwei Dienerinnen und der Ehrentitel «Kämpfer des Herrn».

Ahmose, Sohn der Ibana, machte einen seiner Gefangenen dem Pharao zum Geschenk; damit demonstrierte er, daß er vom Laster der Gier frei sei und daß all seine Heldentaten ausschließlich zum Ruhme Seiner Majestät geschähen.

Unser Held, der allmählich in seiner Uniform ergraute, diente auch noch unter dem Nachfolger von Amenophis I., Thutmosis I. (1506–1494 v. Chr.). Wieder mußte er mit dem Pharao ziehen, der von ausgeprägtem Eroberungsdrang beseelt war.

Im Süden überschritt er den dritten Katarakt und ließ in Tumbos eine Festung errichten, deren Name Programm war: «Von den Fremdländern (genannt die ‹Neunbögen›), wagt niemand, den Blick auf sie zu richten», so beeindruckend war sie. Thutmosis I. war einer der ersten, der so weit nach Schwarzafrika vordrang. Er mußte einen Aufstand niederschlagen, nutzte die Gelegenheit jedoch auch, um diese fernen Gegenden zu «zivilisieren» und Handelsrouten zu erschließen. Die Katarakte waren nicht leicht zu überwinden. Ahmose, Sohn der Ibana, der für das Schiff des Königs verantwortlich war, mußte all sein seemännisches Können einsetzen, um im tosenden Wasser der Stromschnellen ein Kentern zu verhindern. Für diese erneute Heldentat erhielt er den Titel «Leiter der Seeleute».

Diese Nubienexpedition war nicht ungefährlich; einige Stämme mißbilligten die Anwesenheit der Ägypter und wagten es sogar, der Armee des Pharaos Kommandotrupps entgegenzustellen. «Da wurde Seine Majestät wütend wie ein Panther», schildert der Grabtext des Ahmose, Sohn der Ibana. Der Pharao spannte seinen Bogen und schoß einen Pfeil ab, der sich in die Brust des feindlichen Anführers bohrte. Die Afrikaner flohen entsetzt vor der Flamme des Uräus, der aufgerichteten Kobra an der Stirn der Königskrone. Die ägyptische Armee vernichtete die Aufrührer, die Widerstand leisteten, und nahm die anderen gefangen. Einer wurde mit dem Kopf nach unten an den Bug des Königsschiffes gehängt, das wieder den Weg nach Norden in Richtung Theben eingeschlagen hatte. All jene, denen es in den Sinn kam, gegen den Pharao aufzubegehren, sollten bei diesem schrecklichen Anblick sogleich wissen, welch furchtbares Schicksal sie erwartete. Die Ergebnisse dieses Afrikafeldzuges waren bedeutend. 600 Kilometer südlich von Assuan entstand ein ägyptisches «Zentrum» sowohl religiöser wie auch wirtschaftlicher Natur: Gebel Barkal, das heutige Napata.

Das Vorrücken der ägyptischen Armee nach Asien war sogar noch erfolgreicher. Wahrscheinlich hatte Amenophis I. diese Operation bereits durch einen Aufklärungsfeldzug vorbereitet. Thutmosis I., noch immer begleitet von Ahmose, Sohn der Ibana, drang bis ins Gebiet von Naharina östlich des Euphrats vor. Eroberer arischer Abstammung, die Mitanni, hatten die Assyrer unterworfen und sich in deren Gebiet niedergelassen. Die Mitanni hatten einen jungen und ehrgeizigen Staat geschaffen und waren fest entschlossen, das Kräftegleichgewicht in Asien zu verändern. Thutmosis I. erkannte die Gefahr. Er griff die Mitanni an und brachte ihnen eine Niederlage bei. Zur Erinnerung an diese kriegerische Heldentat ließ der Pharao am Ufer des Euphrat eine Grenzstele errichten. Natürlich kämpfte Ahmose, Sohn der Ibana, an der Spitze der ägyptischen Truppen; er durchbrach die Reihen der Feinde und bemächtigte sich eines Streitwagens mitsamt Gespann, den er dem Pharao zum Geschenk machte.

Thutmosis' I. Sieg ist unbestritten, doch seine Tragweite ist schwer einzuschätzen. Die Mitanni wurden nicht vernichtet, ihr Land nicht besetzt. Der Pharao begnügte sich damit, jährliche Tributzahlungen zu verlangen. Falls die Asiaten sich weigern würden zu entrichten, was sie schuldig waren, würde die ägyptische Armee eingreifen.

Auf dem Rückweg gönnte sich der König Muße und Zerstreuung bei einer Elefantenjagd in Syrien. Seine Rückkehr nach Theben wurde gefeiert. Ein Mann wurde besonders ausgezeichnet: der Held Ahmose, Sohn der Ibana, der zum letzten Mal das Ehrengold erhielt.

Diesmal beschloß der altgediente Soldat, der inzwischen über 70 Jahre alt war, daß es Zeit sei für den wohlverdienten Ruhestand. Endlich konnte er seine thebanische Villa genießen, seinen Garten, konnte den wohltuenden Nordwind auskosten und seine Kriegserinnerungen erzählen, er, der seine ersten Heldentaten begangen hatte, als noch die Hyksos Ägypten besetzt hielten!

Ahmose, Sohn der Ibana, war Zeuge jener großen Stunden geworden, in denen das Ägypten des Neuen Reiches entstand, jener reiche und mächtige Staat, das «Leuchtfeuer der Menschheit». Der Greis war sich durchaus bewußt, daß die Texte an den Wänden seines Grabes ein wertvolles Zeugnis für die Nachwelt darstellen würden. Doch nun sehnte er sich nur noch nach der ewigen Ruhe in jenem Grab, das er selbst erbaut hatte.

19. KAPITEL DAS TAL DER KÖNIGE ENTSTEHT

Thutmosis I. (1506–1494 v. Chr.), gerade von einem Feldzug zurückgekehrt, ließ seinen Baumeister Ineni in den Palast rufen. Lange hatte der Pharao über seinen Vorgänger Amenophis I. nachgedacht, der in seiner relativ ruhigen Regierungszeit die Grundelemente eines neuen Verwaltungs- und Militärsystems eingeführt hatte, das Ägyptens Wohlstand und Sicherheit gewährleisten sollte. Amenophis I. wurde von der Bevölkerung ganz besonders verehrt; in kleinen Kapellen rief man seinen unsterblichen Geist an, und in verwickelten Angelegenheiten befragte man ihn als Orakel. Wie jeder Pharao war Amenophis ein großer Weiser. Doch Thutmosis I. interessierte sich für einen anderen, ungewöhnlichen Aspekt seines Werkes.

Im religiösen Bereich hatte Amenophis I. eine seltsame Entscheidung getroffen. Traditionsgemäß wurden das Königsgrab und die Kapelle, in der das unsterbliche Wesen der verschiedenen Könige verehrt wurde, in einem einzigen Monument zusammengefaßt. Amenophis' I. Neuerung bestand darin, daß er diese beiden Elemente trennte. Einerseits das Grab selbst, andererseits die Grabkapelle oder der Totentempel. Im Bereich der Sakralarchitektur war dies die grundlegende Schöpfung des Neuen Reiches. Thutmosis I. wollte dieses Konzept weiterführen und ausgestalten.* Der König wollte sich nicht damit zufrieden geben, keine Pyramide über seinem Grab errichten zu lassen und Grab und Totentempel zu trennen, sondern wollte die Gräber in einer Nekropole ganz besonderer Art anlegen.

Der Pharao hatte also den Baumeister Ineni zu sich bestellt, um sich über den gewählten Ort berichten zu lassen: ein abgelegenes und ausgedörrtes Wadi am Westufer, in der Nähe von Karnak. Alle Pharaonen des Neuen Reiches sollten sich später im Schutz und in der Abgeschiedenheit dieses «Tals der Könige» bestatten lassen.

Ineni berichtete, daß er durch den schmalen Taleingang eine Straße habe anlegen lassen. Das Wadi lag inmitten eines schroffen Bergrunds, das vom «Thebanischen Gipfel» überragt wird, einem eigenartigen, wie eine Pyramide geformten Berg. Das Tal war der Göttin der Stille geweiht, die über die Unversehrtheit dieser heiligen Stätte wachte. Es lag völlig abgeschieden, unberührt von der Betriebsamkeit der Menschen. In ihm herrschte ausschließlich der verklärte Frieden des Jenseits: keinerlei Vegetation, kein Nachhall des Lebens in der Außenwelt. Nichts als die sengende Sonne mit ihrer Energie aus dem Himmel, aus den paradiesischen Gefilden, in denen sich die Seelen der Gerechten versammelten. Das Tal der Könige war «der Sitz der *Maat*», also der Ort, an dem sich die kosmische Harmonie offenbarte. Bewacht wurde das Tal von kleinen, mit Soldaten bemannten Forts. Kein normaler Sterblicher durfte es betreten. Hinein durften nur die eingeweihten Handwerker, die von den Pharaonen mit der Arbeit an den Gräbern betraut wurden. Wo genau diese sich befanden, blieb ein streng gehütetes Geheimnis.

Der Pharao wies seinen Baumeister an, mit einer kleinen

---

* Siehe auch Jaroslav Cerny, *The Valley of the Kings,* Institut français d'archéologie orientale, 1973.

Mannschaft zu arbeiten, die aus der Handwerkerelite des Königreiches bestand. Niemand durfte sie sehen, niemand durfte sie hören, so befahl es der König. Ineni war auf diese ebenso außergewöhnliche wie ehrenhafte Aufgabe bestens vorbereitet. Seine Arbeiter sollten in Deir el-Medina leben, an einem Ort ganz in der Nähe des Tals der Könige, der «Stätte der Wahrheit» genannt wird. Sie unterstanden direkt den Befehlen des Pharaos, des Wesirs und Inenis selbst. Diese Männer waren nur mit einer einzigen Aufgabe betraut: der Vorbereitung, der Ausführung und der Ausschmückung des Königsgrabes.

Thutmosis I. studierte gemeinsam mit Baumeister Ineni den Plan seines künftigen Grabes, dessen Grundriß auch seine Nachfolger mit kleinen Varianten beibehalten sollten: eine Eingangstreppe mit einem Korridor, der tief in den Fels hinunterführte, eine Vorkammer und eine Grabkammer, die den Sarkophag, die Auferstehungszelle enthielt. Der Pharao legte Wert darauf, daß der Fortgang der Arbeiten nicht durch materielle Probleme verzögert würde. Er versicherte Ineni, daß die Arbeiter im Tal der Könige korrekt untergebracht, ernährt und gekleidet würden. Ihre Lebensmittelrationen würden direkt aus den Vorratsspeichern des Königs stammen.

Schließlich war der große Tag gekommen. Der Pharao höchstpersönlich betrat das künftige Tal der Könige. Die Stätte war beeindruckend. Ganz ohne Zweifel war sie dazu bestimmt, die sterblichen Überreste der ägyptischen Könige vor den Blicken der Nichteingeweihten zu schützen. Hier würde sich die geheimnisvolle Alchimie vollziehen, die die Mumien in Lichtkörper verwandeln würde.

Der Baumeister Ineni zeigte dem Pharao die ausgewählte Stelle. Die Handwerker hatten bereits begonnen, einen Stollen in den Fels zu treiben. Der Grabeingang würde später mit einem Siegel versehen werden, das des Pharaos Namen tragen sollte, ein unsterblicher Teil seines Wesens. Auf dem Erdboden entrollte Ineni den Papyrus mit dem Plan des Grabes. Der Pharao, der wie sein Baumeister in die geheimen Lehren des «Lebenshauses» eingeweiht war, schlug einige Änderungen vor. Als die zwei Männer sich über den geometrischen Proportionskanon, die Gestaltung der Räume, die Wandtexte und Symbole einig geworden waren, erhielten die Handwerker genaue Anweisungen.[*]

Mehrere Handwerker arbeiteten gemeinsam im Inneren des Grabes. Zuerst mußten die Innenwände mit dem Meißel geglättet werden, damit eine geeignete Oberfläche für die Inschriften entstehen konnte. Dann bestrich man Wände und Decke sorgfältig mit feinstem Gips. Daraufhin brachten die Zeichner ihre Skizzen an. Ein Meister korrigierte mit schwarzer Farbe, was seine Gesellen mit Rot vorgezeichnet hatten.

Der Arbeitsablauf ließ wenig Raum für Muße: Die eingeschworene Handwerkergemeinschaft arbeitete morgens etwa vier Stunden, machte gegen Mittag Pause, um zu essen und zu ruhen, und arbeitete dann weitere vier Stunden. Jeder hatte eine genau umrissene Aufgabe: den Stein behauen, die Oberflächen vorbereiten, zeichnen, ausmalen etc.

Das schwierigste Problem aber war die Beleuchtung. Je weiter man in die Tiefe vordrang, desto weniger Tageslicht fiel ein, und schließlich herrschte völlige Dunkelheit. Doch die Hieroglyphen und Darstellungen an den Wänden durften nicht die kleinste Unregelmäßigkeit aufweisen. Überdies mußte jede Rußentwicklung vermieden werden, um Wände und Decke nicht zu verschmutzen. Ein bewährtes Mittel war es, die Dochte in Salzlake zu tauchen. Außerdem verteilte der Baumeister Lampen, deren Name auch eine Bezeichnung für den Himmel war: «Tausend Sterne», mit anderen Worten, Tausende von Lichtpunkten, die die Baustelle ausreichend erhell-

---

[*] Die Quellen besagen, daß nur wenige Personen ermächtigt waren, den Plan zu zeichnen: der Pharao, sein Wesir und möglicherweise der Statthalter von Theben.

ten. Die Ausgabe dieser wertvollen Lampen wurde strengstens überwacht.

Das Werk schritt rasch voran. Die mit der Arbeit an den Königsgräbern betrauten Handwerker beherrschten ihren Beruf aufs vollkommenste. Als der Pharao die Baustelle besichtigte, war sein Haus der Ewigkeit, das erste im Tal der Könige, beinahe fertig. Ein Eingang im Fels, der nach den Beisetzungsriten unkenntlich gemacht wurde, dann ein steil abwärts führender Korridor, eine mit Friesen geschmückte Kammer, in der des Pharaos Seele die Hindernisse überwinden würde, die sie vom ewigen Leben trennten, und schließlich die Grabkammer mit einem wunderbaren Sarkophag aus rotem Sandstein, über den die Göttinnen Isis und Nephthys wachten.*

Wie der Hohepriester des Re in Heliopolis war auch Thutmosis I. der «Größte der Sehenden». In diesem leblosen, ausgedörrten und unfruchtbaren Tal sah er bereits die künftigen Häuser der Ewigkeit der größten Könige des Neuen Reiches: das riesige, wunderbare Grab des Sethos I., Haremhabs Grab, in dem die ägyptische Zeichenkunst ihre Geheimnisse enthüllte, jenes des Ramses IV., in dem das Wesen der Sonne gelehrt wurde. Thutmosis sah, wie sich an den Wänden die Ritualszenen entfalteten, die des Pharaos Wesen vom scheinbaren Tod zum wahren Leben führten. Ganze Texte wurden auf die Wände geschrieben, etwa die «Schrift des Verborgenen Raumes» (das *Amduat*), in dem die Weisen erklärten, wie die Sonne des Nachts die gefahrvolle Unterwelt durchquert, bevor sie am Morgen neu geboren wird. Wie die Textpyramiden waren die Gräber im Tal der Könige offene Bücher, in die des Pharaos Geist eintrat, um sich von Weisheit und Licht durchdringen zu lassen.

Der Pharao und sein Baumeister erklärten es den Handwerkern, die an dieser Stätte fern der profanen Welt arbeiteten:

---

* Dieses inzwischen beschädigte Grab ist leider sehr schlecht zugänglich.

Der Plan des Grabes stellte den Weg der Sonne dar, mit der der König gleichgesetzt wurde. Korridore, Durchgänge und Räume entsprachen der Reise des göttlichen Lichts; sie führten in die Auferstehungskammer mit dem Sarkophag, einer Art alchimistischen Schmelztiegels, in dem sich das Vergängliche in Unvergängliches transformierte. Diese Sarkophagkammer war weit mehr als nur ein Grab; darum hieß sie auch: «Haus des Goldes, in dem der Eine (also der Pharao) in Fülle ist.»

Während der Pharao gedankenversunken in diesem Raum stand, der sein letztes irdisches Haus und zugleich sein Haus der Ewigkeit sein würde, wandte er sich dem Ausgang zu. So müsse das Grab «gelesen» werden, erklärte er den Arbeitern, so müsse es Texte und Inschriften enthüllen: von innen nach außen, vom Geheimsten zum Offensichtlichsten.

In dieser historischen Stunde, in der mit seinem ersten Grab das Tal der Könige entstand, betrachtete der Pharao furchtlos den sternenübersäten Himmel an der Decke der Grabkammer. In diesen Himmel würde seine Seele eingehen, um mit dem Licht zu verschmelzen, aus der sie hervorgegangen war.

20. KAPITEL DIE REISEN DER KÖNIGIN HATSCHEPSUT

Über Ägypten herrschte nun Hatschepsut, die Erste der Vornehmen, (1490–1468 v. Chr.). Zunächst wurde sie lediglich als Regentin eingesetzt, weil der legitime Pharao Thutmosis III. zu jung war, um selbst zu regieren. Später wurde sie zum Pharao, nachdem man die Krönungsriten an ihr vollzogen hatte.

Die erste Reise der Pharaonenkönigin war spiritueller Natur und machte sie zur Tochter einer Sterblichen, der Königin Iahmes, und des Gottes Amun*: Der allmächtige Amun, dessen Name «der Verborgene» bedeutet, begab sich in die Palastgemächer der Königin, während sie schlief. Sie erwachte von dem Wohlgeruch, der dem Körper des Gottes entströmte. Voller Begehren enthüllte Amun ihr seine göttliche Gestalt. Sie entbrannten in Liebe zueinander und vereinigten sich. Amun verkündete der Königin, sie werde eine Tochter gebären, Hatschepsut, und diese werde das Amt des Königs übernehmen und den Menschen eine Wohltäterin sein. Er selbst werde ebenso wie der Sonnengott Re das Kind Tag für Tag auf magische Weise beschützen. Der Widdergott Chnum formte also das Kind auf seiner Töpferscheibe und schenkte ihm Leben, Macht, Beständigkeit und Freude. Zugleich verlieh er ihm die Herrschaft über ganz Ägypten und über alle Fremdländer.

---

* Die hier geschilderten Ereignisse aus Hatschepsuts Regierungszeit sind an den Wänden ihres Tempels zu Deir el-Bahari am thebanischen Westufer festgehalten.

Thot, Gebieter der heiligen Sprache und Schutzherr der Schreiber, verkündete offiziell die göttliche Geburt der Hatschepsut, der die Schicksalsmächte ein überaus glückliches Dasein bescherten. Hathor, die Göttin der Freude und der Liebe, reichte das Kind Amun, damit er es als das seine anerkenne, als aus seinem Wesen hervorgegangene Lichtgestalt. Er gab seiner Tochter den Namen Maatkare*, drückte sie an sich, küßte sie und gestattete ihr, auf dem Thron zu erscheinen wie das Prinzip des Lichts, in alle Ewigkeit. Dann wurde Hatschepsut von den Himmelskühen gesäugt. Diese außergewöhnliche Nahrung verlieh ihr übermenschliche Kraft zur Erfüllung ihres Amtes. Nun wurde sie gereinigt und allen Göttern des Südens und des Nordens vorgestellt. Damit war Hatschepsut Pharao und ermächtigt, das Land nach ihrem eigenen Willen zu regieren, der eins war mit dem Willen ihres Vaters Amun.

Hatschepsut sollte diese symbolische Reise, die sie bei den Krönungsfeierlichkeiten als Ritual im Inneren des Tempels vollzog, niemals vergessen. Sie ließ ein ungewöhnliches Monument errichten, die «Rote Kapelle», in der die wichtigsten Episoden dieser Zeremonie festgehalten sind.** Natürlich fehlte dabei nicht jener feierliche Augenblick, in dem der Gott Amun auf der Suche nach dem künftigen Pharao durch die Räume von Karnak schritt und schließlich vor Hatschepsut stehenblieb, um sie als Herrscherin zu benennen.

Was der Himmel überspannte und was das Meer einschloß: all das gehörte Hatschepsut. Doch zunächst mußte sie von den

---

* Die Bedeutung der gesamten Titulatur der Königin, die sich aus fünf Namen zusammensetzt: «Jene, die Amun umarmt, die Erste der Vornehmen, mächtig an Lebenskraft, blühend an Jahren, göttlich an Gestalt, *Maat* (die universelle Harmonie) ist die Macht des Lichts.»
** Die Steine dieses wunderbaren Gebäudes, die sorgfältig abgebaut und wiederverwendet worden waren, befinden sich derzeit in einem Freilichtmuseum in Karnak.

Zwei Ländern Besitz ergreifen, von Ägypten, zu dessen Glück sie beitragen wollte. Dies war der Grund für ihre zweite Reise. Von Karnak aus fuhr die Königin zunächst nach Norden. Ihr Schiff, das schönste einer großartigen Flotte, legte häufig an, damit Hatschepsut an Land gehen und in den wichtigsten Tempeln den Göttern huldigen konnte. Sie reiste nach Memphis, in die wirtschaftliche Hauptstadt des Landes, um sich auch vom Gott Ptah als Pharao anerkennen zu lassen, und nach Heliopolis, in die alte religiöse Hauptstadt, um dort den Segen des Gottes Re zu erbitten.

Hatschepsut war eine schöne Frau. Ihre Gesichtszüge waren ausgesprochen zart, ihre war Haltung graziös und stolz; sie war autoritär und bezaubernd zugleich, sie verstand es, die Herzen für sich zu gewinnen, und beeindruckte jeden durch ihre Ausstrahlung und ihre Klugheit. Die Pharaonenkönigin verfügte über einen ausgeprägten Sinn für Diplomatie und vermied Konfrontationen, wo es irgend ging; wenn nötig, wußte Sie sich jedoch durchzusetzen. Sie war keine bloße Marionette, sondern ein echter Pharao. Die einzige Abweichung vom Protokoll: Sie verzichtete auf den symbolischen Titel «mächtiger Stier», der die Zeugungskraft und Männlichkeit eines Pharaos evozierte. Kein Würdenträger, kein Provinzstatthalter wagte es, Hatschepsuts Macht anzuzweifeln; sie trug die Insignien ihres Königtums und die Vorrechte ihres Amtes mit aller Würde. War sie nicht ausersehen als Tau, das dazu dienen sollte, Unterägypten anzuholen, als Pfosten, an dem man Oberägypten vertäute, als vollendetes Steuerruder des Deltas? Hatschepsut war zugleich das Staatsschiff, das geruhsam dahinsegelte, und der Hafen, der Frieden und Sicherheit bot.

Hatschepsut liebte die Ordnung. Nicht nur die gute Organisation der Verwaltung, die dem Volk ein unbeschwertes Dasein ermöglichte, sondern auch die göttliche Ordnung, die eingehalten werden mußte, damit das Land weiterhin unter dem Schutz der Himmelsmächte stand. Darum ließ die Pharaonenkönigin alte Monumente ausbessern, die gelitten hatten, durch die Zeit oder durch die Besetzung der Hyksos, jener Barbaren, die regierten, ohne das Licht des Re zu kennen. Das größte Werk der Königin aber war ein Tempel von einzigartiger Gestaltung, dessen Pläne von dem Baumeister Senenmut erdacht wurden: Deir el-Bahari, genannt der *Erhabene der Erhabenen*. In drei ansteigenden Terrassen schmiegte sich dieses außergewöhnliche Bauwerk an die senkrechte Felswand, wodurch der Eindruck entstand, als strebe der ganze Tempel in sanftem Schwung gen Himmel. «Dies habe ich mit liebendem Herzen für meinen Vater Amun getan», verkündete Hatschepsut, «als ich durchdrungen war von seinem Geheimnis. Ich habe keine seiner Bestimmungen vernachlässigt, denn ich weiß um seine Göttlichkeit. Ich habe nach seinen Befehlen gehandelt. Er hat mich geleitet. Ich habe keine Arbeit erdacht, ohne daß er mitgewirkt hätte. Die Proportionen sind nach seinem Schlüssel festgelegt. Ich habe mich ohne Fehler an das gehalten, was er verlangt, denn ich lebte in der Intuition, und ich war erfüllt von seinem Bewußtsein.»

Erhabene Worte einer Königin und Bauherrin, von deren Fähigkeiten man sich heute noch beim Anblick des Tempels zu Deir el-Bahari überzeugen kann. Hatschepsut selbst illustrierte ihre Rolle als Erbauerin in den Reliefs des unteren Hofes, die die Reise der Obelisken schildern.

Der Obelisk ist ein sich nach oben verjüngender, nadelförmiger Steinpfeiler, dessen Spitze ein Pyramidion bildet, also eine kleine, vergoldete Pyramide. Dieser gigantische Pfeiler sollte negative Kräfte fernhalten; die Energien der Himmelsräume zog er jedoch an und übertrug sie auf den Tempel. Zu Ehren ihres Vaters Amun beschloß Hatschepsut, in seinem Großen Tempel zu Karnak zwei neue Obelisken aufzustellen, die außerdem den Lichtgott Re rühmen würden, dem sich die Königin besonders verbunden fühlte.

Hatschepsuts Obelisken waren monolithische Granitblöcke. Die schönsten Granitbrüche befanden sich jedoch nicht in der Region um Theben, sondern in Assuan, etwa 200 Kilometer weiter südlich. Das war jedoch kein Hindernis. Mit großer Sorgfalt plante man eine Expedition. Die besten Steinmetzen brachen nach Assuan auf, wo sie in nur sieben Monaten zwei riesige Obelisken behauten. Nachdem dieser erste Arbeitsschritt vollendet war, mußte der Transport der 30 Meter langen Steinpfeiler organisiert werden. Hatschepsut persönlich besichtigte die aus den Steinbrüchen ausgelösten Obelisken. Sie waren vollkommen; man hatte die Hieroglyphen ohne den geringsten Verstoß gegen den Proportionskanon in den Granit gehauen. Das Werk war Amuns würdig. Die Pharaonenkönigin befahl den Bau schwerer und stabiler Lastkähne aus Sykomorenholz, die mehr als 60 Meter lang und im Heck mit zwei Steuerrudern ausgestattet sein mußten. 1000 Männer leisteten den Transport der Obelisken vom Steinbruch bis zu den Lastkähnen.

Drei Gruppen von je zehn Schiffen wurden vor die Lastkähne gespannt, um sie zu ziehen. Die größte Gefahr bestand darin, daß ein Kahn auf Grund laufen und der imposante Konvoi ins Stocken geraten konnte. Deshalb stand im Bug jedes Schiffes ein Lotse, der mit einem langen Stab die Wassertiefe sondierte. Alle Manöver wurden von Soldaten überwacht, und wie immer in Ägypten herrschte strenge Disziplin.

Auf dem Hauptschiff befanden sich der Baumeister, der Leiter des Konvois, hohe Beamte und eigens von der Königin entsandte Würdenträger. Auffällig war die Kabine, die gestaltet war wie der *Naos* (Kultschrein) einer Götterstatue im Tempel. Die Seitenwände waren geschmückt mit Löwen, Sphingen und Stieren, die den Feind zertrampeln, Symbole der strahlenden Macht des Pharaos, des Bezwingers von Finsternis und Chaos.

Während der gesamten Reise bestaunte die Bevölkerung, die an den Nilufern zusammengeströmt war, den seltsamen

Geleitzug. Bei der Ankunft in Theben herrschte helle Freude, es hatte keine Schwierigkeiten unterwegs gegeben, auf Erden herrschte Friede, der Himmel feierte. Götter und Göttinnen hatten die Expedition behütet und damit kundgetan, daß sie die Pläne der Pharaonenkönigin guthießen. Die wohlbehaltene Ankunft im sicheren Hafen beging man mit einem Ritual: Die Matrosen entzündeten auf den Schiffen kleine Opferfeuer. So stieg der Rauch der Opfergaben in den blauen Himmel, an dem das Feuer der Sonne leuchtete. Um die Anlegestelle hatte sich eine unübersehbare Menschenmenge versammelt. Sie wich auseinander, um die Ankommenden durchzulassen: vorneweg die Priester, dann die Würdenträger, die hohen Beamten, die Befehlshaber, die Ritualkundigen mit Opfergaben von Fleisch und Brot, die Bogenschützen und die Wurfholzträger. Zum Vergnügen der Zuschauer fielen einige Soldaten in Laufschritt. Die Jugend gab sich besonders überschwenglich: Die jungen Rekruten stießen Hatschepsut zu Ehren Jubeltriller aus. Trommeln erklangen, es wurde getanzt.

Die Pharaonenkönigin war glücklich. Die Obelisken waren großartig. Heiter und gelassen wohnte sie dem Volksfest bei. Diener schützten sie durch Baldachine vor Sonne und Staub.

Lärm und Betriebsamkeit machten vor den Tempeltoren halt, denn nur die Pharaonenkönigin, die Priester, die Ritualkundigen und einige hohe Würdenträger durften die heilige Stätte betreten. Am zukünftigen Standort der Obelisken vollzog Hatschepsut das Schöpfungsritual für die Steinpfeiler, das ihnen Lebendigkeit verlieh, und brachte ein Trankopfer von Wein. Sie weihte den Boden für die Obelisken, deren Spitze mit glänzendem Gold überzogen war, und legte durch einen rituellen Lauf die Grenzen des heiligen Bezirks fest. In der linken Hand trug sie das Gründungsdokument, das ihren Akt beurkundete.

Wie alle großen Pharaonen des Neuen Reiches hatte Hatschepsut zur Verschönerung der gigantischen Tempelanlage zu

Karnak beigetragen. Doch eine weitere Besonderheit kennzeichnete ihre Regierungszeit: Sie unternahm eine lange Reise nach Punt, das als irdisches Paradies galt. Diese außergewöhnliche Expedition ist in den Abbildungen der sogenannten Punthalle auf der zweiten Tempelterrasse von Deir el-Bahari in allen Einzelheiten dargestellt.

Warum bestand sie darauf, ägyptische Seeleute so weit in die Ferne zu schicken? Es war eine göttliche Eingebung. Der Lebensregel der Pharaonen entsprechend, begab sich Hatschepsut täglich in den Tempel, um dort die rituellen Handlungen zu vollziehen. Während sie im Allerheiligsten stille Zwiesprache mit dem Gott Amun hielt, hörte sie plötzlich einen Befehl. Das Denken der Pharaonenkönigin war bis zum göttlichen Prinzip emporgedrungen, und dieses selbst betraute sie mit einem neuen Auftrag: die Wege ins Land Punt zu erforschen und Weihrauch für die Kulthandlungen zurückzubringen. «Ich habe dir Punt geschenkt», sprach die göttliche Stimme, «doch niemand kennt den Weg bis ins Land der Götter ... Das Gottesland ist nicht betreten worden, die Hügel der Myrrhe kennen die Menschen nicht. Und doch ist Punt ein Paradies auf Erden.»

Die Pharaonenkönigin stellte Nachforschungen im «Lebenshaus» an. Sie erfuhr, daß nur zwei Gottheiten, Horus und Hathor, den Weg in dieses sagenumwobene Land noch kannten. Die Menschen hatten ihn tatsächlich vergessen. Auch die Ältesten wußten nicht mehr, wie man dorthin gelangte. Man mußte sich mit einigen mündlich überlieferten Angaben begnügen.

Doch so leicht ließ sich Hatschepsut nicht entmutigen. Sie stellte fünf Schiffsmannschaften zusammen, Seeleute, denen es an Mut und Abenteuerlust nicht mangelte. Sie selbst konnte Theben nicht verlassen, doch ihr Geist würde die Schiffe begleiten, und ihr magischer Schutz würde auf ihnen ruhen.

Einzig ein alter Seemann fand sich, der ein wenig mehr

wußte als die offiziellen Geographen. Er hatte in seiner Jugend noch Männer gekannt, die nach Punt aufgebrochen waren. Seinen Angaben zufolge war Wadi Gasus, ein Hafen am Roten Meer, die ideale Ausgangsbasis für eine Reise nach Punt. Die ägyptischen Schiffe waren mit Steuerrudern und quadratischen Segeln ausgerüstet und wurden von exzellenten Seeleuten bedient. Sie waren ohne weiteres in der Lage, mit den Passatwinden an der Ostküste Afrikas entlangzufahren. Neben den kleineren Schiffen, wie jenen die die Reise nach Punt antreten sollten (15 m mal 9 m), wurden in den ägyptischen Werften auch riesige Schiffe von 75 m mal 20 m Größe konstruiert.

Man vermutete das sagenumwobene Land Punt, das dem Herzen des Gottes Amun teuer war, weit im Südosten von Ägypten (im heutigen Eritrea oder Somalia). Trotz dieser Ungewißheit und der langen Wegstrecke erwähnte das Logbuch keine Schwierigkeiten. Unter dem magischen Schutz des Pharaos suchten die Seeleute nicht, sie fanden. Es war, als hätten die Schiffe von selbst den Weg zu ihrem Ziel eingeschlagen.

Schließlich tauchte vor den Augen der ägyptischen Seeleute eine seltsame Landschaft auf. Das Land Punt war ein relativ kleines Gebiet, dessen Zentrum ein einfaches Pfahlhüttendorf an einer Flußmündung bildete. Den Menschen des Neuen Reiches, die einen hochentwickelten Lebensstandard gewöhnt waren, erschien Punt wie das Refugium eines primitiven Stammes, der an einer geschützten Stätte überlebte. Vorsichtig näherten sich die ägyptischen Seeleute den Eingeborenen. Ein Boot mit Lebensmitteln wurde vorausgeschickt, um die freundschaftlichen Absichten zu demonstrieren. Ein Bote der Königin Hatschepsut, ein Offizier und sieben Soldaten gingen an Land, um den Bewohnern von Punt Geschenke zu überreichen. Betont langsam legten sie die Gaben auf den Boden und warteten ab, wie die Eingeborenen auf Perlen, Halsketten und Armbänder reagieren würden. Die Bewohner von Punt eilten herbei, schauten, tuschelten untereinander. Alles war in Ordnung. Das Stammesoberhaupt und seine monströse Frau, die an der Krankheit Elephantiasis litt, tauschten mit den Ägyptern höfliche Worte aus. Sie brachten ihr Erstaunen zum Ausdruck: Über welche Straße des Himmels oder des Meeres seien die Reisenden gekommen, um diesen Landstrich zu erreichen, den die Menschen nicht kannten? Über die Straße des Lichts, antworteten die Ägypter, jene, die der Pharao vorgab, und von der niemand abweichen dürfte, der den sicheren Hafen erreichen wolle.

Mit seinen fremdländischen Gesichtszügen, dem Bart und dem Dolch im Gürtel wirkte der Anführer der Puntleute nicht gerade vertrauenerweckend. Doch er begegnete den Ägyptern friedfertig und äußerte den Wunsch, wie sie durch des Pharaos Atem zu leben, durch jenen lebenspendenden Hauch, der in den Worten des Königs liege. Die Sache ließ sich also gut an. Nun konnte bei einem reichhaltigen Mahl verhandelt werden, bei dem Ägypter und Puntleute Brot, Bier, Fleisch und Früchte aus Ägypten zu sich nahmen. Die Männer der Königin Hatschepsut waren jedoch vorsichtig und zogen es vor, ihre eigenen Erzeugnisse zu essen.

Trotz des paradiesischen Eindrucks, den dieser Landstrich machte, hielt es die Ägypter dort nicht lange. Nichts konnte die Zwei Länder ersetzen. Schon wurden die Schiffe mit Weihrauchbäumchen beladen, deren Wurzeln in Matten eingewickelt waren. Pflanzenkundige hatten die gesündesten Bäumchen ausgewählt. Eigens um sie nach Karnak zu bringen, war diese Reise schließlich unternommen worden. Einen Mißerfolg würde die Pharaonenkönigin nicht hinnehmen. Des weiteren wurden an Bord geladen: wertvolle Hölzer, Gold, Elfenbein, Gewürze, Weihrauch, Pantherfelle und sogar lebende Tiere wie Paviane und andere Affen. Die Puntleute sahen freundlich zu.

Die Rückfahrt verlief ebenso problemlos wie die Hinreise, denn der magische Schutz der Pharaonenkönigin wirkte noch immer. Sobald die Schiffe in Sichtweite von Theben angelangt waren, strömte die Bevölkerung an der Anlegestelle zusammen: die Wunderdinge aus Punt waren angekommen! Zwei eingeborene Würdenträger waren mit an Bord. Sie warfen sich vor Hatschepsut nieder, die strahlte wie die Sonne. Respektvoll und tief beeindruckt betrachteten die Puntleute diese Frau, in der sich die Gottheit verkörperte und deren Ruhm bis zum Umkreis des Himmels reichte.

Behutsam wurden die Weihrauchbäumchen zu den Tempelgärten gebracht. Angetan mit einem Zeremonialgewand, Zepter und Keule in der Hand, präsentierte die Pharaonenkönigin dem Gott Amun die Reichtümer aus dem sagenumwobenen Land Punt. Hatschepsut selbst würde die Bäumchen pflanzen, die so viel Weihrauch bringen würden, daß sie Himmel und Erde damit überschwemmten. Hatschepsut maß also den frischen Weihrauch ab und wog das herbeigebrachte Elektrum* in Gegenwart des Gottes Thot, der für die Genauigkeit der Waage bürgte. Damit stellte sie klar, daß die reichsten und wertvollsten Materialien nicht für die Menschen, sondern für die Gottheiten bestimmt waren, zur fortwährenden Verschönerung ihrer Tempel.

Der Weihrauchduft durchtränkte den Körper der Königin, die nun den Wohlgeruch des göttlichen Morgentaus ausströmte. Hatschepsut glich den Sternen, die die Decke des Festsaales zierten. Eigenhändig stellte sie die kosmetischen Duftessenzen her, mit denen sie sich parfümieren würde; ihr ganzer Körper glänzte wie das Gold, aus dem das unsterbliche Fleisch der Götter bestand. Der Duft Ihrer Majestät würde sich verbreiten bis ins Land Punt!

Die letzte Reise war noch fern, jene Reise, bei der sich der Geist der Pharaonenkönigin im Licht der Sonne und der Sterne zu den ägyptischen Königen gesellen würde; doch sie

---

* Silber-Gold-Legierung.

kannte bereits den Text, den sie in die Innenseite ihres Sarkophagdeckels gravieren lassen würde: «O meine Himmelsmutter (Nut), breite dich über mir aus, setze mich zwischen die unvergänglichen Sterne, die in dir sind, damit ich nicht sterbe!» Ein Gebet, das erhört wurde: In ihrem Werk verewigt, ist Hatschepsut tatsächlich lebendig geblieben.

21. KAPITEL
KRIEG UND FRIEDEN UNTER THUTMOSIS III.

«Mächtiger Stier, der in Theben erscheint; Dessen Königtum beständig ist wie das des Re; Dessen Kraft mächtig ist und dessen Aufgänge herrlich sind; Der König ‹Möge die Geburt des Lichts gut gestaltet sein›; Thutmosis mit dem vollkommenen Schicksal»: so lautete die vollständige Titulatur des Pharaos Thutmosis III. (1490–1436 v. Chr.), den die Weisheit der Götter nährte und der die geheimen Wege im Himmel kannte. Theben, die Stadt, die er mehr bereichert hatte als jeder andere König vor ihm, feierte ein ausgelassenes Fest. Es war der Tag des Auszugs der heiligen Barke des Amun, des Gottes der Siege. Das prachtvolle Ritualschiff zeigte sich dem ägyptischen Volk. Überall ertönten Freudenrufe.

Mit der Gelassenheit eines Monarchen, der 1000 Prüfungen bestanden hatte, dem es gelungen war, durch Krieg dauerhaften Frieden zu schaffen, wohnte Thutmosis III. dem Fest bei. Er hatte immer gesiegt und verdiente die überschwenglichsten Lobreden. Sogar Hymnen wurden ihm zu Ehren komponiert. Alle Fremdländer neigten das Haupt vor ihm. Die Furcht, die er einflößte, reichte bis zu den vier Pfeilern des Himmels. In seiner Faust hielt er die Anführer aller Stämme gefangen. Die Aufrührer krümmten sich unter seinen Sandalen. Kein elender Feind hatte die Kraft, sich gegen den Pharao zu erheben. Schwer beladen mit Geschenken kamen die Menschen zu ihm. Seine Majestät erschien wie ein Stern, dessen Leuchten einer

Flamme glich. Er hatte die Kraft eines ewig jungen Stieres, die Schnelligkeit des Schakals, der die Zwei Länder in der Spanne eines Augenblicks zu durchmessen vermochte.

Dies waren keine eitlen Lobreden, sondern symbolische Beschreibungen der heiligen Person des Pharaos. Großer Eroberer, Kriegsherr, Erster der Kämpfer, stets an der Spitze seiner Armee – solch ein Mann war Thutmosis III. tatsächlich, und er mußte es auch sein, um die Sicherheit seines Landes zu gewährleisten.

Während draußen das Fest seinen Lauf nahm, betrat Thutmosis III. den Tempel zu Karnak, das riesige Heiligtum des Amun-Re, jenes Gottes, der ihn in die Königswürde eingesetzt hatte und dem er immer treu geblieben war. An den Tempelwänden waren bereits die Berichte über seine Schlachten in heiliger Hieroglyphenschrift verewigt. Seine Feldzüge waren nicht ausschließlich militärisch motiviert, sondern auch Akte der Zivilisierung, bei denen das ägyptische Licht in die Finsternis der Fremdländer getragen werden sollte, und sie dienten gleichzeitig dem Ziel, die Zwei Länder vor jeder Gefahr von außen zu schützen. Diese Annalen an den Tempelwänden, Berichte an dem Bereich der Sakralgeschichte, schildern die siebzehn Feldzüge, die Thutmosis III. nach Asien unternommen hatte. Er hatte das ehrgeizige Ziel, diese Regionen zu seinem Protektorat zu machen, den ägyptischen Frieden durchzusetzen, jeden Versuch einer Revolte oder Eroberung direkt am Ort seiner Entstehung im Keim zu ersticken. Zweimal schon, am Ende des Alten Reiches und am Ende des Mittleren Reiches, war Ägypten ins Wanken geraten. Stets hatten die fremden Völker diese Phasen der Schwäche genutzt, um in das Territorium der Zwei Länder einzudringen, zu plündern, ja sogar als Besatzer aufzutreten wie die Hyksos. Unter keinen Umständen durfte sich ein derartiges Unglück wiederholen.

Um das zu verhindern, hatte Thutmosis III. eine Berufsarmee ins Leben gerufen. Nur gut ausgebildete Berufssolda-

*1 Jean-François Champollion (1790–1832)
begründete die Ägyptologie und entzifferte 1822
erstmals ägyptische Hieroglyphen-Texte.
(Gemälde von Jules Louis Philippe Coiguet, um 1830)*

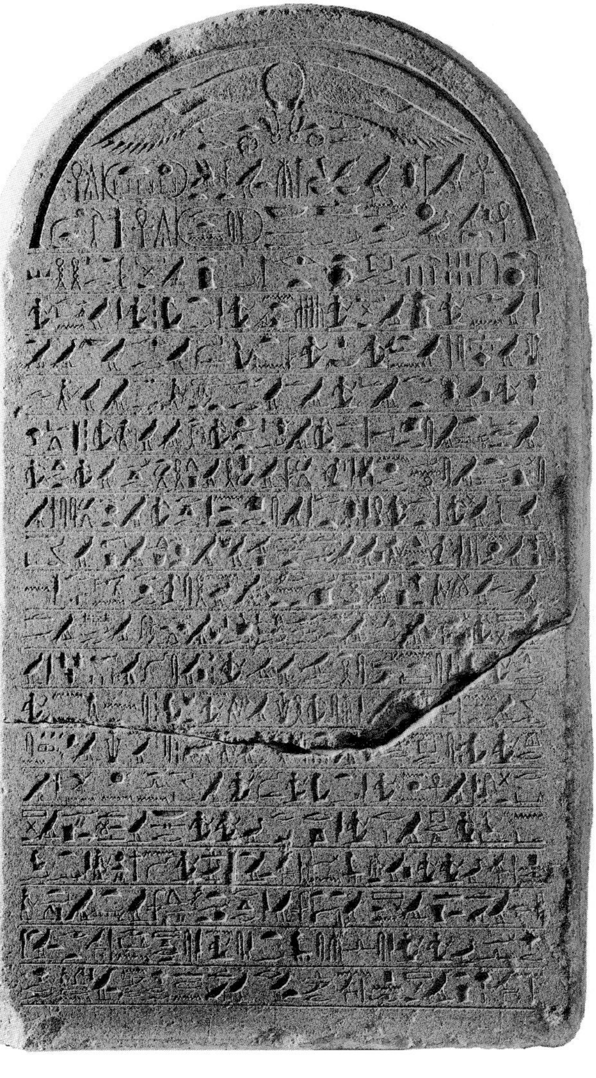

3 Die Pyramidengruppe von Gizeh, aufgenommen aus südlicher Richtung: (v.l.n.r.) Mykerinos-, Chephren- und Cheops-Pyramide, erbaut während der 4. Dynastie, etwa 2600 bis 2480 v. Chr.

2 Hieroglyphentext auf der Stele des Königs Sesostris III. Unter dem Schriftzeichen des Himmels ist Horus als geflügelte Sonne abgebildet. Semna/Sudan, 12. Dynastie, um 1860 v. Chr.

4 Die 60 Meter hohe Stufenpyramide von Sakkara ließ sich der Pharao Djoser von seinem Baumeister Imhotep errichten. Im Vordergrund sind Fragmente des Festplatzes zu sehen.

5 Blick auf die Chephren-Pyramide mit der Sphinx im Vordergrund.

6 *Sarkophag-Maske des Tutanchamun, dessen Grabausstattung unter kunstgeschichtlichen Aspekten weltberühmt wurde. Nach einer kurzen Herrschaftszeit verstarb der Pharao bereits mit 18 Jahren.*

7 26 Jahre herrschte Ramses II. über Ägypten. Das Gesicht der berühmten Statue aus schwarzem Basalt strahlt all seine Willenskraft und Präsenz aus. Er galt als großer Kriegsherr und erbaute zahlreiche Tempel. Ägypten erlebte unter der Regentschaft Ramses' II. eine Blütezeit.

8 Das Relieffragment aus dem Grab des Haremhab in Sakkara aus der 18. Dynastie um 1340 v. Chr. stellt das Leben im Feldlager dar.

9 Das Relief aus dem Totentempel der Königin Hatschepsut zeigt Krieger mit Beilen und Wurfhölzern. Theben-West, 18. Dynastie, um 1475 v. Chr.

10 Dieses Relief auf der Stele des Hor ist aus Kalkstein gefertigt und stellt das «Opfer für den Sonnengott Re» dar. Um 1000 bis 600 v. Chr.

*11 Opfergabendienerinnen bringen Brote und Milch.
Relief an der Außenwand des großen Pylons von Kom Ombo.*

12 Ein reich gedeckter Opfertisch wird mit duftendem Öl übergossen. Wandmalerei aus dem Grab des Nakht in Theben um 1400 v. Chr.

13 *Zwei Priester vollziehen das Mundöffnungsritual an einer Mumie, während ein dritter das Totenopfer darbringt. Die Mumie wird vor dem Grab von einem Priester mit Anubis-Maske gehalten. Die Szenerie stammt aus dem Totenbuch für Hunefer, um 1300 v. Chr.*

14 Trauerzug mit Grabbeigaben – Wandmalerei im Grab des Sennefer (Weinlaubengrab) in der Nekropole von Schech Abd el-Kurna aus der 18. Dynastie um 1425 v. Chr.

*15 Vogeljagd mit dem Wurfholz im Papyrusdickicht.
Wandmalerei im Grab des Nebamun in Theben, 18. Dynastie,
um 1400 v. Chr.*

16 Die Szene zeigt eine Weinlese: Treten der Trauben und des Mostes. Malerei aus dem Grab des Kha-emwese.

*17 Mentuhoteps Reiseschiff aus der thebanischen Nekropole.
12. Dynastie, um 1900 v. Chr.*

*18 Die Wandmalerei aus dem Grab
des Sennodjem in Theben-West stellt
einen Bauern dar, der im Jenseits den Pflug führt,
während seine Frau aussät.*

19 Ein ägyptischer Bäcker knetet den Teig. Terrakotta-Figur aus Alexandria, 3. Jahrhundert v. Chr.

20 Ein Töpfer bei der Arbeit. Grabbeigabe aus der 6. Dynastie, um 2200 v. Chr.

ten, die von ihrer Aufgabe überzeugt waren und unter denen Tapferkeit als höchstes Ideal galt, konnten die Eroberungspolitik des Pharaos mittragen und zu einem guten Ende führen.

Seinen Soldaten räumte der Pharao zahlreiche Sonderrechte ein: Seine Ehrungen waren keine rein symbolischen, ideellen Auszeichnungen, sondern Halsketten und Fliegen aus Gold und vor allem Landschenkungen. Natürlich gab es immer wieder Schreiber, die das Soldatenleben verunglimpften und über seine unangenehmen Seiten spotteten: Die Ausbildung sei hart, geradezu unmenschlich; die jungen Rekruten holten sich Wunden und Beulen. Ausruhen sei verboten, und zwar unter Androhung von Strafe durch den diensthabenden Adjutanten. Danach müßten die jungen Männer ins Feld ziehen und tagelang über schwierige Wegstrecken marschieren, beladen wie die Esel. Der Rücken schmerze, einen Masseur gebe es selbstverständlich nicht. Das Wasser sei rationiert und außerdem brackig. Der Bauch tue weh, die Beine versagten den Dienst, der Hunger peinige den Magen, und doch müsse man weitergehen, ohne sich um Hitze oder Kälte zu scheren. Die Rückkehr ins Lager sei keine Erleichterung; es sei ein regelrechtes Gefängnis. Die Ernährung sei mangelhaft, die Fronarbeiten seien zahlreich, wer versage, handele sich Schläge ein. Dann sei da noch der Feind. Der Soldat sei so erschöpft, daß er einem Vogel in der Falle gleiche. In Reichweite der gegnerischen Pfeile könne er keinerlei Tapferkeit mehr aufbringen. Wer dieser Häufung von Mißhelligkeiten entgehe, könne endlich nach Ägypten zurückkehren, doch in welchem Zustand! Er sei nur noch altes, wurmstichiges Holz. Wegelagerer raubten ihm seinen mageren Sold, und es bliebe ihm nur noch, arm und mittellos zu sterben.

Ganz so schlimm sah die Wirklichkeit für die ägyptische Armee natürlich nicht aus. Sicherlich brachte der Krieg zahlreiche Unannehmlichkeiten mit sich; doch die Soldaten kamen in den Genuß einer Versorgung «nach ägyptischer Art», die also perfekt organisiert war. Der höchste Befehlshaber der Armee war schließlich kein Militärangehöriger, sondern Zivilist, der Wesir, der Erste Minister Ägyptens. Weil sein König besonderen Wert auf den guten moralischen und körperlichen Zustand seiner Soldaten legte, sorgte der Wesir dafür, daß die tägliche Mannschaftskost aus Fleisch, Gemüse, Brot, Kuchen und Wein bestand. Zu jeder Division gehörten Köche und Bäcker.

Die Bewaffnung des ägyptischen Heeres hatte ebenfalls an Qualität gewonnen. Spezialisten hatten die Waffen der Asiaten gründlich studiert und schließlich ähnliche hergestellt, sogar mit Verbesserungen. Die Bogenschützen verwendeten einen zusammengesetzten, dreieckigen Bogen; die Fußsoldaten benutzten Schilde und Faustwaffen, darunter sichelförmige Schwerter. Die Streitwagenabteilung bestand aus Elitesoldaten. Sie waren diejenigen, die eine Schlacht gewannen. Einst waren die Ägypter von den Streitwagen der Hyksos besiegt worden; inzwischen hatten sie gelernt, selbst welche zu bauen. Bei den Wagenkämpfern lernten die Königssöhne und künftigen Pharaonen das Waffenhandwerk; von seinem Streitwagen aus befehligte der Pharao seine Armee. Die Bemannung eines Streitwagens bestand aus einem Lenker und einem Soldaten, der mit Bogen, Wurfspießen oder Schwert Angriff oder Verteidigung ausführte. Wesentlich war der Zusammenhalt der Truppe.

Die Armee des Thutmosis III. bestand nicht ausschließlich aus Ägyptern. Auch «ägyptisierte» Fremde marschierten in ihren Reihen, etwa ehemalige Kriegsgefangene, die nun dem Land dienten, das sie zuvor bekämpft hatten. Thutmosis III. hatte den Soldaten, die in die Ferne zogen, um Ägyptens Ruhm zu mehren, ein regelrechtes Staatsbewußtsein vermittelt. Was auch geschah, der Pharao war immer bei seinen Männern und ging mit gutem Beispiel voran. So sollte kein Ägypter jemals vor dem Feind zurückweichen. Als Kriegsherr war der Pharao der Schatten, in dem sich die Soldaten ausruhen konnten. Als König war er ein unüberwindlicher Schutzwall rund um Ägypten. Mit seinen Tapferen würde er dafür sorgen, daß das Licht über das Chaos triumphierte.

Bewegt erinnerte Thutmosis III. sich an seinen ersten Feldzug, an den Beginn jener Heldenzeit, die ihn jahrelang über die fernen Wege Asiens führte. Seit etwas über einem Jahr regierte der König Ägypten alleine, doch sein Plan war schon lange gereift. Die Gefahr ging von Mitanni aus, einem Staat östlich des Euphrat, dessen Einfluß jedoch bis nach Assyrien und Kanaan reichte. Der syrisch-palästinische Korridor war in viele kleine Fürstentümer unterteilt, die stets bemüht waren, sich auf die Seite des Stärkeren zu schlagen. Der Zusammenstoß zwischen Mitanni und Ägypten war auf lange Sicht daher unvermeidlich. Thutmosis III. wurde von seinem Geheimdienst hinterbracht, daß der Fürst von Kadesch ein mächtiges Bündnis zusammengestellt hatte, das Ägypten früher oder später angreifen würde. Der Pharao wollte ihm zuvorkommen. Also wurde die ägyptische Armee im Delta zusammengezogen. Das Ziel war, dieses Bündnis zu zerschlagen, Mitanni zu besiegen, den Euphrat zu erreichen und die Provinzen unter dem Einfluß der Mitanni zurückzuerobern. Was kein Soldat wußte, war, daß es zwanzig Jahre dauern würde, bis diese Ziele verwirklicht waren.

Am 25. Februar des Jahres 1468 v. Chr. überschritt die ägyptische Armee die Nordostgrenze des Deltas in Richtung Asien. In neun Tagen legte sie 200 Kilometer zurück und erreichte Gaza. Nach vier Tagen Pause folgte ein Marsch von elf Tagen bis zur Ebene von Megiddo, wo sich über 300 Stammesfürsten versammelt hatten. Ihre Truppen waren zahlenmäßig überlegen, aber uneinheitlich organisiert. Thutmosis III. war bestens informiert. Die Soldaten des Pharaos waren erschöpft, doch er gönnte ihnen nur eine Nacht Ruhe. Im Morgengrauen sollte der Feind angegriffen werden, der allzu schwerfällig und

163

allzu selbstsicher war. Am Vorabend der Schlacht herrschte
unruhige Betriebsamkeit. Bögen, Pfeile, Schwerter, Streitwagen wurden überprüft, die Pferde versorgt, Essensrationen
ausgeteilt, rund um das Lager wurden Posten aufgestellt.
Thutmosis III. verlangte von seinen Männern Wachsamkeit
und Standhaftigkeit.

Am Tag des Neumondfestes befahl der Pharao den Angriff
auf die mächtige Festung Megiddo. In prachtvollem Ornat
stand er aufrecht auf seinem Streitwagen aus Elektrum. Die
Götter erfüllten seine Arme mit Kraft. Seine Truppen marschierten auf die Festung, Thutmosis III. stets mitten unter
ihnen. Den Feind traf es unerwartet. Unfähig, Widerstand zu
leisten, ergriffen die Asiaten die Flucht. Doch sie wurden ein-
gekesselt. Sie ließen Streitwagen und Pferde zurück, suchten
wieder in der Festung Schutz und schlossen die Tore. Einzig
die Fürsten von Kadesch und Megiddo waren zurückgeblie-
ben und mußten nun an ihren Kleidern über die Brustwehr
gezogen werden. Die Männer auf den Mauern waren so ver-
schreckt, daß einige strauchelten und kopfüber hinunterstürz-
ten.

Rasch bemächtigten sich die ägyptischen Soldaten der goldenen und silbernen Streitwagen, die der flüchtende Feind zu-
rückgelassen hatte. Sie plünderten die Zelte des gegnerischen
Lagers und trugen reiche Beute zusammen. In den ägyptischen Reihen ertönten Siegesrufe. Thutmosis' III. Strategie
hatte sich als höchst wirksam erwiesen. Die ganze Armee ehrte
den Pharao und brachte ihm die Kriegsbeute dar: Gefangene,
Pferde, wertvolle Gegenstände, Streitwagen.

Doch Thutmosis III. wußte, daß sein Sieg noch nicht vollkommen war. Der Feind war zwar in die Flucht geschlagen,
doch viele Bündnispartner hatten sich in der Festung ver-
schanzt. «Nehmt diese Stadt ein!» befahl er seinen Truppen.
Das war die Gelegenheit, dem gegnerischen Bündnis ein Ende
zu setzen: Der Pharao konnte sämtliche feindlichen Anführer

auf einen Schlag gefangennehmen. Megiddo einzunehmen, schloß der Pharao, wog so viel, wie tausend Städte einzunehmen!

Man ging eilig, aber methodisch vor. Zuerst wurden an allen Stadttoren Wachposten aufgestellt. Dann wurde die genaue Ausdehnung der Stadt gemessen, rundherum hob man einen Graben aus, sodann wurde die Stadt mit jungen Bäumen umfriedet, an deren angenehmem Geruch sich der Pharao erfreute, während er auf einem Wachturm östlich von Megiddo stand und Tag und Nacht die Entwicklung der Situation im Auge behielt. Selbstverständlich bewachte ein Elitekorps das Zelt Seiner Majestät. Es ließ niemanden ohne strenge Kontrolle näher kommen.

Thutmosis III. wußte, daß er eine große Stunde der ägyptischen Geschichte erlebte. Das Bündnis würde sich ergeben müssen. Der König ließ Schreiber zu sich kommen, um ihnen einen Bericht von dieser großartigen Schlacht zu diktieren. Eine Lederrolle sollte im Tempel zu Karnak aufbewahrt werden und den Graveuren als Vorlage dienen, wenn sie die Hieroglyphen im Stein verewigten.

Nach sieben Monaten der Belagerung verließen die Anführer des gegnerischen Bündnisses Megiddo und warfen sich zum Zeichen der Ergebung vor dem Pharao nieder. Sie erflehten des Pharaos Gnade nicht mit leeren Händen: Gold, Silber, Lapislazuli, Türkis, Wein, Vieh und Getreide brachten sie dar. Schreiber erfaßten die Beute: 20 500 Schafe, 2000 Ziegen, 1929 Rinder, 207 300 Sack Weizen und Gerste, 2401 Pferde, 924 Streitwagen, 502 Bögen, ein goldener Streitwagen, der dem Anführer des Bündnisses gehört hatte, ein weiterer des Fürsten von Megiddo, einige schöne Kettenhemden aus Bronze, etwa 2500 Gefangene, darunter Frauen, Kinder und 103 Zivilpersonen, die am Kampf nicht teilgenommen und sich ergeben hatten, um nicht Hungers zu sterben. Dazu zahlreiche Geschirrteile, Gold und Silber, Statuen, Sänften und Gewänder.

Thutmosis III. ließ Großmut walten. Er war nicht gekommen, um Angst und Schrecken zu verbreiten, sondern um Frieden herzustellen. Es gab keine Hinrichtungen. Mehr noch: Die aufständischen Anführer blieben an der Spitze ihrer Stämme und Klans, doch künftig sollten sie vom Pharao ernannt werden und ihm Rechenschaft ablegen müssen. Ihre urbaren Ländereien wurden ägyptischen Verwaltungsbeamten unterstellt, die jedes Jahr einen Zehnt in Naturalien einstreichen sollten.

Die Schlacht von Megiddo hatte weniger als einhundert Menschenleben gekostet. Doch Ägypten hatte sich als Großmacht bewährt, die ein Asienreich aufbauen und verwalten konnte, ohne die Bevölkerung ins Unglück zu stürzen. Die Kinder der asiatischen Stammesfürsten wurden nach Ägypten geschickt, nicht als Gefangene, sondern als Schüler. Sie sollten die ägyptische Sprache lernen, die Sitten der Zwei Länder, sie sollten Wirtschaft und Recht studieren. Sobald sie «ägyptisiert» waren, sollten sie in ihre Heimat zurückkehren und ihre Fürstentümer regieren, dabei aber dem Pharao treu bleiben. Thutmosis III. ließ in den Tempeln furchterregende Inschriften anbringen, in denen es hieß, er habe Städte und Dörfer zerstört und nur ein Trümmerfeld hinterlassen, er habe die Überlebenden samt all ihren Besitztümern als Gefangene mit sich genommen, er habe Pflanzungen, Kulturland, Felder verwüstet und die Erde für alle Zeit unfruchtbar gemacht. Diese magischen Drohungen würden jene, die noch immer die Absicht hegten, gegen Ägypten die Waffen zu erheben, eines Besseren belehren.

In den darauffolgenden Jahren inspizierte die ägyptische Armee ihre neuen syro-palästinischen Protektorate regelmäßig. Sie zeigte sich, sie beeindruckte, sie griff ein, sobald auch nur die geringsten Unruhen aufkamen. Thutmosis III. nahm sogar persönlich weite Reisen auf sich, zum einen, um die Moral seiner Truppen aufrechtzuerhalten, zum anderen, um der

Bevölkerung der eroberten Gebiete zu verdeutlichen, wie wichtig ihm der Frieden im Reich war. Die Beamten des Ministeriums für fremdländische Angelegenheiten wurden für mehr oder minder lange Zeiträume in ferne Gegenden entsandt und wachten dort über das Einbringen der Ernten und über die Abgabe des Teils, der Ägypten zustand.

Thutmosis III. liebte diese Reisen. Seine besondere Gunst galt Syrien, wo sich ein Wunder zugetragen hatte, während der Pharao mit zweien seiner Astrologen sprach. Plötzlich näherte sich ihnen von Süden her ein Stern. Er verbreitete einen solchen Glanz, daß sich alle zu Boden warfen außer dem König. Schließlich war der Pharao selbst der Stern, der unter seinen Feinden Schrecken verbreitete und sie durch seine bloße Gegenwart blendete.

Syrien war ein reiches, fruchtbares und schönes Land. An der syrischen Küste mit ihren zahlreichen Häfen wie Gaza, Askalon, Jaffa, Tyros, Sidon und Byblos herrschte reges Leben. Die zahlreichen Kleinstaaten dieser Region akzeptierten die ägyptische Oberherrschaft, weil sie gleichbedeutend geworden war mit Sicherheit und Frieden. Die lokalen Fürsten behielten ihre Unabhängigkeit, ihre Institutionen und Bräuche. Die ägyptische Kontrolle war wirksam, aber zurückhaltend. Der Kriegsherr Thutmosis III. war kein Despot. Er wußte, daß jeder ein Stückchen Freiheit brauchte, um sich in eine Hierarchie einzufügen und diese auch schätzen zu können. Der König kannte all seine Vasallen und deren Familien persönlich und versäumte es niemals, ihnen bei seinen Inspektionsreisen einen kurzen Besuch abzustatten. Eine gewaltige Aufgabe, die immer wieder von neuem begann – Thutmosis III. setzte alles daran, die Basis für einen dauerhaften Frieden zu schaffen.

Auch die ägyptische Verwaltung legte die Hände nicht in den Schoß. Zu jedem Feldzug wurde ein ausführlicher Bericht angefertigt und in den königlichen Archiven verwahrt, so daß allmählich die Annalen entstanden. In Theben kümmerte sich ein eigens eingerichtetes Amt um den kommerziellen und kulturellen Austausch mit den Vasallenstaaten. Es bildete Dolmetscher aus, die Fremdsprachen wie das Akkadische lernten, um die Probleme und Bedürfnisse der dortigen Bevölkerung wirklich zu verstehen.

Auch die ägyptischen Soldaten liebten die Inspektionsreisen durch Syrien. Dort floß der Wein reichlich. Oft gab es Bankette. Die Frauen waren freundlich und wußten mit tapferen Kämpfern umzugehen. Mitunter hatte das Soldatenleben auch seine schönen Seiten!

In seinem dreiunddreißigsten Regierungsjahr mußte Thutmosis III. jedoch seine Truppen wieder mit weniger erfreulichen Tatsachen konfrontieren. Der achte Feldzug war beileibe kein Vergnügungsausflug. Der Pharao hatte über seinen Erfolgen sein ursprüngliches Ziel nicht aus den Augen verloren. Er wollte ein Reich schaffen, das sich bis zum Euphrat erstreckte. Thutmosis entfaltete eine beeindruckende Logistik, um die Wegstrecke in möglichst kurzer Zeit zu bewältigen und seine Männer möglichst wenig zu ermüden. Er ließ Kähne aus Zedernholz bauen, die auf ochsengezogene Karren geladen wurden. So wurde die Wüste bis zum Euphrat durchquert. Mit den Kähnen setzte die Armee über den Fluß. Zum erstenmal überschritt ein Pharao diese natürliche Grenze. Das Ereignis wurde auf einer Stele verewigt, die den äußersten Punkt der ägyptischen Expansion nach Norden bezeichnete.

In Karkemisch westlich von Aleppo kam es dann zum Zusammenstoß zwischen Ägyptern und Mitanni, die überrascht waren, in ihrem eigenen Reich herausgefordert zu werden. Die Armee des Pharaos ging siegreich aus der Schlacht hervor. Einmal mehr war der Feind in die Flucht geschlagen. Städte wurden im Sturm genommen und ergaben sich. Thutmosis III. hatte seinen ehrgeizigen Plan verwirklicht: den Gegner in seinem eigenen Territorium zu schlagen, den potentiellen Erobe-

168

rer so weit als möglich nach Norden zurückzudrängen. Nun lag zwischen Ägypten und den feindlichen Asiaten ein breiter Korridor von kleinen Fürstentümern, die unter Ägyptens wirtschaftlicher Kontrolle standen. Der Krieg hatte den Frieden hervorgebracht.

Thutmosis III. und seine Offiziere gönnten sich ein wenig Zerstreuung: eine Elefantenjagd. In der Nähe des Euphrat stießen sie auf eine Herde von 150 Dickhäutern. An des Pharaos Seite stand Hauptmann Amenemheb, ein tapferer Soldat, der seinen Herrscher bei allen Feldzügen nach Norden und nach Süden begleitet hatte. In der Negev-Wüste hatte er mit bloßen Händen gekämpft und drei Gefangene gemacht; westlich von Aleppo war seine Beute noch größer. Dreizehn Asiaten, 70 lebende Esel, dreizehn Lanzen aus vergoldeter Bronze konnte er mit nach Hause nehmen. Amenemheb hatte sich bereits in vielen anderen Schlachten hervorgetan, und Thutmosis III. hatte ihm vor der versammelten Truppe reiche Auszeichnungen verliehen: einen Löwen, zwei Halsketten, zwei Fliegen, vier Armbänder, alles aus Gold. Als besondere Vergünstigung hatte Amenemheb sogar zwei Diener erhalten, einen Mann und eine Frau.

Doch im Augenblick konnte sich der tapfere Soldat nicht seinen angenehmen Erinnerungen hingeben. Dort am Fluß stapfte der Leitelefant, ein mächtiger Bulle, auf den Pharao zu. Der König stand ungünstig. Amenemheb wußte, daß der Pharao nicht zurückweichen oder gar fliehen würde. Der Elefant würde ihn niedertrampeln und töten. Amenemheb stürzte also los, um seinem Herrscher zu Hilfe zu eilen. Er schlüpfte zwischen zwei Felsen im Wasser, außer Reichweite des Tieres, doch nahe genug, um den König zu retten. Es gelang ihm, dem Elefanten die «Hand», also den Rüssel, abzuschlagen. Die Belohnung war dieser neuerlichen Heldentat würdig: Gold, Gewänder und fünf Paar Sandalen.

Doch diese materiellen Güter waren nicht das, was dem

169

treuen und tapferen Amenemheb am meisten bedeutete. Als Leibwächter des Thutmosis III. empfand er aufrichtige Bewunderung für den Herrscher Ägyptens. Seine größte Belohnung war die Freundschaft, die der König ihm entgegenbrachte. An dessen Seite zu sein war für Amenemheb die größte Freude.

Thutmosis III. konnte mit dem, was er vollbracht hatte, zufrieden sein. Asien war ihm unterworfen. Alle asiatischen Völker entrichteten ihm Tribut und standen wirtschaftlich und kulturell unter Ägyptens Einfluß. Von seinem Thron in Theben aus regierte der ägyptische Monarch das größte Reich der Welt.

Dennoch war Wachsamkeit nötig. Als der König glaubte, seine militärischen Feldzüge gehörten der Vergangenheit an, brach in den asiatischen Provinzen eine Revolte aus. Die Fürsten von Mitanni und Kadesch versuchten erneut, ein Bündnis gegen Ägypten zu bilden. Im Jahr 1464 v. Chr. sehnte sich Thutmosis III. zwar nach dem wohlverdienten Frieden, doch er zögerte nicht lange. Wenn es den Gegnern tatsächlich gelänge, ein Bündnis zu schließen, könnten sie alle geleisteten Anstrengungen zunichte machen.

Thutmosis III. sammelte eine Armee für seinen siebzehnten Asienfeldzug. Es sollte der letzte sein. Der Pharao sollte einen entscheidenden Schlag gegen seine Feinde führen. In kürzester Zeit bemächtigte er sich der Stadt Tunip und marschierte auf den Kern des Bündnisses zu, die Festung von Kadesch. Der Gegner hatte keine Zeit gefunden, genügend Truppen zu mobilisieren, um den ägyptischen Streitkräften frontal entgegenzutreten. Er verschanzte sich in der Festung, um die unvermeidliche Niederlage so lange wie möglich hinauszuzögern. Der Fürst von Kadesch wußte, daß er einer Belagerung nicht standhalten würde. Er mußte einen Ausfall wagen und anderswo neue Unruhen stiften. Es blieb ihm nur eine Waffe: die List. Also ließ der Fürst von Kadesch eine rossige Stute aus der Stadt. Das aufgeregte Tier galoppierte mitten in des Pharaos

Armee hinein. Der Fürst von Kadesch hoffte, die entstehende Unordnung in der ägyptischen Armee zu einer unbemerkten Flucht nutzen zu können. Doch er hatte die Rechnung ohne die Geistesgegenwart und das Reaktionsvermögen des treuen Amenemheb gemacht. Er warf sich blitzschnell auf die Stute, schlitzte ihr mit dem Schwert den Leib auf und schlug ihr den Schweif ab, den er dem Pharao präsentierte.

Die List des Asiaten war gescheitert. Thutmosis III. umarmte Amenemheb und erflehte die Gunst der Götter für ihn. Sein beherztes Eingreifen hatte die Pläne des Königs gerettet. Thutmosis III. wählte die stärksten Männer aus seiner Armee und ließ sie die Befestigungsmauern von Kadesch zerstören. Der Anführer der Freiwilligen war natürlich Amenemheb. «Ich war derjenige, der sie zerbrach, ich war an der Spitze von tapferen Männern, kein anderer hatte vor mir gehandelt», heißt es in seiner Grabinschrift. Daß Amenemheb auch der erste war, der die Stadt Kadesch betrat und damit den absoluten Sieg Ägyptens demonstrierte, war nur gerecht. Nun war jeder Bündnisversuch endgültig vereitelt. In Theben wurde gefeiert. In der Welt herrschte Frieden, Ägyptens Macht hatte ihren Zenit erreicht. Aus dem Tempel zu Karnak, den Thutmosis III. mit Reichtümern überschüttet hatte, wurde die große Zeremonialbarke des Siegesgottes Amun getragen. Der Kommandant dieser symbolischen und friedlichen Barke war natürlich kein Geringerer als der tapfere Amenemheb.

Thutmosis III. hatte das asiatische Problem gelöst, doch auch die Sicherheit an Ägyptens Südgrenze vernachlässigte er nicht. In seinem fünften Regierungsjahr führte er einen großen Kontrollfeldzug durch Unternubien. Die nubischen Stämme beobachteten die ägyptische Armee bei ihren Manövern und erkannten, daß jeder Aufstandsversuch von vornherein zum Scheitern verurteilt wäre. Auch die Plünderungen und Viehdiebstähle der vergangenen Jahre stellten sie vorsichtshalber ein. Thutmosis III. zog bis zum Gebel Barkal jenseits des vierten Katarakts. An diesem Ort, der «Heiliger Berg» genannt wird, im Gebiet des späteren Napata, steht im Schutze von Festungsmauern ein Tempel des Amun-Re, dem Thutmosis III. reiche Opfergaben darbrachte. Hier trafen die Karawanen aus Schwarzafrika ein, mit deren Waren ein lebhafter Handel entstand. Unter Thutmosis III. entwickelte sich Nubien zu einer wohlhabenden Kolonie, die von einem «Vizekönig von Kusch» verwaltet wurde. Dieses Amt wurde zumeist von einem hochrangigen Schreiber bekleidet und unterstand unmittelbar dem Pharao. Der «Vizekönig» bürgte für die gute Verwaltung der nubischen Kolonie, aus der verschiedene Erzeugnisse nach Ägypten kamen, wie Getreide, Vieh, Elfenbein, Ebenholz und Gold. Ägyptische Verwaltungs- und Militärkader pflegten sich für mehr oder minder lange Zeiträume in Nubien niederzulassen. Die Söhne der nubischen Stammesfürsten wurden in Ägypten erzogen und dann wieder in ihre Heimat geschickt. Nubien wurde allmählich ägyptisiert.

Vom Krieg zum Frieden: Thutmosis III. hatte den Weg beschritten, den die Götter ihm zugewiesen hatten. Einer seiner Namen bedeutet: «Möge das Werden des göttlichen Lichts beständig sein»; nun, da das Waffenklirren verstummt war, erstrahlte Ägyptens Licht tatsächlich über die angrenzenden Gebiete, der Thron der Zwei Länder stand auf stabilem Fundament, die Götter wohnten auf der Erde der Menschen. Amun hatte dem Pharao Macht und Siege verliehen. Er hatte ihn geleitet. Darum gab es im ganzen Umkreis des Himmels keine Aufständischen mehr. Alle Völker kamen zum Pharao, schwer beladen mit ihren Tributen.

Der Pharao herrschte über Mitanni, das Land der Hethiter, Assyrien, Mesopotamien, Kanaan, Ugarit, Byblos, den Distrikt des Jahwe und Nubien. Die Neunbögen, also die Gesamtheit der Fremdländer, lagen zu seinen Füßen. Ihre Anführer waren alle in seiner Hand. Amun hatte dem König die Erde in ihrer Länge und ihrer Breite geschenkt, weil er sie zu erobern vermocht hatte, indem er den göttlichen Weisungen Folge leistete.

Thutmosis III. betrachtete die Granitstele, die die Bildhauer soeben in einer Kapelle in Karnak aufgestellt hatten, in der Nähe des *Naos*. Der Text singt noch heute ein Loblied auf den siegreichen Pharao. Doch nicht das Individuum wird hier geehrt, sondern das Amt, das er ausübte: War er nicht den Ägyptern Licht, den Phöniziern Sonne, den Kretern Stier, den Afrikanern Stern, den Asiaten Löwe?

Karnak war das Hauptwerk des Thutmosis III. Er ließ die Festhalle erbauen, den Initiationstempel, in dem die Elite des Landes in die Mysterien eingeweiht wurde. Der Pharao selbst war ein Meister der Weisheit, denn Re hatte ihm die Pforten zur Lichtregion aufgetan und ihm gestattet, sein Geheimnis auf den Wegen des Firmaments zu sehen. Darum war es des Pharaos Pflicht, Leib und Seele seiner Untertanen in Frieden, in Gesundheit und in Harmonie zu bewahren. Darum hatte er auch Maßnahmen ergriffen, um die Leidenden zu heilen, nachdem er ein «Schutz-Buch» konsultiert hatte, das aus der Zeit der Ahnen stammte.[*]

Im Allerheiligsten von Karnak, Auge in Auge mit dem Gott Amun, erhob sich Thutmosis III. über Krieg und Frieden. Er verschmolz mit dem Ursprungslicht, wurde eins mit dem Mysterium der Schöpfung, von dem er vor den Menschen Zeugnis ablegen mußte.

Während der Pharao meditierte, konnte der Bildhauer auf der Stele jene Worte einmeißeln, die verewigen sollte: «Meine Majestät hat nach der heiligen Wahrheit gesprochen, damit jeder es erfahren soll.»[**]

---

[*] Der *Papyrus Berlin 3049* beinhaltet ein königliches Dekret zur allgemeinen Gesundheit und Hygiene. Auch die Funktion als Arzt für Körper und Seele gehörte zu den Zuständigkeiten des Pharaos.

[**] Nach der *Stele des Jahres 24*, die verkündet, daß der König die Lüge verabscheute.

KAPITEL 22.

DIE EINSETZUNG
DES WESIRS

Im Jahre 1470 v. Chr., unter der Herrschaft des großen Thutmosis III., erlebte der hohe Würdenträger Rechmire, dessen Name bedeutet «Der wissend ist wie Re», den wichtigsten Augenblick seines Lebens. Schon frühmorgens hatte er sich im Palast eingefunden, wo er von königlichen Schreibern empfangen wurde.* Man hatte ihn in einen kleinen Raum geführt, in dem er warten mußte. Einer nach dem anderen waren die hohen Würdenträger des Königreiches eingetroffen, um an der bedeutenden Zeremonie teilzunehmen, die für diesen Tag angesetzt war.

Rechmire war der Sohn eines Schreibers. Er hatte eine brillante Laufbahn hinter sich, zahlreiche Ämter bekleidet und trug so bedeutende Titel wie «Vorsteher der Geheimnisse», die ihm Zugang zu dem überdachten Tempel verschafften. Im Himmel, auf der Erde und in der Zwischenwelt *Duat* gab es nichts, was er nicht wußte. Er war außerdem *Sem*-Priester und damit befähigt, die Rituale der hohen Mysterien zu zelebrieren, und «Großer der Sehenden», also Hoherpriester von Heliopolis, der Sonnenstadt. In den exklusiven Kreis der Berater des Pharaos eingelassen, hatte er vielfältige geistliche und welt-

---

* Dieses Kapitel basiert auf dem Text im thebanischen Grab (Westufer) des Rechmire. Siehe auch Norman de Garis Davies, *The Tomb of Rekhmirê at Thebes*, The Metropolitan Museum of Art Egyptian Expedition, New York, 1943; Nachdruck Arno Press, 1973.

liche Aufgaben erfüllt und war zu einer der bedeutendsten Persönlichkeiten des Reiches geworden.

Rechmire war an Ehrungen und offiziellen Zeremonien gewöhnt, er kannte die Sitten und Gebräuche bei Hofe besser als jeder andere, und doch war er heute aufgeregt. Bald würde er zum zweiten Mann des Staates werden, zum Ersten Minister des Pharaos. Der König selbst würde ihn zum Wesir ernennen, und Rechmire würde vor den höchsten Verantwortlichen Ägyptens seinen Eid ablegen.

Rechmire hatte sich lange darauf vorbereitet. Er hatte sich zur Besinnung in den Tempel zurückgezogen, fern von den täglichen Sorgen, die bald auf ihm lasten würden. Als Eingeweihter in die hohen Mysterien hätte er es vorgezogen, sein Leben dem Gebet und der Meditation zu weihen, doch der Herr der Zwei Länder hatte anders entschieden. Wegen seiner Fähigkeiten eignete sich Rechmire vorzüglich als Wesir, und die Bedürfnisse Ägyptens gingen seinen eigenen Wünschen vor. Jeder hohe Beamte orientierte sich am Vorbild des Pharaos und stellte sein Leben ganz in den Dienst des von den Göttern geliebten Landes.

Zwei Würdenträger holten Rechmire und führten ihn, wie es das Ritual verlangte, in den Audienzsaal des Palastes, in dem die Berater des Königs versammelt waren. Der Pharao saß auf seinem Thron. Er trug die Doppelkrone, die Ober- und Unterägypten symbolisch vereinte. Es herrschte feierliche Stille. Rechmire verneigte sich vor dem Pharao, dem lebendigen Gott.

Thutmosis III. und Rechmire kannten einander gut. Sie waren Freunde. Doch in diesem Augenblick war der eine Pharao, der andere Wesir. Beide kannten das Ausmaß ihrer Verantwortlichkeiten, beide wünschten sich selbst wie auch dem anderen die Kraft, sie zu erfüllen.* Die Amtseinsetzung des

---

* Das Amt des «Wesirs» (eine etwas unglückliche Bezeichnung) ist wahrscheinlich ebenso alt wie die ägyptische Kultur selbst. Belegt ist es jedoch erst seit der Regierungszeit des Snofru.

Wesirs war keine weltliche Zeremonie. Bei diesem Anlaß agierte der Pharao als Meister der Weisheit. Ägyptens Regierung beruhte vor allem auf einem spirituellen System. Dieses System mußte auch der Wesir verkörpern.

Thutmosis III. ergriff das Wort. Die erste Pflicht des neuen Wesirs sei Wachsamkeit. Er sei die Stütze des gesamten Landes. Darum müsse er wissen, was in Ägypten vorging, ohne die geringste Kleinigkeit zu vernachlässigen. Diese Wachsamkeit bestehe darin, «wachen Gesichts» zu sein, sich selbst zu Ägyptens unverzichtbarer Grundlage zu machen. «Das ist gewiß kein Vergnügen», fügte der Pharao hinzu. «Diese Aufgabe zu erfüllen ist bitter wie Galle.» Der König verglich die Rolle des Wesirs mit der des Kupfers, das das Gold des Hauses des Herrn umgab und es schützte. Der Pharao entspreche dem Gold, dem Fleisch der Götter, denn er sei Gott und Mensch zugleich; der Wesir müsse der Schutzwall sein, der den Herrscher vor den Verunreinigungen der materiellen Welt bewahre.

Sodann sprach der Pharao von dem Auftreten, das einem Wesir gezieme. Vor hohen Beamten solle er keinesfalls den Blick senken, weder um sie zu begünstigen, noch weil er sich ihnen verpflichtet fühle. Der Wesir erhalte seine Befehle ausschließlich vom Pharao. Kein Richter könne ihn beeinflussen, niemand dürfe einen persönlichen Vorteil von ihm erbitten. Natürlich werde es lästige Bittsteller aller Art geben. Der Wesir müsse sich alle Klagen anhören, den Bittgesuchen Aufmerksamkeit schenken, dürfe die Eingaben und Beschwerden aus Ober- und Unterägypten nicht vernachlässigen. Der Audienzsaal des Wesirs sei der Ort, an dem jedes Murmeln verstumme, um sich in klare Worte zu verwandeln. Doch niemand dürfe irgendein Vorrecht von ihm erwarten. Der Wesir

---

In einigen Epochen wurde dieses erdrückende Amt zweigeteilt: Es gab einen Wesir des Nordens und einen Wesir des Südens.

176

handele nach dem Gesetz, nicht nach seinen persönlichen Neigungen. Seine eigenen Vorlieben zählten nicht. Wasser und Wind seien die Boten des Wesirs und trügen ihm die Wahrheit zu. Menschenworte seien oft trügerisch; die Worte des Universums aber könnten nicht irreführen. Darum müsse der Wesir, wenn ein Kläger vor ihn trete, vollkommen über dessen Taten informiert sein. Er habe den Fall genau geprüft, bevor er sich Klage oder Verteidigung anhöre.

Und wenn der Wesir sich einmal täusche? Er dürfe seinen Irrtum nicht geheimhalten, sondern müsse ihn öffentlich kundtun und das erlassene Urteil berichtigen. Seine Gewähr bestehe darin, daß er nach der heiligen Regel handele und seine Taten stets eins sein lasse mit seinen Worten. Seine größte Freude sei es, niemanden sagen zu hören: «Mir ist keine Gerechtigkeit zuteil geworden.»

Doch der Wesir müsse sich auch hüten, nicht Strenge im Übermaß walten zu lassen, sonst werde er wiederum ungerecht. Der Pharao rief ihm das berühmte Beispiel eines Wesirs namens Cheti ins Gedächtnis, der aus Furcht, man könne ihm Parteilichkeit vorwerfen, seine Verwandten und Freunde systematisch benachteiligt hatte. Er hatte geglaubt, so könne niemand seine Redlichkeit in Zweifel ziehen. Tatsächlich erreichte er genau das Gegenteil. Der König verabscheute jede Art von Parteilichkeit. Rechmire solle über seine Verwandten und seine Freunde urteilen wie über jeden anderen Menschen auch. Wenn sie Belohnung verdienten, sollten sie belohnt werden; wenn sie eine Verfehlung begangen hätten, solle er es nicht vertuschen. Er solle eine goldene Regel beherzigen: dem, den er nicht kenne, mit der gleichen Aufmerksamkeit zu begegnen wie dem, den er kenne. Wer ihm fernstehe, verdiene die gleiche Achtung wie der, der ihm nahestehe. Er solle niemals einen Kläger abweisen, bevor er dessen Argumente angehört habe, er solle niemanden wegschicken, ohne ihm den Grund zu erklären. Jeder, der den Wesir um Audienz bitte, müsse höflich empfangen werden, auch wenn das Bittgesuch abgewiesen werde.

Der Pharao hielt einen Moment inne. Er schaute Rechmire direkt an. Dieser war bereit, die aufgezählten Pflichten auf sich zu nehmen, er fühlte sich in der Lage, sein Amt auszuüben. Der Herrscher der Zwei Länder fuhr fort, denn der angehende Wesir hatte noch einiges vor sich.

«Äußere keinen unangebrachten Zorn gegen eine Person», begann der Pharao von neuem; «zeige deine Verärgerung nur ganz bewußt und dem, der sie verdient. Vor allem muß es dir gelingen, respektvolle Furcht vor dem Amt zu wecken, das du verkörperst. Nur ein geachteter Wesir ist ein guter Wesir.» Sogleich fügte der Pharao eine Warnung hinzu: «Möge diese Achtung nicht zu einer Angst werden, die durch deine allzu große charakterliche Härte hervorgerufen wird. Wenn das Volk dich zu sehr fürchtet, bedeutet das, daß in deinem Verhalten etwas Schlechtes ist.»

Rechmire sann über diese letzten Worte nach. Er wußte, er würde zugleich den Pharao und das Volk zufriedenstellen müssen, er würde die Waage im Gleichgewicht halten müssen, ohne daß sich eine der beiden Schalen neigte. Er wußte, daß er nicht mehr sein eigener Herr sein würde und Tag und Nacht Ägypten dienen mußte, ohne an seine eigenen Wünsche zu denken. Rechmire war bereit.

Sodann enthüllte ihm der Pharao den heiligsten Aspekt seiner Mission: die *Maat* verwirklichen, die goldene Regel der universellen Harmonie. Seit dem goldenen Zeitalter, seit der Zeit der Götter, war der Wesir ihr strenger Hüter. Er war kein rein weltlicher Beamter, sondern der Schreiber der *Maat*, der die Gesetze des Himmels und der Erde kannte und über ihre Einhaltung wachte. «Darum», sagte der Pharao, «wirst du deine Audienzen in einem großen Raum abhalten, der die Halle der zwei *Maat* genannt wird.»

Rechmire wußte, was diese Bezeichnung bedeutete. In dieser Halle gab es tatsächlich zwei Wahrheiten: die göttliche Wahrheit und die menschliche Wahrheit. Die Halle der zwei *Maat* stand auch für das Jenseitsgericht, bei dem die Götter die Taten der Menschen richteten und die Gerechten auswählten, die ins Paradies eingingen. Das Amt des Wesirs war religiösen Ursprungs. Die Gerechtigkeit, die er ausübte, war rückgebunden an die göttliche Gerechtigkeit, an die ewige Ordnung der Dinge.

«Du wirst dem ganzen Volk ein gerechter Richter sein», fügte der Pharao hinzu. «Bleibe in deinem Amt, handele gemäß den Pflichten, die dir aufgezählt wurden; alles wird gutgehen, solange du dich an diese Regel hältst. Höre niemals auf, nach der *Maat* zu handeln. Gehe nicht in die Falle der Eitelkeit.»

Rechmire willigte erneut ein. Nun war er vollständig in sein Amt als Wesir eingewiesen. Der Pharao ließ ihn vor den Thron treten. Von nun an würde der Wesir auf einem Sitz mit Rückenlehne sitzen; vor ihm auf dem Boden würden auf rotem Stoff die 40 Gesetzesrollen liegen. Der Wesir würde einen Stab in der Hand tragen als Symbol des heiligen Wortes, das er praktizierte. «Sei mein Wille, meine Augen und meine Ohren», forderte der Pharao ihn auf; «werde ein Weiser unter den Weisen, und vergiß niemals das Abbild der *Maat*, das du auf deiner Brust trägst.»

«Indem ich den König sehe», antwortete Rechmire, «betrachte ich Re, den Himmelsherrn, den König Ägyptens, wenn er aufgeht, die Sonnenscheibe, wenn er erneut aufgeht. Seine Majestät weiß, was geschieht; es gibt nichts, was der König nicht weiß.»

Nachdem diese rituellen Worte gesprochen waren, erläuterte der Pharao dem Wesir, daß er alle Angelegenheiten des Landes so führen solle, daß keinerlei Unordnung entstehe. Seiner direkten Verantwortung unterstanden das Ministerium des Rechts, die staatlichen Archive und das Flurbuch. Täglich erreichten ihn die Berichte der Provinzen über die wirtschaftliche Lage und die aufgetretenen Schwierigkeiten. Er wurde viele schlaflose Nächte verbringen, um gerechte Lösungen zu finden. Allmorgendlich würde er der erste sein, der den König in seinem Palast begrüßte. Die beiden Männer würden sich ausführlich über die wichtigsten laufenden Angelegenheiten beraten. Der Wesir mußte unter allen Umständen seine Selbstkontrolle behalten und aus der Stille die nötige Intuition schöpfen, um den Absichten des Herrschers zuvorzukommen und sich mit den anstehenden Aufgaben niemals zu verspäten.

Nach dem Gespräch mit dem König würde sich der neue Wesir mit den Verantwortlichen der verschiedenen Ministerien besprechen. Er mußte ihre Berichte anhören und seine Anweisungen erteilen. Auf seinen Befehl hin würden täglich die Amtsstuben des Palastes geöffnet werden. Er mußte also als erster bei der Arbeit sein und allen ein Beispiel sein, er würde sich bemühen, ein leistungsfähiges Botennetz in allen Provinzen zu unterhalten, um stets über alle Geschehnisse informiert zu sein.

Täglich mußte er Audienz halten. Zuerst würde er die Mitglieder von Verwaltung und Armee empfangen, dann die Leute aus dem Volk, die seinen Rat oder sein Urteil brauchten. Auf jede Frage würde sich eine Antwort in der heiligen Regel * finden, deren Verwahrer er war. Er hatte die Möglichkeit, Richter zu ernennen und ihnen für minder wichtige Angelegenheiten seine eigene Funktion zu übertragen, mußte jedoch dem Gericht des Königs vorsitzen, wenn es erforderlich war.

Seine Aufgabe war es, Ägyptens Wohlstand zu erhalten, damit jeder die Möglichkeit hatte, zu arbeiten, sich satt zu essen,

---

* Ob diese Regel in Gesetzesrollen niedergeschrieben wurde, ist nicht bekannt. Die ägyptische Bezeichnung bedeutet eher: Seil, Band, Sehne, Verbindung. Möglicherweise waren die an anderer Stelle erwähnten 40 Rollen in Wirklichkeit 40 Schlagstöcke oder rotgefärbte Ruten, mit denen die Schuldigen bestraft wurden.

sich zu kleiden und seine Familie zu ernähren. Der Wesir bestimmte den Kalender der landwirtschaftlichen Tätigkeiten, den Beginn der Ackerbearbeitung und der Ernte, den Zeitpunkt des Baumschnitts; er kümmerte sich um die Aushebung und Instandhaltung der Kanäle, um die großen staatlichen Bauvorhaben, um die Tempel, um die Volks- und Viehzählungen, um die Wasserverteilung und um das Eintreiben von Abgaben und Steuern. Dem Wesir oblag es auch, den Staatshaushalt aufzustellen und darüber zu wachen, daß keinem Ägypter zu viele Fronarbeiten aufgeladen wurden. Er durfte keinerlei Machtmißbrauch durch einen Beamten dulden. Ertappte er einen Staatsbediensteten bei einer Verfehlung, mußte er ihn streng bestrafen. Dem Wesir oblag auch die Leitung des Armeeministeriums. Er war Oberbefehlshaber der Marine und der Infanterie, er war für die Wartung des Verteidigungssystems und der Vorposten zuständig sowie für den Ausrüstungszustand und die Moral der Truppen.

Der Pharao überreichte dem neuen Wesir Rechmire das Siegel, das er auf alle offiziellen Dokumente setzen würde, die zwingend durch seine Hände gingen, bevor sie in den Archiven abgelegt wurden. Thutmosis III. wußte, daß der Mann, den er soeben in das Amt des Wesirs eingesetzt hatte, das in ihn gesetzte Vertrauen verdiente. «Wisse die rechten Worte auszusprechen», sagte er ihm noch, «damit sie erkannt werden und damit andere Weise auf sie hören.»

Rechmire verneigte sich vor dem Herrscher Ägyptens, und er, der zweite Mann des Staates, beschloß diese Einsetzungszeremonie mit den rituellen Worten, die jeder Wesir allabendlich sprach, nachdem er sein Tagwerk vollbracht hatte: «Ich habe *Maat* erhoben bis zur Höhe des Himmels, und ich habe ihre Vollkommenheit über die Breite der Erde wandern lassen, so daß sie in der Nase der Menschen wohnt wie ein Lebenshauch.»

23.
KAPITEL
DAS TALFEST

Im Haus des hohen Würdenträgers Amenmose, eines treuen
Dieners von Thutmosis III., war alles bereit. Die Zeit des
Schönen Talfestes war gekommen.* Es war Sommer, ein Tag
im zehnten Monat des ägyptischen Jahres. Das Fest würde
etwa zwei Wochen dauern. Alle Vornehmen des Reiches waren
geladen, denn der König selbst wollte die Zeremonien leiten.
In diesem Jahr war Amenmose für den reibungslosen Ablauf
des Rituals verantwortlich, bei dem die Lebenden mit den Toten am Westufer Thebens in Verbindung traten.

Amenmose begab sich in den Tempel zu Karnak, um die
letzten Vorbereitungen für die feierliche Prozession zu treffen,
die in Kürze den Großen Tempel verlassen würde, um sich
dem ägyptischen Volk zu zeigen. Nachdem er das große Tor,
den ungedeckten Hof und die Säulenhalle durchschritten
hatte, erreichte Amenmose den Saal der heiligen Barke, wo ihn
der Pharao erwartete.

In diesem Saal befand sich ein wertvolles Kleinod, der
Mittelpunkt der Prozession: die herrliche Barke des Gottes
Amun, *Userhat* genannt, «mit mächtiger Brust», in deren Bug
sich die Macht des «verborgenen Gottes» verkörperte. Sie war
ein wunderbares Meisterwerk, an dem die besten Handwerker

---

* Siehe Siegfried Schott, *Das schöne Fest vom Wüstentale,* Verlag Akad.
Mainz, S. 767 sq., Wiesbaden, 1962.

182

des Reiches mitgewirkt hatten. Sie war aus seltenem Holz gearbeitet, das aus dem Gottesland stammte, mit Gold und Silber überzogen und erhellte die ganze Erde mit ihrem Glanz. An Bug und Heck trug sie Widderköpfe mit einer Sonnenscheibe zwischen den Hörnern und einem breiten Schmuckkragen um den Hals. Der Widder symbolisierte die Schöpfermacht des Amun. Uräusschlangen schützten die Götterbarke und spien jedem Nichteingeweihten, der sich ihr zu nähern wagte, Feuer entgegen. Hinter dem Bug ruhten wachsame Sphingen. Vor der Kabine erhoben sich mit Elektrum überzogene Masten. Auf der Brücke standen Standarten und Götterstatuen. An Stelle einer Kabine trug die Barke einen Schrein mit einem Bildnis des Amun, das den Blicken der Menschen auf ewig verborgen blieb. Dieses Bildnis befand sich in einer Miniaturbarke, einer Nachbildung der *Userhat*-Barke. Sie stand für die Himmelsbewegung, aus der alles Leben entsprungen war. Diese kleine Barke, die «Träger der Herrlichkeiten» genannt wurde, war ebenfalls meisterhaft gearbeitet und mit Gold überzogen. In der Prozession wurde sie von fünfzehn Priestern am Bug und ebenso vielen am Heck getragen. Zwei *Sem*-Priester, die für die Auferstehungsrituale zuständig waren, schritten neben ihr her. Zu bestimmten Zeitpunkten würde diese Barke auf einen Schlitten geladen werden, der den Schöpfergott Atum symbolisierte und von den Handwerkern der Einweihungsbruderschaft von Deir el-Medina gezogen wurde.

Der Pharao trat vor die große heilige Barke. Er sprach die rituellen Worte, die ihre Schönheit rühmten, und beduftete sie mit Weihrauch. Der Wesir und der Meister der Handwerker waren ebenfalls zugegen. Bevor die Barke in die Außenwelt getragen wurde, vergewisserten sie sich, daß der Schutz der zwei *Maat*-Göttinnen, der himmlischen und der irdischen Harmonie, auf ihr ruhte. Standarten und Embleme wurden ihr vorausgetragen. Der König würde symbolisch die Rolle des

Schakals übernehmen, der Tag für Tag am Himmel die Sonnenbarke anholte. Des Pharaos Aufgabe war es außerdem, das Steuerruder zu halten und das Schiff zu lenken.

Nun war es Zeit, den Tempel zu verlassen. Die prachtvolle Prozession war vollendet organisiert. Priester mit den Masken verschiedener Gottheiten schritten hinter einem Zeremonienmeister einher, der den Geleitzug anführte. Wie in jedem Jahr war die Bevölkerung tief beeindruckt. Es war, als würde das Sonnenlicht in all seinem Glanz und in all seiner Macht vorüberziehen, ohne die Augen der normalen Sterblichen zu verbrennen! Die Prozession erreichte die Anlegestelle von Karnak, wo sie von mehreren Schiffen ans Westufer übergesetzt wurde. Dort folgte die Amun-Barke einem Kanal bis zum Saum des Ackerlandes. Am Tempel der Königin Hatschepsut in Deir el-Bahari wurde angehalten. Dies war die erste Station eines langen Prozessionsweges, auf dem der Pharao, sein Gefolge und die heilige Amun-Barke den Göttern und ihren Heiligtümern am Westufer einen Besuch abstatteten.

Der Pharao huldigte seinem Vater Amun-Re, dem König der Götter, dem Uranfänglichen und dem Schöpfer aller Dinge. Der Pharao bat den Gott, ihn ohne Schwierigkeiten die Grenze der Wüste, des gefährlichen Landes, erreichen zu lassen, zu ihm zu kommen wie der Retter, der dem Schiffbrüchigen zu Hilfe eilt, ihn den festen Boden des Westens erreichen zu lassen, wo Leben und Tod eine einzige und identische Wirklichkeit bildeten.

Wie alle Eingeweihten, die den Pharao auf diesem Weg begleiteten, war sich der hohe Würdenträger Amenmose bewußt, daß er soeben eine bedeutende Stunde miterlebte. Alle Götter und alle Menschen Ägyptens versammelten sich, um mit den leuchtenden Seelen der Toten in Kontakt zu treten. Die Verstorbenen waren im schönen Land des Westens stets gegenwärtig, das beschützt wurde von Hathor, der Göttin der Liebe und der Freude. Jeder Lebende, der an diesem Fest teilnahm, würde in die Mysterien des Jenseits eingeweiht. Was der Gott Amun-Re erlebte, wenn er über einen Auferstehungsprozeß gebot, würde auch jeder einzelne der Anwesenden erleben. Im Westen schliefen jene Gottheiten, die das Land gegründet hatten, die Väter und Mütter des Volkes, die dort ihre wohlverdiente Ruhe genossen. Sie wachten über die verstorbenen Pharaonen, die zu Sternen am Himmel geworden waren. Alljährlich kamen Amun und der Pharao hierher, um ihre Vorgänger zu ehren. Doch es war mehr als nur ein Höflichkeitsbesuch. Tatsächlich nahmen sie Erneuerungsriten vor, die die schlafenden Gottheiten wieder zum Leben erweckten, Riten, die auf alle zurückwirkten, die in dieser Nekropole bestattet waren.

Als die Prozession sich den Gräbern näherte, erklangen Gesänge und Freudenrufe. Die Priester wurden angewiesen, die «Aufforderungen an die Lebenden» zu verlesen, Texte, die in die Türen der Gräber graviert waren und den Namen der Toten, also ihr unsterbliches Wesen, wieder lebendig machen sollten. Dies war auch der Augenblick, in dem die Toten erwachten. Ein lebendiger Glanz huschte über ihre Statuen. Die Geister der Verstorbenen kamen aus der Finsternis ins Licht der Grabkapelle, in der die Begegnung mit den Lebenden stattfand.

Doch der hohe Würdenträger Amenmose war bedrückt. War diese Reise von Karnak zum Westufer nicht das Abbild jener Reise, aus der das Dasein des Menschen bestand? Lehrte sie nicht jeden, daß er eines Tages, nachdem er genossen hat, was der Himmel schenkt, was die Erde hervorbringt und was der Nil herbeiträgt, sein irdisches Haus verlassen muß, um sich in sein Haus der Ewigkeit zu begeben? Doch dies war ihrem Wesen nach keine verzweifelte Feststellung, sondern eine Botschaft der Hoffnung, denn jedes Haus des Todes konnte durch die entsprechenden Riten in ein Haus des Lebens verwandelt werden.

Darum dienten die Grabstätten selbst als Rahmen für das Ritual, das der Pharao nun in einem der Häuser seiner Vorfahren zelebrieren wollte, während in allen anderen Gräbern der Nekropole Priester ähnliche Zeremonien vollzogen.

Nun war also der schmerzliche und zugleich beglückende Augenblick gekommen, in dem die Lebenden in die Welt der Toten eindrangen. Amenmose und seine Angehörigen betraten das Familiengrab. Ihre Diener hatten schon allerlei Dinge herbeigetragen, die sie nun aufstellten. Jedes Familienoberhaupt handelte im Namen des Pharaos und erfüllte ein heiliges Amt.

Zuerst kamen die Opfergaben. Auf tragbaren Opfertischen verbrannte Amenmose Fleisch und andere Speisen, deren angenehmer Geruch den feinstofflichen Körper der Verstorbenen nähren würde. Dann opferte er «alle schönen, guten und reinen Dinge», darunter Weihrauch und Myrrhe, deren köstliche Düfte zur Vergöttlichung beitrugen. Die Diener hatten alle Hände voll zu tun, denn mit den geheiligten Speisen bereiteten sie das Festmahl vor.

«Ausgezeichnet ist es, Gott zu folgen», so sprach man, «dieser Festtag ist der schönste Tag eines schönen Lebens; was das Auge betrachtet, ist wunderbar.» Jeder Teilnehmer erhielt die Gelegenheit, Amun den Verborgenen zu sehen, das göttliche Licht des Re sowie seine eigenen Ahnen, die aus der Finsternis heraustreten würden, um ihm in ihrem ganzen Glanz zu erscheinen. Die Bewohner des Jenseits kehrten auf die Erde zurück, um am Fest teilzunehmen und die üppigen Speisen auf den Opfertischen zu kosten. Darum herrschte im Westen Freude; die Astrologen aus dem Tempel zu Karnak verkündeten, daß die «rechte Stunde» gekommen sei. Nun stimmten die Sängerinnen des Amun ihre Lieder an, begleitet von den Sistrumspielerinnen* und den Priesterinnen, die ein magisches

---

* Sistrum: Rasselstab, meist aus Bronze (Anm. d. Ü.).

Schmuckstück namens *Menat* um den Hals trugen, das die Auferstehung symbolisierte. An der Statue der Verstorbenen wurde das Mundöffnungsritual wiederholt, das schon bei der Bestattung vollzogen worden war. Das Verjüngungswasser der Götter wurde ins Innere der Gräber getragen, um die Seelen zu reinigen.

Amenmose vollzog eine weitere rituelle Handlung, die für dieses Fest charakteristisch war: Er opferte Sträuße aus Lotos und Papyrus sowie aus Lattich, einer dem Gott Min zugeordneten Pflanze, die Zeugungskraft versinnbildlichte. Diese Sträuße trugen den Namen «Leben». Mit diesem Opfer trug Amenmose das Leben ins Totenreich. Der Wohlgeruch der Blumensträuße ließ die Seele neu auf die Welt kommen, sie würde göttlich werden; ihr Name würde in der Erinnerung der Lebenden fortbestehen, und sie würde gemeinsam mit der Sonne in den Tag hinausgehen.

Während des Blumenopfers stimmte der Chor der Sängerinnen Hymnen an, die für die Erde wie für den Himmel Überfluß beschworen. Das Grab wurde zum Haus der Herzensfreude, für die Toten ebenso wie für die Lebenden, die das Gefühl hatten, ein wahres Paradies zu entdecken. Die Figuren an den Grabwänden wurden lebendig; die Verstorbenen waren wieder gegenwärtig.

In der letzten Kulthandlung des Rituals erhellte das Feueropfer das Grab, trug das Licht in die Finsternis und verkündete den Beginn des Festmahls. Nun herrschte in allen Gräbern ausgelassene Freude, Freude darüber, zusammenzusein, die ganze Familie zu treffen, doch auch Freude darüber, mit jenen in Kontakt zu treten, die im Jenseits weiterlebten und deren Anwesenheit nun beinahe greifbar war. Es erklangen Hymnen an Amun, den göttlichen Gebieter dieses Festes, und an Hathor, die sanfte und lächelnde Herrin des Westens. In diesem «Haus des großen Festgelages», in das sich das Grab verwandelt hatte, würden alle Familien die Nacht damit zubringen, rituelle Texte zu verlesen, zu singen, zu essen, zu trinken und über Leben und Tod zu sprechen.

Wie alle Teilnehmer des Festes würde Amenmose in der Schönheit der Nacht wach bleiben, auf die harmonischen Stimmen der Sängerinnen lauschen, die Lichter betrachten, die aus den Gräbern drangen. In dieser Stadt der Ewigkeit, in der die Lebenden die gelassene Heiterkeit des Todes erleben durften, würde er einen rituellen Satz murmeln, der all jenen galt, die in der Zukunft am Schönen Talfest teilnehmen würden: «Mögest du in Frieden vor den Herrn der Götter treten.»

24.	THEBEN,
KAPITEL	DIE HERRLICHE

Theben, die ruhmreiche und mächtige Hauptstadt Ägyptens, war noch nicht erwacht. Bald würde der Tagesanbruch die Berggipfel röten und die Steine der Tempel leuchten lassen wie Gold.

Ein alter Mann mit sehniger Muskulatur und langsamen, gemessenen Bewegungen betrachtete die vollendeten Säulen der großen Hypostylhalle des Tempels zu Luxor. Sein Name war Amenhotep, Sohn des Hapu. Er war der mächtigste Mann des Reiches nach dem Pharao Amenophis III. (1402–1364 v. Chr.), dem Herrscher, dem er stets treu gedient hatte und dessen Berater, Vertrauter und Freund er war. Als Oberster Baumeister des ägyptischen Königreiches war Amenhotep, Sohn des Hapu, weise unter den Weisen. Sein Ruhm war groß. Der Pharao hatte den Bildhauern befohlen, mehrere Statuen von Amenhotep zu schaffen. Sie hatten ihn als alten Mann dargestellt, in Gedanken versunken, über eine Papyrusrolle gebeugt, die auf seinen Knien lag. Seine Aufgabe war es, darüber zu wachen, daß jede Handwerkerschaft in Theben ihre Arbeit in Einklang mit der *Maat* brachte, der universellen Regel, aus der im Himmel wie auf Erden alle Harmonie entsprang.

Der alte Weise liebte seine Stadt, dieses prachtvolle Theben, zu dessen Verschönerung er sein ganzes Leben hindurch beigetragen hatte. Amenhotep trug die Titel «Die zwei Augen des Königs von Unterägypten», «Die zwei Ohren des Königs von

189

Oberägypten», «Der Mund des Königs». Er war derjenige, der dem Denken des Pharaos in der Materie Ausdruck verlieh. Darum wurden seine Statuen an den Straßen aufgestellt, die die thebanischen Tempel miteinander verbanden. Auf einer dieser Statuen war zu lesen: «Ich habe die Statue in diesem großen Tempel errichtet, damit sie ebensolange bestehen mag wie der Himmel. Du bist mein Zeuge, du, der du später kommen wirst.» So konnte jeder, der vorüberging, an der Weisheit des Architekten teilhaben, der seit langem schon allen persönlichen Ehrgeiz aufgegeben hatte, um sich ganz in den Dienst an Ägypten und seiner Hauptstadt zu stellen.

Amenhotep, Sohn des Hapu, war in eine Provinzfamilie hineingeboren worden und stammte aus Athribis. Zunächst wurde er zum Schreiber ausgebildet. Er lernte, die Hieroglyphen zu entziffern und weltliche Schriftstücke zu lesen. Seine Intelligenz und sein Arbeitseifer fielen den Schreibern im Lebenshaus auf. Man weihte ihn in die Mysterien der heiligen Worte und der rituellen Schriften ein. Später eröffnete ihm seine Persönlichkeit den Weg in die Amtsstuben des Pharaos, der ihn zum königlichen Schreiber und zum Rekrutenschreiber Unterägyptens ernannte. Damit war er verantwortlich für die Ausbildung der jungen Männer, die eine militärische Laufbahn eingeschlagen hatten oder nur vorübergehend in der Armee dienten, bevor sie andere Ämter bekleiden würden. Nachdem er außerdem das Verteidigungssystem der Grenzen im Delta verbessert hatte, wurde Amenhotep, Sohn des Hapu, zum Leiter aller Arbeiten des Königs ernannt, also oberster Architekt. Er war nun mehr als ein Befehlsempfänger. Als Meister der Weisheit wurde er sogar mit der Erziehung der königlichen Kinder beauftragt, zu denen auch der spätere Echnaton gehörte.

Amenhotep, Sohn des Hapu, wurde zudem eine ganz besondere Ehre zuteil: Seine Statuen wurden sogar innerhalb des Tempelbezirks zu Karnak aufgestellt, in der Domäne der Götter. Man hielt Amenhotep, Sohn des Hapu, für mehr als einen normalen Sterblichen. Hatte er nicht sogar vom König die Erlaubnis erhalten, sich einen eigenen Grabtempel zu errichten, einen kolossalen Bau, der den Monumenten der Könige in nichts nachstand? Schon zu seinen Lebzeiten wurde der alte Weise als Heiliger betrachtet.

Der Säulengang des Tempels zu Luxor ist heute noch der schönste in ganz Ägypten. Sein Stein wirkt leicht und lichtdurchflutet. Die Seele erhebt sich an diesem Ort wie von selbst zum Göttlichen. Amenhotep, Sohn des Hapu, beendete seine Meditation und verließ den Tempel, um ein wenig durch Theben zu wandern, von dem man sagte, es sei heiliger als andere Städte. Wasser und Erde seien hier zum erstenmal entstanden. Theben war das Auge des Re, die Königin aller Städte. Sie war die Hauptstadt des Zeptergaus, ihr Symbol war das *Was*-Zepter, das Machtsymbol schlechthin. Theben war die Stadt des Gottes Amun. Oft nannte man es einfach «die Stadt», so groß war sein Ruhm. Zwei riesige Tempel sollten Thebens Namen unsterblich machen: Karnak, «Bevorzugtester aller Orte», und Luxor, «Stätte der Zahl», im Volksmund auch «Südlicher Harem» genannt; hierher begab sich regelmäßig eine Prozession, bei der sich der Gott Amun in Amun-Min, die manifestierte Zeugungskraft, verwandelte.

Amenhotep, Sohn des Hapu, wußte, daß die Griechen Theben die «hunderttorige Stadt» nannten. Dabei handelte es sich nicht etwa um Tore in einer Umfassungsmauer, denn die Stadt war nicht befestigt, sondern um die monumentalen Tempeltore, die Pylonen. Daß Theben über 100 Tore verfügte, bedeutete, daß die thebanische Region, bestehend aus dem thebanischen Ostufer (Karnak und Luxor) und dem thebanischen Westufer (das Tal der Könige, Deir el-Bahari und andere Grabmonumente), ein von den Göttern bevorzugter Ort war, an dem zahlreiche Tempel standen. Keiner dieser Tempel war öffentlich zugänglich. Der Tempel war den Eingeweihten vorbehalten, die mit einer überaus wertvollen Energie arbeiteten: der Energie der Götter. Unter der Leitung des Pharaos sorgten sie dafür, daß diese göttliche Energie auf Erden gegenwärtig blieb, denn sie allein spendete Leben und hielt die Menschheit in Einklang mit den Himmelsgesetzen. Diese Eingeweihten waren keine Priester im modernen Wortsinn, keine Prediger, keine Beichtväter im Inneren des Tempels, sondern Weise, Gelehrte, Spezialisten.

Amenhotep, Sohn des Hapu, hatte in allen thebanischen Tempeln gearbeitet, gelehrt und meditiert. Er hatte Rituale zelebriert, Architekten angeleitet und Bildhauer beaufsichtigt, die an den Wänden Texte und rituelle Szenen verewigt hatten. Als der alte Baumeister den Tempel zu Luxor verließ, blickte er bewundernd über die große Stadt, die ihre Straßen zum Nil hin reckte. Welch ein Unterschied zu der kleinen Ansiedlung, die im Mittleren Reich zu wachsen begonnen hatte! Die Könige der XI. Dynastie ließen sich als erste am thebanischen Westufer gegenüber von Karnak beisetzen und bekundeten damit ein hochoffizielles Interesse an dieser Stätte in Oberägypten. Alle Pharaonen, die den Namen Mentuhotep trugen, verehrten den Stadtgott von Theben, Month, einen kriegerischen Falken, der seinen Anhängern Macht und Siege verlieh. Den Mentuhotep folgten Könige namens Amenemhet, die zum erstenmal den Gott Amun in ihren Namen trugen. Amenemhet bedeutet «Amun ist an der Spitze»; mit anderen Worten, Amun, «der Verborgene», sollte zum Leitprinzip dieser Regierungszeiten werden, es sollte enthüllt werden, was verborgen war. Welche vollkommenere Art der Enthüllung könnte ein Pharao wählen als die, seine wichtigste Pflicht zu erfüllen: den Tempelbau?

Das riesige Karnak, eine nie abgeschlossene Baustelle, ein sich beständig veränderndes Haus der Götter, entstand zu Beginn des Neuen Reiches auf Initiative des Pharaos Amenophis I. und seines Baumeisters, des begnadeten Ineni, der auch das

Tal der Könige gestaltete. Karnak war eine heilige Stadt in einer weltlichen. Bis zum Verlöschen der ägyptischen Kultur sollten alle Pharaonen diesen Tempelbezirk erweitern und verschönern. Luxor, die in der Architektur sichtbar gemachte Vollendung, wurde von Amenophis III. gegründet und seiner göttlichen Geburt geweiht. Sein Baumeister Amenhotep, Sohn des Hapu, beaufsichtigte die Arbeiten. Wie auch in Karnak herrschte Amun in diesem Tempel. Die Mauern bestanden aus Elektrum, die Decken aus Silber, die Tore aus Gold, die Pylonen reichten bis in den Himmel und berührten die Sterne.

Amun, dessen Gestalt kein menschliches Wesen erkennen konnte, war das Geheimnis des Lebens. Er wohnte allen Formen des Lebens inne, er belebte jede Manifestation. In seiner menschlichen Gestalt hatte er blaues Fleisch und trug eine hohe Krone aus einer Doppelfeder. Außerdem war Amun auch ein geheimnisvoller Stein und ein Widder mit spiralförmigen Hörnern. Als Amun-Re war er die Vereinigung des Verborgenen (Amun) mit dem göttlichen Licht (Re), das die tiefsten Geheimnisse der Schöpfung offenbarte.

Amun-Re war der Gott einer Eroberungspolitik und eines allmächtigen Ägypten, das nach seinen Siegen endlich einen vollkommenen Frieden genoß. So konnte sich Amenophis III. dem Tempelbau widmen. Amenhotep, Sohn des Hapu, wußte, daß das Herz Seiner Majestät sich mit Freude erfüllte, wenn sein Blick auf die Häuser der Götter fiel. Ihre schimmernden Steine erhoben sich bis in den Himmel. Masten mit Wimpeln schmückten die Fassade der Tempelpylonen, die jener Lichtregion glichen, in der die Sonne allmorgendlich aufging. Der Tempel schlief niemals; des Nachts beobachteten die Astrologen den Himmel und stellten ihre Berechnungen an; am Tage erfüllten die Ritualpriester ihre spirituellen Aufgaben, während die zahlreichen Bediensteten den materiellen Arbeiten nachgingen. An den eigentlichen Tempel schlossen sich die Häuser der Priester an, außerdem Werkstätten, Lagerhäuser, in denen die Lebensmittelvorräte aufbewahrt wurden, Schlachthäuser und, nicht zu vergessen, die idyllischen Tempelgärten mit ihren kleinen Pavillons inmitten von Blumen und Bäumen, in deren Schatten man sich wunderbar ausruhen konnte.

Amenhotep, Sohn des Hapu, begab sich also in den Tempel zu Karnak, um dort den Hohenpriester zu treffen, den Ersten Diener des Amun. Als vom Pharao ernannter Leiter der Kulthandlungen war dieser Mann zu beträchtlicher Macht gelangt. Er war gewissermaßen ein Über-Finanzminister Ägyptens, denn Karnak erhielt immense Reichtümer aus dem Staatsschatz. Nichts war zu schön oder zu wertvoll für Amun: Gold, erlesene Hölzer, vollendete Steine, Viehherden, Ländereien. Zu den materiellen Aufgaben des Hohenpriesters gehörte es, diese unvorstellbaren Kostbarkeiten zu verwalten.

Der Hohepriester wurde zwar vom Pharao selbst eingesetzt und erhielt auch die Insignien seines Amtes, einen Stab und zwei goldene Ringe, vom König. Dennoch vergaß er gelegentlich, daß er vor allem der Diener des Gottes und des Königs war. Neben seinen erdrückenden irdischen Aufgaben trat mitunter die spirituelle Dimension seines Amtes in den Hintergrund. Der Hohepriester lebte in einem Palast direkt in Karnak und hatte eigene Amtszimmer und qualifiziertes Personal. Er war durchaus mit einem Betriebsleiter vergleichbar und verfügte eigenständig über umfangreiche Mittel. Ihm unterstanden drei Propheten des Amun, die wiederum für das religiöse Personal zuständig waren: reine Priester, Vorlesepriester, Grabpriester, Ritualkundige, Astrologen etc. Außerdem arbeiteten zahlreiche Handwerker und Bauern für den Tempel.

Amenhotep, Sohn des Hapu, unterhielt eine ausgezeichnete Beziehung zum Hohenpriester – immer vorausgesetzt, dieser verließ seinen Platz nicht und blieb dem Pharao treu, dem Gott auf Erden, dem Repräsentanten des Schöpfers und Garanten für die Einhaltung der universellen Regel *Maat*.

Schließlich war der Pharao genaugenommen Ägyptens einziger Priester, der einzige, der das Allerheiligste betreten und mit dem Gott Zwiesprache halten durfte. Darum war sein Bild an den Wänden jedes Tempels zu sehen. Wenn die täglichen Rituale vollzogen wurden, schlüpfte der immaterielle und symbolische Anteil des Pharaos in den Körper jenes Priesters, der an seiner Stelle handelte. Vom König hieß es, daß er am Himmel sei und für die Erde leuchte.

Nachdem Amenhotep, Sohn des Hapu, mit dem Hohenpriester seine Gedanken ausgetauscht hatte, ließ er sich in einer Sänfte zum Nil tragen, wo ihn ein Schiff erwartete. Er setzte über den Fluß, dessen Wasser in der Morgensonne funkelte, und suchte am Westufer die Residenz von Amenophis III. in Malkata auf. Der Pharao hatte das Ufer der Toten als Standort für seinen großartigen Palast gewählt, der zahlreiche Bedienstete beherbergte, darunter Handwerker, Bildhauer, Zeichner, außerdem unzählige Schreiber für die verschiedenen Verwaltungsaufgaben sowie das Personal des königlichen Harems. Der von Gärten umgebene Königspalast war eine regelrechte Miniaturstadt rund um den Audienzsaal, in dem der Pharao, auf seinem goldenen Thron sitzend, die Höflinge versammelte und die offiziellen Delegationen aus Ägpyten und den Fremdländern empfing.

Amenhotep, Sohn des Hapu, hatte Zugang zu den Privatgemächern des Herrschers mit ihren herrlichen Wandmalereien, in deren paradiesischen Landschaften sich Vögel in Landschaften mit Fischteichen, Weinstöcken und Blumen tummelten. Amenhotep, Sohn des Hapu, wurde in das Amtszimmer des Pharaos geführt. Der König war seit Tagesanbruch auf den Beinen und hatte bereits seinen Ersten Minister, den Wesir, empfangen. Die Königin, die Große Königliche Gemahlin, erteilte ihren Dienerinnen im Garten Anweisungen.

Amenophis III. begrüßte seinen alten Freund stets mit tiefer Freude. Heute würde eine kretische Delegation eintreffen, um dem mächtigsten Herrscher der zivilisierten Welt ihre Reverenz zu erweisen. Sie zu empfangen war eine lästige politische Pflicht, auf die er gerne verzichtet hätte. Doch der Pharao hatte keine Wahl. Tausende von Menschen standen unter seiner Verantwortung, und er schuldete ihnen Frieden und Sicherheit. Der König und der Baumeister sprachen über die Einrichtung eines neuen Ministeriums für fremdländische Angelegenheiten, von dem täglich des Pharaos Briefe an seine Vasallen gesandt werden sollten. Die hohen Beamten erstellten die Feldzugspläne der Armee, die regelmäßig in den Fremdländern aufmarschierte, um Ägyptens Präsenz zu demonstrieren. Handelsverträge wurden vorbereitet, ebenso die Instruktionen an die ägyptischen Statthalter, die in den Fremdländern stationiert waren. Außerdem wurden Dolmetscher in den Sprachen der Fremdländer ausgebildet, um der ägyptischen Verwaltung ein tieferes Verständnis jener Probleme zu ermöglichen, die in den von ihr kontrollierten Ländern auftraten.

Um den Frieden zu festigen, hatte Amenophis III. mehrere diplomatische Ehen geschlossen. Er hatte eine Tochter des Königs von Mitanni und eine Prinzessin aus der Familie des Königs von Babylonien geheiratet. In Theben waren das willkommene Anlässe für prachtvolle Feste, bei denen das jubelnde Volk die Freigebigkeit des Pharaos genoß.

Die Sonne stand hoch am Himmel. Theben war geradezu mit Gold überzogen. Das Gold stammte aus Nubien und den Ländern Asiens. Doch es war nicht für die Menschen bestimmt. Das Gold war das Fleisch der Götter und war Tempeln und Götterstatuen vorbehalten.

Der Pharao war stolz auf Thebens Reichtum, doch zugleich bereitete der ihm auch Sorgen. Wie sein Baumeister und Berater mußte er darüber wachen, daß dieser Reichtum die Menschenseelen nicht verdarb und daß die Regel der *Maat* eingehalten wurde.

Die Kreter trafen ein, und der Pharao mußte sich von seinem Berater verabschieden. Dieser suchte daraufhin die Baustellen am Westufer auf, um zu kontrollieren, wie die Arbeiten vorangingen. Amenhotep, Sohn des Hapu, war Vorsteher und Meister einer außergewöhnlichen Gruppe von Handwerkern, die in der Lage waren, den härtesten Stein zu bearbeiten, die schwierigsten Hebeprobleme zu lösen, in den Dekorationen der Tempel- und Grabwände einem Geist Ausdruck zu verleihen, der sich fortwährend erneuerte. Mit Freude sahen seine Handwerker die hochgewachsene Gestalt des Baumeisters näher kommen, dessen Rat und Wissen hoch geschätzt waren. Amenhotep, Sohn des Hapu, begrüßte die Aufseher, prüfte die Pläne und Vorzeichnungen an den Wänden, berichtigte kleine Fehler und beobachtete die Bildhauer.

Cheper, die Morgensonne, wurde zu Re, der Mittagssonne. Amenhotep, Sohn des Hapu, verließ nun das Westufer und setzte erneut über den Nil, um in Karnak mit dem Wesir zu Mittag zu speisen. An der Anlegestelle wurde er von den Dienern des Ersten Ministers von Ägypten empfangen. Er kam am Truppenübungsplatz vorbei, auf dem junge Rekruten aus verschiedenen Provinzen ausgebildet wurden. Die jungen Männer ließen zunächst ihre Namen von Schreibern registrieren. Dann erhielten sie Waffen für ihre ersten Übungen. Manche lernten in den Werkstätten einen handwerklichen Beruf. Der alte Weise erinnerte sich, daß er zu Beginn seiner Laufbahn, als er Rekrutenschreiber war, besonders vielversprechende junge Männer bemerkt hatte, von denen einige heute tatsächlich hohe, verantwortungsvolle Posten bekleideten.

Die Sänfte bog in die Straßen Thebens ein. In dieser kosmopolitischen Stadt mit ihrem Völkergemisch waren viele Sprachen zu hören. Zahlreiche Ausländer, Händler oder ehemalige Kriegsgefangene, hatten sich längst in die ägyptische Gesellschaft integriert. Die Kulturen durchdrangen sich, ohne miteinander in Konflikt zu geraten. Die Märkte boten Lebensmittel in Hülle und Fülle. Ständig wurden Waren angeliefert, die soeben am Hafen ausgeladen worden waren, wo Arbeiter und Seeleute bei der Arbeit traditionelle Lieder anstimmten. Den ganzen Tag hindurch legten Schiffe an. Manche waren mit Steinblöcken beladen, vor allem mit Granit aus Assuan, die auf Schlitten vertäut und nach Karnak geschleppt wurden.

Die Sänfte drängte sich durch die oft sehr engen und gewundenen Gäßchen zwischen weißen Fassaden, hinter denen Gärten lagen. Amenhotep, Sohn des Hapu, kam an kleinen Verkaufsständen vorbei, die durch Dächer aus Palmzweigen vor der Sonne geschützt waren. Mit seinem Fliegenwedel vertrieb er die lästigen Insekten. Der Staub trocknete ihm die Kehle aus. Intensive Gerüche drangen aus den Gäßchen, vermischt mit dem Duft von Parfümölen, von denen gerne und großzügig Gebrauch gemacht wurde.

Amenhotep, Sohn des Hapu, durchquerte jetzt ein bescheideneres Viertel, in dem die Häuser aus ungebrannten Lehmziegeln bestanden. Das Material war vergänglich, doch diese Bauweise war allgemein üblich; aus dem gleichen Material waren auch die Paläste der Pharaonen erbaut. Ausschließlich die Tempel wurden aus unvergänglichem Stein errichtet, denn die Häuser der Menschen waren nicht für die Ewigkeit gemacht. Dennoch zeugten selbst weniger reiche Behausungen von einer gewissen Lebenskunst, und nirgends fehlte die nach Norden gewandte Terrasse, die ein wenig Kühle einfing. Zwischen den Häusern standen Kornsilos und Viehställe.

Die Villa des Wesirs lag im vornehmsten Stadtviertel von Theben inmitten einer herrlichen Parkanlage mit Palmen und Sykomoren, die sich über die Lehmmauer emporreckten, mit der das Grundstück zur Straße hin abgeschirmt wurde. Rund um das Haus hatte man seerosenbedeckte Wasserbecken angelegt, die wohltuende Kühlung verbreiteten. Die Sänftenträger betraten das Domizil des Wesirs und folgten einer schattigen Akazienallee. Vor der säulengeschmückten Empfangshalle stieg Amenhotep, Sohn des Hapu, aus seiner Sänfte. Der Wesir erwartete ihn auf der Schwelle, umarmte ihn herzlich und führte ihn in den Hauptraum, in dessen Mitte ein Wasserbekken stand. Um diesen Raum herum waren Arbeitszimmer, Schlafzimmer, Bad und Küche angeordnet. Den beiden mächtigen Männern wurde ein schlichtes Mahl aufgetragen. Der Wesir, der mit den Vorbereitungen zu einem großen religiösen Fest beschäftigt war, hatte einige Fragen an den Baumeister, der die Riten besser kannte als jeder andere. Sie unterhielten sich über das Erntefest, das Monatsfest, das Halbmonatsfest, die Feste zu den verschiedenen Mondphasen, das Fest des Min und das Opet-Fest – Gelegenheiten, das Heilige greifbar zu machen, es dem Volk unmittelbar und auf fröhliche Art nahezubringen. Der Wesir hatte die Papyri mit den rituellen Texten vor sich entrollt. Amenhotep, Sohn des Hapu, erläuterte sie. Diese Arbeit beschäftigte die beiden Männer bis zum späten Nachmittag. Dann mußten sie sich auf den prunkvollen Empfang vorbereiten, den der Wesir am gleichen Abend geben würde und zu dem die höchsten Würdenträger des Staates geladen waren.

Bei Sonnenuntergang trafen die ersten Gäste ein. Die Damen waren mit Gewändern aus feinem, durchscheinendem Leinen bekleidet, die ihre vollendeten Körperformen erkennen ließen. Sie hatten ihr Haar zu komplizierten Frisuren verschlungen, die ihre zarten Gesichter betonten, und ihren schönsten Schmuck angelegt. Die Herren standen ihnen an Eleganz nicht nach. Alle ließen sich auf Kissen nieder. Ein Orchester begann zu spielen. Junge Dienerinnen, einige nackt, trugen raffinierte Speisen auf. Jeder Gast trug einen Parfümkegel aus duftendem Fett auf dem Kopf, der im Laufe des Abends schmolz und dezenten Duft verbreitete. Ein Harfenist stimmte eine schwermütige Weise an. Darin empfahl er, den gegenwärtigen Augenblick zu leben, das Glück bewußt zu genießen. Menschenwerk vergeht, so sang er, doch die Worte der Weisen blieben bestehen. Das Beste sei es, seinem Herzen zu folgen, also dem spirituellen Drang. Niemand könne materielle Güter ins Jenseits mitnehmen. So war auch mitten im fröhlichsten Fest der Gedanke an die Ewigkeit und an das geistige Leben gegenwärtig.

Amenhotep, Sohn des Hapu, hatte den Festsaal verlassen. Er war in den ersten Stock der Villa hinaufgestiegen, der einen wunderbaren Ausblick über die Wüste bot. Die Nacht war warm und voller Wohlgerüche. In der Ferne bellte ein Schakal. Aus den benachbarten Straßen klang monotoner Singsang empor. Die Sonne erneuerte sich unterhalb der Erde. Das herrliche Theben schlief friedlich ein, um morgen einen neuen ruhmreichen Tag zu beginnen.

25. KAPITEL
ECHNATON GRÜNDET DIE STADT DES LICHTS

Man schrieb das Jahr 1358 v. Chr. Pharao Echnaton, «Glanz des Aton (der Verkörperung des göttlichen Lichts)», fuhr in seinem Streitwagen am rechten Nilufer durch die Wüste, auf der Höhe der heiligen Stadt Hermopolis, die etwa auf halber Strecke zwischen Memphis, der Hauptstadt Unterägyptens, und Theben, der Hauptstadt Oberägyptens, lag.*

Echnaton regierte Ägypten seit sechs Jahren. Aus den Händen seines Vaters Amenophis III. hatte er das mächtigste und kulturell höchstentwickelte Land der Erde als Erbe erhalten. Theben war mit Schätzen überhäuft, die Priesterschaft des Amun verwaltete ein zugleich spirituelles und materielles Reich, bei Hofe hatte der Luxus Einzug gehalten, großartige Feste wurden gefeiert, das Leben war voller Freude und Überfluß.

Der Prinz war in einem prunkvollen Palast aufgewachsen, hatte eine vollkommene Erziehung genossen, an der auch der alte Baumeister Amenhotep, Sohn des Hapu, beteiligt gewesen war. Nun sollte der junge Mann unter dem Namen Amenophis IV. herrschen. Sein Vater ernannte ihn traditionsgemäß schon früh zum Mitregenten, um ihn in das Amt des Königs einzuführen. Der künftige Echnaton beugte sich seinen Pflich-

---

* Vgl. zu diesem Pharao den Band *Nofretete und Echnaton. Ein Herrscherpaar im Glanz der Sonne* (rororo Nr. 607581).

ten, doch in sich trug er einen spirituellen Drang, der sich durch eine tiefe Liebe zum göttlichen Licht und zu dessen augenfälligster Manifestation, der Sonnenscheibe (Aton), äußerte. Seine Mutter, Königin Teje, die großen Einfluß auf die Staatsgeschäfte ausübte, gab sogar einem prunkvollen Vergnügungsschiff, das eigens für sie gebaut worden war, den ungewöhnlichen Namen «Herrlichkeit des Aton». König Amenophis III. ließ also bereits zu, daß sich in seinem Umfeld neue religiöse Konzepte entwickelten, in denen oft von Aton die Rede war, von der Verschmelzung des menschlichen Geistes mit dem Licht. Diese Spekulationen, die die thebanischen Priester als bedingungslose Diener des Gottes Amun gewiß schockiert hätten, blieben jedoch als streng gehütetes Geheimnis in engstem Kreis bewahrt.

Wer den Namen Amenophis trug, unterstellte sich dem Gott Amun, denn Amenophis bedeutet «Amun ist zufrieden». Der junge Herrscher aber mißbilligte die Haltung der thebanischen Priester. Er hielt sie für zu materialistisch, zu sehr allem Irdischen verhaftet. Über ihrem Reichtum, so meinte er, hätten sie ihre Pflichten vergessen. Amenophis IV. wollte nicht ihr Sklave sein. Er hatte sehr anspruchsvolle Vorstellungen von der Rolle des Pharaos und war nicht gewillt, seine Macht zu teilen, schon gar nicht mit Priestern, die eigentlich der Krone hätten dienen müssen, statt einen Staat im Staate zu bilden. Was sein Vater Amenophis III. nicht hatte tun wollen oder können, das wollte der junge König vollbringen, dazu war er fest entschlossen.

Während er unter der heißen Sonne durch die Wüste fuhr, erinnerte sich Echnaton an jenen dramatischen Tag in seinem fünften Regierungsjahr, an dem er seinen Namen geändert und damit Amenophis IV. vernichtet hatte, um Echnaton zu erschaffen. Für einen Ägypter war der Name mehr als nur ein Bestandteil der Person. Er war ein Aspekt des unsterblichen Wesens. Der Name eines Pharaos definierte seine innerste Natur, seine besondere Beziehung zu einem Gott; er enthielt eine Art symbolisches Programm, das der Monarch im Laufe seines irdischen Daseins umsetzen wollte. Indem er zu Echnaton wurde, unterbrach der junge Pharao die Ahnenreihe der Amenophis', die dem Gott Amun, dem Herrn von Theben, stets treu ergeben gewesen waren.

Seit Ägyptens Anfängen hatte kein Pharao je den Gott Aton in seinen heiligen Namen aufgenommen. Echnaton hatte also eine regelrechte religiöse Revolution begonnen. Um die Priester des Gottes Amun vor vollendete Tatsachen zu stellen, setzte er seine Autorität direkt im traditionsreichen Karnak durch, wo er ein Aton-Heiligtum errichten ließ; damit forderte er den bisher allmächtigen Amun in dessen ureigenster Domäne heraus. Überdies ließ sich der König in Gestalt geschlechtsloser Kolossalstatuen darstellen. War der Pharao als Verkörperung des göttlichen Lichts nicht androgyn, stand er nicht über der Spaltung in männlich und weiblich?*

Dem jungen König stand eine außergewöhnliche Gattin zur Seite, Königin Nofretete («Die Schöne ist gekommen»), die seine Vorstellungen teilte und ihn ermutigte, sie ohne Kompromisse zu verwirklichen. In den ersten fünf Jahren regierten Echnaton und Nofretete uneingeschränkt über Theben und ließen zahlreiche Profan- und Sakralbauten errichten.

Doch ein Gedanke wurde in Echnatons Geist immer drängender. Der Gott Aton war in Karnak nur ein Gast, denn der Große Tempel blieb das Haus des Amun. Die Priester lehnten sich nicht offen gegen Echnaton auf, aber sie verzichteten auch nicht auf ihre Vorrechte. Sie wollten das Gewitter vorüberzie-

---

* Über die ungewöhnlichen Darstellungen des Echnaton wurde viel spekuliert – angeblich zeugen sie vom Wahnsinn, der Anomalität oder dem Mystizismus des Königs. Dabei wird jedoch vergessen, daß es sich um Darstellungen mit symbolischem Inhalt handelt. Daneben existieren auch «normale» Bildnisse von Echnaton, etwa der Modellkopf aus einer Bildhauerwerkstatt in Amarna oder die wunderbare Kalksteinbüste im Louvre.

hen lassen, schmiedeten im verborgenen ihre Ränke, warteten darauf, daß die reformatorische Leidenschaft des jungen Königs abkühlte. Also mußte er noch weiter gehen, Aton aus Karnak herausholen, ihm eine heilige Stadt und einen Tempel schaffen, die ihm allein gehörten.

Auf Grund dieser Entscheidung, die Echnaton in seinem 6. Regierungsjahr getroffen hatte, war er nun von Theben nach Norden in den *Nomos* von Hermopolis gereist, wo er eine neue Hauptstadt gründen wollte. Sie sollte Achetaton heißen, «die Aton gefällige Stadt», die Stadt des Lichts.*

An einer unberührten, noch nie bewohnten Stätte eine neue Hauptstadt zu gründen – ein ehrgeiziges Unterfangen. Doch Echnaton hatte seinen Wesir Ramose für den Atonglauben gewonnen, und so konnte er sich auf den ihm unterstehenden Beamtenstab verlassen. Die Amunpriester waren empört, aber es blieb ihnen nichts anderes übrig, als sich zu beugen.

Echnaton hob den Blick. Sein Schutzgott, die Sonne, stand schon hoch am Himmel. Ihre Strahlen erschufen das Leben. Allein die Sonne sollte künftig noch angebetet werden. Sie verlangte eine Stadt, die ihrer Herrlichkeit würdig war. Ihrem Anhänger Echnaton gebührte die Rolle des Landmessers, der das heilige Territorium der künftigen Hauptstadt absteckte. Deren Fläche sollte nun ein für allemal festgelegt werden. Die Stadt Achetaton sollte sich niemals ausdehnen. Ihre unveränderlichen Grenzen kennzeichneten Stelen, die der König eigenhändig errichtete. An jeder dieser Stelen schwor er, den Bezirk des Gottes Aton niemals zu vergrößern.

Auf seinem Streitwagen umrundete er diesen Bezirk des göttlichen Lichts: eine weite, halbkreisförmige Ebene, geschützt von steilen Felswänden. Alles wirkte ausgedörrt, wüstenhaft. Keine menschliche Behausung hatte die Stille der Wüste jemals gestört. Jenseits des Nils, am linken Ufer, war

---

* Das spätere Tell el-Amarna.

das Tal breit und fruchtbar. Dort konnten Ackerbau und Vieh-
zucht betrieben werden, um die Bewohner von Achetaton zu
ernähren.

Der König war nicht allein. Königin Nofretete und seine
Töchter begleiteten ihn. Die Königsfamilie war zusammenge-
kommen, um der Sonne zu huldigen. Auch die hohen Würdenträger waren ihnen gefolgt, um es dem Pharao gleichzutun.
Echnatons Erregung hatte ihren Höhepunkt erreicht. Dieses
Wagnis hatte er sich schon immer erträumt. Jene, die er liebte,
waren an seiner Seite. Sein Glück war vollkommen, allumfas-
send, strahlend.

Theben war fern. Echnaton hatte es für immer verlassen. Die
einzige Hauptstadt Ägyptens war nun die Stadt des Gottes
Aton. Der Pharao hatte es eilig, sehr eilig. Er verlangte, daß die
Stadt in kürzester Zeit erbaut werde. Die besten Handwerker
und Hunderte von ägyptischen und fremdländischen Hand-
langern verließen die Baustellen Thebens, um in Achetaton zu
arbeiten. Zwischen der alten und der neuen Hauptstadt fand
ein gigantischer Umzug statt. Die Steinbrüche von Hatnub, in
denen schon im Alten Reich Abbau betrieben worden war,
lieferten Alabaster guter Qualität, der als Baumaterial für die
offiziellen Gebäude diente. In der Wüste wurden Wachposten
eingerichtet, die die Stadt schützten und in den Handwerker-
vierteln Recht und Ordnung aufrechterhalten sollten.

Schon gegen Ende des sechsten Regierungsjahres waren die
Arbeiten so weit fortgeschritten, daß die Königsfamilie ihren
Palast beziehen konnte, in dem lediglich der Wandschmuck
noch nicht fertiggestellt war. Vier Jahre nach Eröffnung der
Baustelle war die Hauptstadt vollständig in Betrieb genommen. Die Bewohner schätzten diese Stadt des Lichts mit ihren
breiten Hauptstraßen und ihren zahlreichen Grünflächen.

Echnaton hatte sich eine Stadt gewünscht, in die die Sonnenstrahlen ungehindert einfallen konnten. «Gott verbindet
alle Dinge mit den Bändern seiner Liebe», verkündete der

Pharao seinen Vertrauten; «das Universum ist die Verwirklichung des göttlichen Willens. Aton ist das Leben.» Aton wohnte im Herzen des Königs, der den Gott als einziger wirklich verstehen konnte. Darum war Echnaton vor allem ein spiritueller Meister, der seine Lehre den wichtigsten Staatspersonen bei Besprechungen im Palast übermittelte. Tutu, ein hoher Beamter für fremdländische Angelegenheiten, berichtete, daß der Pharao ihn einen ganzen Tag lang unterwiesen hatte. Mai, einer der Heerführer, hatte seinen Posten nur erhalten, weil er den spirituellen Direktiven des Königs Folge geleistet hatte.

Verwaltungsangelegenheiten und weltliche Macht interessierten Echnaton nicht. Diese Aufgaben überließ er seinen Getreuen, doch er erwartete von ihnen, daß sie ehrliche Anhänger der Aton-Religion seien. Daher ernannte er zahlreiche hohe Beamte neu, die mitunter den niedrigsten Gesellschaftsschichten entstammten. Echnaton übernahm einen der Titel des Hohenpriesters von Heliopolis, der heiligen Stadt schlechthin, in der uralte Sonnenkulte zu Hause waren: Er nannte sich «Der Große der Sehenden», dem nichts entging, der der Gottheit ins Auge schauen konnte.

Allmorgendlich begab sich Echnaton mit seiner Familie und seinen Vertrauten in den Tempel, um der Sonne zu huldigen. Mit seinem Zepter, in dem sich die heilige Macht verkörperte, weihte er die Opfergaben, reckte Aton eine Kartusche entgegen, die den Namen des Gottes enthielt, erhob *Maat*, die himmlische Harmonie, die vom Licht untrennbar war. Dies war der Augenblick, in dem der Tag anbrach, in dem Aton die Finsternis vertrieb. Die Menschen erwachten, wuschen sich, kleideten sich an, vollzogen die Rituale der Anbetung. Die gesamte Erde begann ihr Tagewerk. Alle Tiere freuten sich. Die Vögel tanzten am Himmel, die Fische vollführten Freudensprünge im Nil, denn die Strahlen der göttlichen Sonne drangen bis auf den Grund des Flusses. Die Gläubigen murmelten ein Gebet für Echnaton: «Gib, Aton, daß der Pharao mit dir sei in Ewigkeit, schenke ihm unzählige Jubiläen und friedliche Jahre; schenke ihm, was sein Herz wünscht, so viele Tage wie die Sandkörner des Ufers, wie die Schuppen der Fische im Fluß, wie die Haare im Fell des Viehs; schenke ihm, daß er in Achetaton bleibt, bis der Schwan schwarz wird und der Rabe weiß, bis die Berge sich in Bewegung setzen und das Wasser den Fluß hinaufflließt.»

In seiner Hauptstadt lebte Echnaton einzig und allein für seinen Gott. Er widmete ihm all seine Gedanken, wachte über den Bau von Tempeln, Palästen, Häusern. Die Sonnenstadt entstand unter seinen Blicken. Ihr schönstes Kleinod war selbstverständlich der große Atontempel in seiner Einfriedung, 800 Meter lang und 300 Meter breit. Eine von Sphingen und Bäumen gesäumte Prachtstraße führte zum majestätischen Eingangspylon, der weniger hoch war als üblich. Der Tempel war in Ost-West-Ausrichtung angelegt. Er wurde in kürzester Zeit gebaut. Für die Mauerfundamente wurden nur flache Gräben ausgehoben, die man mit weißem Gips auffüllte. Die Grundrißlinien wurden mit Hilfe einer eingerußten und entlang des späteren Verlaufs der Mauern gespannten Schnur schwarz markiert. Die Baumeister verwendeten unzählige kleine Kalksteinblöcke, die mit Mörtel verbunden wurden.

Jedes Mal, wenn Echnaton das große Tor zwischen den beiden Türmen des Eingangspylonen durchschritt, vor dem zehn hohe, mit Flaggen geschmückte Masten aufgestellt waren, erfüllte sich sein Herz mit Freude. So hatte er sich den Sonnentempel vorgestellt: eine Folge von Höfen ohne Dach, damit das Licht das gesamte Bauwerk durchfluten konnte. Die Höfe waren durch Tore miteinander verbunden, deren Türstürze durchbrochen waren, damit kein Schatten auf die Mittelachse des Tempels fallen konnte. Rechts und links der Mittelachse waren Dutzende von Altären für die Opfergaben angeordnet. Der heiligste Bezirk des Tempels aber war der letzte Hof, in dem der König selbst Aton verehrte, in dem der Pharao dem Gott begegnete, dessen Licht er im Herzen trug. Das klassische Ritual, bei dem man im Halbdunkel des Allerheiligsten den Statuenschrein aufgeschlossen hatte, um die göttliche Anwesenheit zu enthüllen, existierte nicht mehr. Hier gab es keine Dunkelheit. Alles spielte sich unter freiem Himmel ab, und es gab nur eine einzige Kulthandlung: das Opfer, das von Echnaton und mehreren Priestern gleichzeitig vollzogen wurde. Dutzende von Händen reckten sich gemeinsam dem göttlichen Licht entgegen. Durch ihre Gaben von Speisen, Blumen und Duftessenzen gaben sie Gott die Schönheit der Schöpfung zurück, mit der er die Menschen beglückte.

Jene, die Echnaton einen «Revolutionär» nennen, haben ihn nicht verstanden. Der große Atom-Tempel ist keinesfalls eine aus der Luft gegriffene Erfindung. Tatsächlich nimmt er, wenn auch in anderer Ausgestaltung, den ursprünglichen Grundriß des Tempels zu Karnak wieder auf; ursprünglich bedeutet hier: aus der Zeit vor den beträchtlichen Veränderungen durch Hatschepsut und Thutmosis III. Hinter dem Atontempel, dem göttlichen Sonnenbauwerk, schließt sich ein Königstempel an. Man muß den ersten verlassen, um den zweiten zu betreten. So war es ursprünglich auch in Karnak. Außerdem orientierte sich Echnaton an den Sonnentempeln des Alten Reiches, in denen die Anbetung ebenfalls unter freiem Himmel stattgefunden hatte. Er bewahrte und erneuerte eine uralte Tradition und stellte sie in den Dienst Atons, der, wie jede neue Ausdrucksform des Göttlichen, nach einer ihm angemessenen Gestaltung verlangte.

Der König erfüllte seine Rolle als spiritueller Meister und Priester mit aller Hingabe. Das bedeutete jedoch nicht, daß er zurückgezogen in seinem Palast lebte. Im Gegenteil, er legte großen Wert auf ständigen Kontakt zur Bevölkerung der Sonnenstadt. Jeden Morgen fuhr er nach Abschluß der Kultzeremonien mit Nofretete auf seinem Streitwagen durch die Straßen der Stadt. Häufig umarmte sich das Paar zärtlich vor aller Augen, als wäre es allein auf der Welt. Die Sonnenstrahlen lagen auf dem Herrscherpaar, und Frauen, Männer und Kinder warfen sich nieder, wenn es vorbeifuhr.

Bei vielen Gelegenheiten betonten Echnaton und Nofretete die Wichtigkeit des Familienlebens und der Liebe zwischen den Ehegatten. Das Glück, das daraus hervorging, war göttlichen Ursprungs. Der Pharao gestattete es den Malern, die Königsfamilie in ihrer Privatsphäre darzustellen, etwa beim gemeinsamen Essen. Echnaton liebkost auf diesen Bildern eine seiner Töchter, Nofretete hat eine andere Tochter auf dem Schoß. Eine dritte spielt mit Goldketten. Eltern und Kinder sind nackt und bieten ihren Körper den milden Sonnenstrahlen dar.

Bei offiziellen Zeremonien gab sich der Pharao selbstverständlich sachlicher, etwa beim Empfang von Abgesandten aus den Fremdländern. Asiaten, Nubier, Libyer, Bewohner der Ägäischen Inseln warfen sich vor dem Pharao nieder und brachten ihre Tribute. Echnatons «Außenminister» legte ihm beunruhigende Berichte über den raschen Zerfall des ägyptischen Imperiums vor: Einige Vasallen heckten eine geheime Verschwörung aus, andere revoltierten offen. Bündnispartner fielen von Ägypten ab und schlossen sich den Hethitern an. Ein rasches Eingreifen der ägyptischen Armee wäre notwendig gewesen, um die Ordnung wiederherzustellen und diese Unruhen zu beenden. Doch Echnaton war kein Freund der Gewalt. Ägypten war zu mächtig, um ernsthaft bedroht zu sein. Ihm war es wichtiger, dem Atonkult ein stabiles Fundament zu verschaffen und die Sonnenstadt zu verschönern.

Im Zentrum, das etwa einen Quadratkilometer Fläche einnahm, standen inzwischen prunkvolle Bauten: der Große Tempel, ein Palast, die Regierungsgebäude, der Tributsaal, die von Gärten umgebenen Villen der Vornehmen. Der inmitten eines Parks gelegene Königspalast war ein Gebäude von aufgelockerter Konstruktion, in die das Sonnenlicht ungehindert eindringen konnte. Die Architektur schien die Natur ebenso zu verherrlichen, wie es die Ausschmückungen taten. Säulenhallen, Innenhöfe, Privatgemächer waren mit Malereien in zart abgestuften Farbtönen geschmückt, die Vögel und Fische in üppigem Pflanzenwuchs darstellten. Echnaton hatte sogar einen zoologischen Garten einrichten lassen, unter anderem mit einer Voliere, in der seltene Vogelarten gezüchtet wurden. In einem nahe gelegenen Teich, der den Blick erfreuen sollte, wuchsen Seerosen und Papyrusstauden. Bei einem zweiten Palast im Süden der Stadt richtete Echnaton einen Vergnügungssee ein, auf dem er mit der ganzen Familie Bootsausflüge unternahm. Ein kleiner Pavillon am Ufer bot schattige Kühle und Erfrischung bei einem Glas Wein aus den königlichen Kellern.

Die Privatgemächer des Königs lagen außerhalb des Hauptpalastes, doch die beiden Gebäude waren durch einen brückenartigen Korridor, der über die Straße führte, miteinander verbunden. In der Mitte dieses Brückenbogens öffnete sich ein Erscheinungsfenster, in dem Echnaton und Nofretete sich dem Volk zeigten. Hier fanden auch die Auszeichnungen der Getreuen statt, denen vor allem goldene Halsketten verliehen wurden. Am meisten liebte Echnaton die Hängenden Gärten, von denen aus er die gesamte Stadt überblicken konnte. Alles an diesem Ort war ungetrübte Schönheit, Licht und Glück. Echnaton strebte keine andere Eroberung an als die des Göttlichen.

Der Pharao liebte es, die königlichen Werkstätten aufzusuchen, in denen vorzügliche Bildhauer wie Bek und Thutmose arbeiteten. Sie genossen hohes Ansehen und wohnten in einem schönen Viertel in der Nähe des Palastes. Eine ihrer Hauptaufgaben bestand darin, Portraits von Echnaton, Nofretete und deren Kindern anzufertigen. Einmal soll ein Lehrling beim Anblick eines vom Meister fertiggestellten Gesichts entzückt ausgerufen haben: «Oh, es ist lebendig!»

Oft suchte der König die hohen Würdenträger des Reiches auf, die Theben verlassen hatten, um in der Sonnenstadt zu leben. Diese Veränderung brachte durchaus Vorteile mit sich, denn in Achetaton bewohnten sie großzügige Häuser, deren Grundstücke mit ihren baumbestandenen Gärten durchschnittlich 3000 Quadratmeter groß waren. Diese Villen waren von Lehmziegelmauern umfriedet und wurden von einem Hausmeister bewacht. Im Garten sorgte ein Teich für angenehme Kühle. Die Wohnräume im Haus waren um einen großen, zentral gelegenen Saal herum angeordnet. Das flache Dach, dessen Ränder mit Blumen in Pflanzkübeln geschmückt waren, diente gelegentlich als Schlafzimmer unter freiem Himmel.

Auch das einfache Volk wurde vom König nicht vernachlässigt. Die Häuser der Handwerker und Arbeiter waren klein, aber bequem. Das Erdgeschoß bestand meist aus vier Räumen mit einer Eingangshalle, einem Empfangsraum mit Säulen, einem Schlafzimmer und einer Küche mit Ofen und Backtrog. Eine Treppe führte in den ersten Stock oder auf eine Terrasse, auf der in der warmen Jahreszeit auch gerne gekocht, gegessen und geschlafen wurde.

In der nördlichen Vorstadt lag das Handelsviertel. Hier richtete man Warenlager, Werkstätten, Kornsilos und Amtsstuben ein. Ein Kanal verband dieses Viertel mit dem Nilhafen und erleichterte den Warentransport.

In der Sonnenstadt hatte niemand Mangel zu leiden. Jedermann lebte glücklich und zufrieden, huldigte der göttlichen Sonne und verehrte ihre lebenspendenden Strahlen, die allmorgendlich die Herzen mit Freude erfüllten.

Zwar kursierten Gerüchte von wachsenden Spannungen im fernen Asien und von drohendem Krieg. Doch Echnaton verließ sich darauf, daß sein bewährter General Haremhab diese Probleme vor Ort lösen würde. Zwar murrte die thebanische Priesterschaft immer lauter gegen die Aton-Religion, die nicht die Gunst des Volkes fand, gegen die Neureichen, die sich durch geheuchelten Glauben das Vertrauen des Königs erschlichen. Zwar wollte Echnaton den Tod aus den Gräbern vertreiben, deshalb ersetzte er Osiris durch den König als spirituellen Meister und durch die Darstellung des Aton, der Sonnenscheibe, deren Strahlen in Händen endeten, die Leben verteilten. Damit erregte er allerdings das Mißfallen all jener, die ihren Glauben und ihr Vertrauen ins Jenseits setzten, zu dem Osiris die Schlüssel verwahrte. Zwar ballten sich Gewitterwolken über Echnatons Haupt, die einen Sturm zu entfesseln drohten, der das vollbrachte Werk von Grund auf zerstören und die Sonnenstadt in Schutt und Asche legen konnte. Doch zur Stunde pulsierte in dieser Stadt das Leben, und man besang den Ruhm des Gottes Aton.

Heute ist die Sonnenstadt Achetaton nahezu vollständig verschwunden. Der Grundriß ist am Boden noch zu erkennen, doch keines ihrer prunkvollen Bauwerke ist erhalten. Echnaton ist noch immer eines der größten Rätsel der ägyptischen Geschichte. Nach seinem Tod wurde die Hauptstadt sofort aufgegeben, und die gesamte Bevölkerung wanderte in kürzester Zeit wieder nach Theben ab. Echnatons Traum löste sich mit der untergehenden Sonne auf. Doch er hinterließ wunderbare Hymnen, die noch heute zum spirituellen Reichtum der Menschheit gehören und dazu aufrufen, eine der faszinierendsten Phasen der ägyptischen Zivilisation genauer zu erforschen.

Kapitel 26.

Die Verklärung Tutanchamuns

1338 v. Chr. erreichte ein Trauerzug das Tal der Könige, dessen Zugang von Soldaten bewacht wurde, die nur akkreditierte Staatspersonen passieren ließen. An der Spitze schritt ein einflußreicher Mann, Aja, der den Titel «Gottesvater» trug. Aja war ein hoher Beamter, der im Dienst alt geworden war. Schon unter dem «Ketzer» Echnaton war er im Amt gewesen; dessen neue Hauptstadt Achetaton war inzwischen aufgegeben, Hofstaat und Bevölkerung waren nach Theben zurückgekehrt, wo der orthodoxe Glaube an Amun wieder ungeteilt herrschte. Trotz dieses Umschwungs hatte Aja seinen Rang und seine Vorrechte behalten.

Aja war mit einem Pantherfell bekleidet, Symbol des heiligen Amtes, das er nun erfüllen wollte. König Tutanchamun war tot. Er, der künftige Pharao Aja, würde die Beisetzung des Siebzehnjährigen zelebrieren, der verfrüht gestorben war, so früh, daß sein «Haus der Ewigkeit», sein Grab, auf die Schnelle in den Stein gehauen werden mußte: wenige kleine Räume, in denen jedoch die gesamte Grabausstattung Platz finden mußte.

Nach Abschluß der Einbalsamierung, die mehrere Wochen gedauert hatte, war der Leichnam des verstorbenen Pharaos in einen wunderbaren Goldsarkophag gebettet worden. Am Morgen des Beisetzungstages hatte man ihn auf ein Boot gebracht, zum Westufer übergesetzt und auf einen Schlitten ge-

213

laden. Dieser wurde von den Vertrauten des Königs gezogen, von den Großen des Hofes, den «Freunden» und Beratern des Pharaos, vom Wesir des Nordens und dem Wesir des Südens, beide mit kahlrasiertem Schädel.

Als Aja das kleine Grab betrat, das eines Königs keinesfalls würdig war, dachte er an die unruhigen Jahre zurück, die Ägypten hinter sich hatte. Echnatons Regierungszeit war in großem Durcheinander, aber ohne Bürgerkrieg zu Ende gegangen. Tutanchamun, ein Kind noch, hatte mit viel Mut die schwierige Übergangsphase durchgestanden, in der der Gott Amun, der vorübergehend vom Aton-Glauben verdrängt worden war, seine ganze Macht wiedergewonnen hatte.

Mit einem aus Meteoreisen gefertigten Ritualwerkzeug öffnete Aja an Tutanchamuns Statue Mund und Augen. Dadurch verwandelte sie sich von einem unbelebten Gegenstand zum Träger der Seele. Sie wurde so zur magischen Wohnstatt des unsterblichen Wesens. Der verstorbene Pharao verwandelte sich in Osiris, er ging ein in die Ewigkeit. Die Himmelsgöttin Nut verlieh ihm Energie, damit seine Seele die Prüfung des Todes bestehe. Der verklärte Tutanchamun würde von Hathor, der Herrin des Westens, empfangen werden, die neues Leben in des Pharaos Mund legen würde.

Nachdem das Ritual beendet war, wies Aja den Baumeister an, das Grab für alle Ewigkeit zu verschließen und den Eingang mit aller Sorgfalt unkenntlich zu machen, wie es im Tal der Könige üblich war. Natürlich konnte er nicht ahnen, daß dieses bescheidene Grab tatsächlich unversehrt bleiben würde. Seine Entdeckung im Jahre 1922 unserer Zeit, also genau 100 Jahre nach der Entzifferung der Hieroglyphen durch Champollion, kann heute noch als das bedeutendste Ereignis in der Geschichte der Archäologie gelten.

Howard Carter und seine Helfer benötigten nicht weniger als sechs Jahre, um sämtliche aufgehäuften Schätze aus Tutanchamuns Grab zu bergen. Auch wenn es zunächst den Eindruck erweckte, wurden diese Gegenstände, die dem Pharao in seinem verklärten Leben dienen sollten, dereinst keinesfalls willkürlich aufeinandergetürmt. Jede Grabbeigabe hatte eine symbolische und magische Funktion, die für das Weiterleben des königlichen Wesens unerläßlich war. Doch Aja erinnerte sich beim Anblick dieser Gegenstände auch an das allzu kurze Leben eines Pharaos, den die Götter schon als jungen Mann dem Erdenleben entrissen hatten.

Unter Tutanchamuns Grabbeigaben befanden sich auch rührende Erinnerungen an seine Kindheit. Zwei Miniatursärge enthielten eine Haarlocke der Königin Teje und eine Kette, deren Anhänger den sitzenden Amenophis III. darstellte.* Als Kind wurde der künftige Pharao im Königspalast von Amarna erzogen, wo sich Königin Nofretete um ihn kümmerte. Damals trug er den Namen «Lebendes Symbol des Aton»**, denn wie Echnaton war er ein treuer Anhänger des Aton-Glaubens. Welch eine gesegnete, sorglose Zeit: Der Prinz spielte in den Gärten, ruhte in Pavillons inmitten von Akazien- und Sykomorenwäldchen, lauschte dem Zwitschern der Vögel, scheuchte vergnügt die Fische in den Wasserbassins durcheinander, genoß Bootsausflüge. An diese unbeschwerte Zeit erinnert noch heute ein Kindersessel aus Ebenholz mit Elfenbeinintarsien, dessen vergoldete Reliefs an den Seitenlehnen deutlich Einflüsse kretischer Kunst verraten: Sie zeigen etwa eine Antilope zwischen Blumen. Daneben gibt es ein Stühlchen und einen Schemel, die mit Lotosblüten und Papyrusbüscheln verziert sind, eine Truhe mit Spielzeug, eine in einem Kästchen verwahrte Haarlocke.

Schon mit neun Jahren mußte sich der Knabe dem Hofzeremoniell und dem Rat der Mächtigen beugen, die seine Ver-

---

* Was als Indiz dafür gelten kann, daß sie Tutanchamuns Eltern waren; damit wäre er Echnatons Bruder gewesen. Diese Hypothese ist allerdings nach wie vor umstritten.
** Eine der möglichen Bedeutungen des Namens «Tutanchaton».

mählung mit einer hübschen kleinen Prinzessin in seinem Alter beschlossen hatten. Echnaton war gestorben. Nach der kurzen Regentschaft eines Vertrauten des verstorbenen Königs wurde Tutanch*aton* zu dessen Nachfolger bestimmt.

Auf der Rückenlehne des vergoldeten Thrones mit Füßen in Gestalt von Löwenpranken ist das junge Herrscherpaar in trauter Zweisamkeit dargestellt. Beide sind in das sanfte Licht der Sonnenstrahlen getaucht. Die Königin steht neben einem kunstvoll gestalteten Blumenarrangement und berührt mit der rechten Hand zärtlich die linke Schulter ihres Gemahls. Auf einer verzierten Truhe sieht man, wie der König nach einem Blumengesteck greift, das ihm von der in ein luftiges und durchscheinendes Leinengewand gekleideten Königin gereicht wird. Auch auf der Innenseite der Türflügel eines mit Blattgold überzogenen Statuettenschreins wird die Königin bei einer Blumengabe an den König auf seinem Thron gezeigt. Doch hier handelt es sich um eine rein rituelle Handlung, wie es der Hieroglyphentext betont: «Möge das Leben geschenkt werden wie das göttliche Licht.» Zärtlich salbt die Königin ihren jungen Gatten und legt ihm eine Halskette um. Dann sieht man, wie sie vor ihm sitzt, eine Krone mit hohen Federn auf dem Haupt, während er ihr behutsam duftendes Öl in die offene Hand gießt.

Auch als Kind hatte der Pharao nicht viel Gelegenheit zur Muße. Trotz seines zarten Alters mußte er sich bereits auf das Königsamt vorbereiten. Vor allem galt es, die Hieroglyphen lesen und schreiben zu lernen, denn jeder Pharao war zunächst ein Gebildeter, ein Mann des Wissens. An diese Tatsache erinnern die Schreibutensilien im Grab: ein Behälter für die Schreibbinsen, ein Wassernapf, ein Gerät zum Glätten des Papyrus und zwei Schreiberpaletten. Auf der einen steht der Name «Tutanchaton», auf der anderen «Tutanchamun». Diese Gegenstände illustrieren jene grundlegende Umwälzung, in deren Verlauf der König seinen ausschließlichen Aton-Glauben aufgab, um ein treuer Anhänger des Amun zu werden. Damit kehrte er zum orthodoxen Glauben der XVIII. Dynastie zurück. Dieses Detail beweist, daß Echnatons religiöser Einschnitt endgültig abgeschlossen war. Das bestätigt auch die Inschrift auf dem Thron des Königs, die beide Namen nennt, Tutanchaton und Tutanchamun. Auf diesem prachtvollen Sessel aus vergoldetem Holz sind zwei geflügelte Schlangen dargestellt, die Verbindung von Lilie und Papyrus, die Kronen von Ober- und Unterägypten. Diese Schutzsymbole belegen, daß die Zwei Länder vereint waren, daß Ägypten ungeteilt war und der junge König ein Land regierte, in dem Friede und Harmonie herrschten.

Der Wechsel von Amarna, der Stadt Echnatons, nach Theben wurde schrittweise vollzogen. Eine Stele zeigt den König als Tutanchaton bei der Verehrung des Amun-Re und illustriert, daß der traditionelle Kult des Stadtgottes von Theben, Amun, auch in Amarna selbst eingeführt worden war, was Echnaton zu seinen Lebzeiten sicher niemals geduldet hätte. Dennoch war die Sonnenstadt von der Doktrin ihres Gründers allzusehr durchdrungen. Auf Dauer konnte ein legitimer König nicht in dieser «Ketzerstadt» residieren.

So wurde es Zeit, nach Karnak zurückzukehren, das auch «Heliopolis des Südens» genannt wurde. Damit qualifizierte es sich als theologische Hauptstadt Ägyptens und stellte einen Bezug zur uralten heiligen Stadt des Sonnengottes Re her, nicht zu Aton. Das Karnak des Gottes Amun würde Echnatons Visionen und sein spirituelles Vermächtnis jedoch nicht verdrängen. Es würde sie integrieren, sich einverleiben und über sie hinauswachsen. Hier erhielt der Knabe den Namen «Das göttliche Licht ist der Gebieter der Verwandlungen» und wurde in Anwesenheit der hohen Würdenträger der thebanischen Priesterschaft zum König gekrönt. Wie seine Vorgänger «stieg er zum Tempel hinauf», wo er in sein Amt eingeweiht wurde.

Echnatons Abweichung von der religiösen Tradition seiner Dynastie war somit rückgängig gemacht. Die Aton-Stadt Amarna war verlassen und fiel dem Vergessen anheim. Der neue Pharao Tutanchamun widmete all seine Anstrengungen der Verschönerung der Tempel des Gottes Amun. Er ließ zahlreiche Amun-Statuen mit seinen eigenen Gesichtszügen anfertigen und verschmolz so als unsterbliches Prinzip mit dem Gott. Unter anderem ließ er sich als Mittelfigur einer Triade darstellen, zwischen Amun und dessen Gemahlin Mut (der göttlichen Mutter); beide Gottheiten haben ihm darin die Hände um die Schultern gelegt. Tutanchamun erteilte seinem Baumeister den Auftrag, eine Allee mit 100 Sandsteinsphingen zu schaffen, die als heilige Straße den zehnten Pylon des Großen Amun-Tempels mit dem Tempel zu Karnak verbinden sollte.

Ein kleiner, zwölfjähriger König tauchte in die komplexe Welt der Pharaonen ein, deren Aufgabe es war, Himmel und Erde zu vereinen, damit die Menschheit in Frieden leben konnte. Sicher überforderten die Verantwortlichkeiten ihn völlig, sicher erdrückten ihn seine unzähligen Pflichten, sicher wurde er ständig von einem Ältestenrat unterstützt und kontrolliert, dessen Wortführer kein Geringerer war als Aja. Dennoch war Tutanchamun der amtierende Pharao und mußte bei vielen Gelegenheiten auch als solcher auftreten.

Er verkündete die Rückkehr zu *Maat*, der unantastbaren Norm der universellen Harmonie, erklärte, daß er den Tempeln die Güter und Vorrechte zurückgeben wolle, die Echnaton ihnen genommen hatte, um sie Aton zu schenken. Zu ihren Gunsten traf er Maßnahmen, wie sie kein Pharao vor ihm jemals getroffen hatte, er stellte die Hierarchie der Priester wieder her, indem er vor allem Söhne von hohen Würdenträgern ernannte, «Leute mit bekannten Namen». Durch königlichen Beschluß wurde der Hohepriester des Amun offiziell wieder zum Obersten aller ägyptischen Priester. Das Chaos, das Echnaton angerichtet hatte, wich der Ordnung. Die Makel, die der Ketzerkönig der offiziellen Religion zugefügt hatte, wurden ausgelöscht. Die Nichteingeweihten wurden aus den heiligen Stätten vertrieben, in die sie eingedrungen waren.

Die Autorität des kleinen Königs wurde nicht angefochten. Er bewährte sich auch in seiner Funktion als Oberster Heerführer, wie es die Waffen, die Streitwagen, die Schilde und das Kettenhemd in seinem Grab belegen. Er, der die Augen geöffnet hatte, um Re zu sehen, der die Ohren geöffnet hatte, um die Formeln der Verklärung zu hören, die sein Nachfolger Aja sprach, besaß an Herz und Armen genügend Kraft, um seine Feinde zu stürzen. Unter den heiligen Gegenständen, die in der Schlacht zum Einsatz kamen, waren zwei kleine Trompeten, die eine aus Silber und vergoldeter Bronze, die andere aus teils goldüberzogener Bronze. In den goldenen Schalltrichter der zweiten war das Zeichen für den Himmel eingraviert, denn diese Instrumente brachten eine magische Himmelsmusik hervor, die die Kräfte des Bösen bannte und den drei Hauptdivisionen der Armee, die den Göttern Re, Amun und Ptah unterstellt waren, die Energie zum Sieg verlieh. Diese Trompeten erklangen auch beim Einsetzungsritual des Pharaos, als die drei genannten Götter ihn mit spirituellem Leben erfüllten.

Neben dem Gesicht der Königsmumie lag ein Fächer aus Straußenfedern, der dem König im Jenseitsparadies in alle Ewigkeit Schatten und Kühle und den unverzichtbaren Lebenshauch spendete. Diesen Fächer aus weichen Straußenfedern hatte der junge König zu Lebzeiten benutzt, wenn er in der Wüste östlich von Heliopolis auf die Jagd ging. In seinem Streitwagen stehend, schoß er seine Pfeile ab, ohne jemals sein Ziel zu verfehlen, gleich Horus, der die Finsternis mit seinen Lichtstrahlen durchdrang. Der junge König wurde mit einem goldenen Berg verglichen, der die Zwei Länder erhellte, und bewies seine Körperkraft beim Umgang mit dem Schwert, dem Wurfholz und dem Knüppel. Wie jeder ägyptische Herrscher symbolisierte er das vollkommene Wesen schlechthin, vollendet an Geist und an Leib.

Wie es das Protokoll verlangte, mußte Tutanchamun auch offizielle Zeremonien leiten. Wie seine berühmten Vorgänger empfing er die Abgesandten der Fremdländer, die dem Pharao Tribut entrichteten und ihn ihrer Treue versicherten.* Der König saß auf seinem Thron, angetan mit den Insignien seines Amtes. Er trug die Blaue Krone und ein prachtvolles Leinengewand. Hui, der Vizekönig von Nubien, ein hochstehender Beamter in würdigem Alter, führte die Delegationen von dunkelhäutigen Fremdländern vor den König. Hui war von Tutanchamun in sein Amt eingesetzt worden und hatte als Symbol dieser Beförderung einen Goldring erhalten. Um seiner Dankbarkeit Ausdruck zu verleihen, hatte Hui eine prunkvolle Zeremonie ausgerichtet, bei der der junge König das ganze Ausmaß seines Ruhms genießen konnte. Die Nubier waren zwar seit Jahren ägyptisiert, hatten sich aber einige Besonderheiten bewahrt, die in den Augen eines Ägypters durchaus exotisch wirkten. Die Abgesandten trugen so etwa eine Straußenfeder im Haar, und sie liebten auffälligen Schmuck, schwere Halsketten, Armreife am Handgelenk und Ringe im Ohr. Vor dem Pharao setzten sie ein Knie auf die Erde und erflehten den Lebenshauch von ihm. Die Opfergaben an den Pharao waren großartig: Gold, Giraffen- und Pantherfelle, erlesene Gewürze und sogar massige Ochsen mit rituell beschnittenen Hörnern.

Die Zukunft erschien vielversprechend. Dem jungen Pharao stand offenbar eine brillante Regierungszeit bevor. Kein Schatten trübte seine ersten Jahre, in denen er im Eiltempo den Beruf eines Königs erlernte, kein einziger Schatten – bis auf den des Todes.

---

* Nach den Malereien im Grab des Hui.

Aja stand allein in Tutanchamuns Grabkapelle, kurz bevor der Eingang versiegelt wurde, und richtete ein letztes Gebet an die Götter, damit sie den kleinen König in ihre Reihen aufnähmen. Nichts war ungetan geblieben, damit die «große Reise» gelang. Auf dem Schädel der Mumie war aus Perlen eine Uräusschlange dargestellt und die Symboltiere der zweifachen Königswürde, der Geier des Südens und die Kobra des Nordens. Damit war gewährleistet, daß Tutanchamuns Regierung auch im Jenseits weiterging. In den Quarzitsarkophag waren drei ineinandergeschachtelte Särge eingepaßt worden, die beiden äußeren aus vergoldetem Holz, der dritte aus purem Gold, magisch beschützt durch die Schwingen der Göttinnen Isis und Nephthys. Damit waren die energetischen Transformationen der Mumie gesichert, die den sterblichen Leib des Königs in der Stille der Abgeschlossenheit des Grabes in einen Lichtkörper verwandeln würden. Beinahe 150 Schmuckstücke aus Gold waren auf der Mumie verteilt; sie lagen genau an den Stellen, an denen der Strom eines verklärten Lebens fließen sollte.

Das wahre Gesicht des Tutanchamun war nicht mehr jenes aus Fleisch und Blut, das trotz der Arbeit der Balsamierer unweigerlich verfallen würde, sondern die Goldmaske, die der Gott Ptah eigenhändig angefertigt hatte und in der das Sonnenlicht eingefangen wurde. Der Leib eines auferstandenen Pharaos würde zum Himmelsgold, zu Licht. Sein rechtes Auge würde zur Barke des Tages, sein linkes Auge zur Barke der Nacht.

Langsam verließ Aja das Grab. Durch den Hieroglyphentext auf den Türsiegeln zu einem Nebenraum wurde das Ritual in diesem «Goldhaus» in alle Ewigkeit vollzogen: «Dem König Tutanchamun, der sein Leben damit zubrachte, die Bilder der Götter zu erschaffen, so daß sie ihm Weihrauch gaben, das Trankopfer und die Opfergaben eines jeden Tages», jenem König, der «sein Haus erbaute wie zu Anbeginn», waren die

Zeilen gewidmet. Auf die Schwelle des Grabes stellte Aja ein wunderbares Alabastergefäß, das folgende Inschrift trug: «Möge dein *Ka* leben! Mögen dir, Liebhaber Thebens, Millionen Jahre geschenkt sein, in denen dein Herz dem Nordwind zugewandt ist und dein Blick auf der Herzensfreude ruht!»

Neben den Alabasterkelch legte Aja eine Blumengirlande. Sie symbolisierte die «Krone der Rechtfertigung», mit der die Götter das Haupt des Lichtwesens zierten, nachdem es die Prüfungen vor dem Jenseitsgericht des Osiris bestanden hatte.

Es war vollbracht. Aja hatte das Grab verlassen. Nun wurde die Tür zugemauert, mit dem königlichen Siegel versehen und unkenntlich gemacht; dann kehrte der Geleitzug in die Welt der Lebenden zurück, ans Ostufer, nach Karnak, wo man den neuen Pharao zu seiner Amtseinsetzung erwartete, nach Karnak, dessen dritter Pylon für alle Eingeweihten Tutanchamuns Unsterblichkeit ausdrückte, denn in einer der Inschriften war die Gestalt des jungen Königs durch eine auffallend große Hieroglyphe ersetzt: das Lebenszeichen *Anch*.

27. KAPITEL

HAREMHAB, DER FRIEDLIEBENDE GENERAL

Tutanchamuns verfrühter Tod im Jahre 1338 v. Chr. verursachte am ägyptischen Königshof große Aufregung. Zwar konnte der alte und weise Aja die Regierungskontinuität einigermaßen aufrechterhalten, doch Tutanchamuns junge Witwe versuchte einen Staatsstreich – vermutlich weil sie fürchtete, ihrer Privilegien beraubt zu werden. In einem Brief teilte sie dem großen Hethiterkönig Suppiluliuma mit, was geschehen war, und bat ihn, ihr einen seiner Söhne als Gemahl zu schicken, der König Ägyptens werden sollte. Welcher Schachzug wäre eine bessere Rache an den Anhängern des Amun gewesen, als einen Fremden auf den Thron der Zwei Länder zu setzen? Doch der Hethiter war mißtrauisch. Eine Provokation? Irrsinn? Er antwortete nicht. Tutanchamuns Witwe, die bei Hofe Unterstützung fand, sandte ihm einen zweiten Brief. Diesmal nahm der Hethiterkönig die Angelegenheit ernst. Einer seiner Söhne würde nach Ägypten aufbrechen, um dort die Königin zu ehelichen.

Tatsächlich verließ die Expedition das Hethiterreich, doch in Ägypten kam sie niemals an. Der Thronanwärter wurde unter mysteriösen Umständen ermordet. Statt seiner heiratete Aja die junge Witwe, um seine Herrschaft zu legitimieren.

Ein Mann prägte diesen tragischen Ereignissen seinen Stempel auf: General Haremhab, der seit vielen Jahren für Ägyptens

Sicherheit zuständig war.* Schon unter Echnaton, der sich um die Außenpolitik sehr wenig kümmerte, war der General im Amt gewesen, und er wußte genau, welche Gefahr die Hethiter darstellten. Den fortschreitenden Zerfall des ägyptischen Imperiums konnte er nicht aufhalten, denn von Echnaton hatte er keine eindeutigen Befehle erhalten. Doch wenigstens war es ihm gelungen, die Habgierigen fernzuhalten, die Ägypten seinen Reichtum neideten. Als treuer Diener unter drei Pharaonen, Echnaton, Tutanchamun und Aja, war Haremhab allmählich zum mächtigsten Mann Ägyptens geworden. Wie Aja hatte er nach der «Liquidierung» von Echnatons Vermächtnis das Vertrauen der Amunpriester nicht verloren, wahrscheinlich weil er als unangefochtener Herrscher über die Armee regierte.

Aja starb im Jahre 1333 v. Chr. Doch der Thron durfte nicht leer bleiben. General Haremhab, dessen Name bedeutet «Freude des Horus», hatte plötzlich eine göttliche Eingebung. Sein Schutzgott Horus, der auch der Gott seiner Heimatstadt war, führte ihn in den Tempel zu Karnak, damit er dort Amun begegne. Gerade wurde das große Opet-Fest gefeiert, bei dem eine Prozession die Amunstatue von Karnak nach Luxor trug. Haremhab stand am Wegesrand. Der Gott, der sich im steinernen Abbild verbarg, erkannte Haremhab und hielt vor ihm inne. Dadurch zeichnete er ihn unzweifelhaft als den künftigen Pharao aus. Der General freute sich. Das Volk jubelte ihm zu. Sogleich wurde er in den Königspalast nach Theben geleitet, und die Vorbereitungen zur grandiosen Krönungszeremonie begannen.

Haremhab war ein bedachter und klarsichtiger Mann. Zwar hatte der Reichsgott Amun seine Macht bestätigt. Doch Haremhab betonte stets, daß er «Leiter der Horuspriester» war,

---

* Unter den wichtigsten Quellen zu Haremhab und seiner Regierungszeit nennen wir Robert Hari, *Horemheb et la reine Moutnedjemet ou la fin d'une dynastie*, Genf 1964, und Jean-Marie Kruchten, *Le Décret d'Horemheb*, Brüssel 1981.

daß die Neunheit der Götter (und nicht nur Amun) seine Krönung beschlossen hatte und daß er verschiedenen Göttern Opfergaben bringen mußte, vor allem Ptah, dem Stadtgott von Memphis.

«General» Haremhab war kein Berufssoldat in unserem heutigen Sinn. Er gehörte zwar nicht der Königsdynastie an, stammte jedoch aus einer vornehmen Familie aus Mittelägypten und hatte im gehobenen Verwaltungsbereich Karriere gemacht. Im Neuen Reich bestanden die Kader der ägyptischen Armee vor allem aus gebildeten Männern, hochgelehrten Schreibern, die in die Geheimnisse des Befehlens und der Macht eingeweiht waren. General Haremhab war es gewohnt, zu dienen, «für sein Amt zu leben»; er vermählte sich mit einer Frau königlicher Abstammung, Mutnedjemet, und gliederte sich dadurch in die legitime Pharaonenreihe ein. Am Tag der Krönung wurde Haremhab, der beim Volk wegen seiner Verdienste in der Vergangenheit großes Ansehen genoß, von seinem Vater Horus auf den Thron der Ewigkeit gesetzt. Die Lobreden der Götter, die sich um den neuen König versammelt hatten, stiegen auf bis zum Himmel. Die Krone wurde ihm aufs Haupt gesetzt, seine Lebensdauer verlängert. In Karnak, dem Reich des Amun, in Heliopolis, dem Reich des Re, und in Memphis, dem Reich des Ptah, drei Orten, die für ganz Ägypten standen, würde Haremhab die Herzen der Gottheiten zufriedenstellen. Sein «großer Name», der aus fünf Namen bestand, und seine Titulatur wurden ausgerufen. Amun und sein Sohn Haremhab umarmten sich brüderlich. Himmel und Erde waren von Freude erfüllt. Das Volk jubelte. Das ausgelassene Fest war wie ein Gewand, das an jenem Tag groß und klein gleichermaßen umhüllte.

Unmittelbar nach der Krönung brach Haremhab, wie es üblich war, zu einer «Ägyptenrundreise» auf, während der er die Provinzstatthalter aufsuchte, sich mit den hohen Verantwortlichen aus dem weltlichen und dem religiösen Bereich traf und sich in ganz Ägypten als neuer Herrscher zeigte. Erstaunlicherweise stellte Haremhab sich als direkten Nachfolger von Amenophis III. dar und löschte so die drei Könige, denen er gedient hatte, Echnaton, Tutanchamun und Aja, aus der Geschichte aus, obwohl er natürlich wußte, daß man sich sehr wohl an sie erinnern würde. Unter anderem «usurpierte» er Tutanchamuns berühmte «Restaurationsstele»*, indem er dessen Namen durch seinen eigenen ersetzte. Diese symbolische Praxis war übrigens durchaus üblich, denn jeder Pharao sah sich als Fortführer jener, die ihm vorangegangen waren. Wenn Haremhab verkündete, er habe Ägypten in einem beklagenswerten Zustand vorgefunden, die Tempel hätten in Trümmern gelegen, die Statuen seien zerbrochen gewesen, er habe alles neu aufbauen müssen «wie zu Anbeginn», dann lieferte er damit keine realistische und nüchterne Beschreibung seines Landes, sondern griff heilige Texte wieder auf, die die Pharaonen schon von alters her verwendeten, um ihren Regierungsantritt zu verkünden. Wenn ein Pharao starb, geriet die Herrschaft des Lichts in Gefahr. Finsternis senkte sich über die Zwei Länder. Die Ordnung wich dem Chaos. Die heiligen Stätten lagen verlassen da, wurden von Nichteingeweihten betreten. Die Götter zogen sich aus dem Land zurück, das sie so sehr liebten. Wenn sie angerufen wurden, antworteten sie nicht mehr. Erst die Thronbesteigung eines neuen Herrschers, der nach den Ritualen eingeweiht wurde, bewirkte die Rückkehr des Lichtes. *Maat*, die göttliche Proportion, die Goldene Regel des Universums, die ihr vollkommenstes Heiligtum in des Pharaos Herz fand, verjagte die Unordnung und ermöglichte es der Gesellschaft, erneut nach den Grundsätzen der Harmonie zu funktionieren. Ein neuer Zyklus begann, die Geschichte erhob sich aus dem Nichts, die Zeit wurde wiedergeboren. Darum konnte Haremhab wie alle seine Vorgänger mit Fug und Recht behaupten, daß

* Ägyptisches Museum Kairo, Generalkatalog 34183.

er die Existenz seines Landes gestaltet habe wie zu jener Zeit, in der Re, das göttliche Licht, regierte. Er hatte sämtliche Tempel restauriert und wieder in Betrieb genommen, von der Nordgrenze des Deltas bis zur Südspitze Nubiens. Er hatte zahlreiche Statuen angefertigt, getreue Abbilder der Gottheiten, aus allen Arten wertvollen Gesteins. So hatte er das «Goldene Zeitalter» wiederhergestellt, die «Zeit des Ursprungs».

Und Amarna, die Stadt des Ketzerkönigs Echnaton? Wie ging der rechtgläubige Haremhab mit dem Vermächtnis jenes Königs um, der es gewagt hatte, Amun die Stirn zu bieten? Seine Haltung war versöhnlich. Haremhab war kein Verfolger von Amarna. Vor der XIX. Dynastie sollte an dieser Stätte nichts zerstört werden. Erst die Ramessiden sollten im Bestreben, den Kult des Re zu verherrlichen und sein körperliches Erscheinungsbild, die Sonnenscheibe des Aton, zu verbergen, die Spuren von Amarna teilweise auslöschen.

Unter Echnaton war Haremhab «Erster unter den Großen», er war also kein ausgesprochen strenggläubiger Anhänger des Amun. Wie bereits erwähnt, war Horus sein «Schutzherr», und er hatte sorgfältig darauf geachtet, Amun bei seiner Krönung nicht allzusehr in den Mittelpunkt zu stellen.

Der neue König konnte die internationale Lage sehr gut einschätzen, denn er hatte sie ja seit vielen Jahren genauestens beobachtet. Darum war es seine erste Sorge, den Vormarsch der Hethiter im Vorderen Orient aufzuhalten. Er vermied jeden unmittelbaren Zusammenstoß, demonstrierte dem potentiellen Eindringling jedoch durch militärische Manöver, daß er es gegebenenfalls mit einem starken Gegner zu tun bekäme. In seinem Grab in Sakkara* berichtet ein Grabtext von einem

---

* General Haremhab hatte sich in Sakkara ein Privatgrab einrichten lassen. Als Pharao verlegte er seine letzte Ruhestätte jedoch ins Tal der Könige, wo sie im Jahre 1908 unserer Zeit entdeckt wurde. Dieses wunderschöne Grab ist das erste, das Szenen aus einem neuen Totentext-Corpus enthält, dem sogenannten Pfortenbuch.

Feldzug durch die Provinzen Südasiens. Die dortigen Protektorate waren allmählich zerfallen, denn die Hethiter zeigten sich geschickt darin, Ägyptens Verbündete abzuwerben. Plünderungszüge verschlechterten die wirtschaftliche Lage drastisch. Die Bevölkerung konnte sich nicht mehr ernähren. In Angst und Schrecken flohen die Menschen in die Berge. Sie riefen den Pharao zu Hilfe, damit er ihnen wieder zu ein wenig Wohlstand verhelfe. Auch in diesem Fall stellte Haremhab die Ordnung wieder her und ließ den Süden Palästinas in den Schoß Ägyptens zurückkehren.

In seiner schönen Kapelle am Gebel Silsileh, südlich von Edfu, deren Dekor zum großen Teil im «Amarna-Stil» gehalten ist, ließ Haremhab nach einem Militärfeldzug in den Sudan Siegesszenen darstellen. Der König sitzt darin auf seinem Thron, umgeben von Wedelträgern und Soldaten. Er verfolgt den Vorbeimarsch von Gefangenen, Symbole für die besiegten Völker, die versucht haben, Unordnung und Aufstand anzuzetteln.

Als General und oberster Befehlshaber der Armee war Haremhab vom damaligen Pharao Aja in einer feierlichen Zeremonie für seine Heldentaten mit Ehren überhäuft worden. Zuvor war Haremhab ägyptentreuen Beduinen zu Hilfe geeilt, die von Plünderern überfallen worden waren. Er hatte die Angreifer zu fassen bekommen und die aufrührerischen Stämme unterworfen. Die Beduinen waren höchst angetan von diesem mächtigen Schutz und baten den Pharao um Erlaubnis, ihre Herden über ägyptische Ländereien ziehen zu lassen. Diese Gunst wurde ihnen nicht abgeschlagen. Im Prunkgewand nahm Haremhab goldene Ehrenhalsketten entgegen. Der General selbst hielt bei Pharao Aja Fürsprache für seine «Schützlinge», indem er erklärte, es sei eine kluge Strategie, mit diesen schwer zu kontrollierenden Bevölkerungsgruppen Freundschaft zu schließen. Der König zeigte sich großmütig. Seine Entscheidung wurde von einem Dolmetscher übersetzt. Als die Fremden diese frohen Neuigkeiten hörten, hoben sie die Arme gen Himmel und warfen sich bäuchlings zu Boden, um ihre Unterwerfung kundzutun.

Als Pharao hatte Haremhab ein großes Vorbild: den ruhmreichen Eroberer Thutmosis III., der durch seinen strengen Umgang mit den Fremdländern dauerhaften Frieden geschaffen hatte. Um auf magischem Weg von Thutmosis' Werk zu profitieren, übernahm Haremhab die Liste der Eroberungen seines Vorgängers und schrieb sie sich selbst zu. Darum konnte Haremhab von sich behaupten, er habe die Hethiter besiegt, gegen die er niemals gekämpft hatte. Die magische Kraft des Wortes war die ideale Waffe für eine friedliche Eroberungspolitik, die den Gegner einschüchterte, ohne daß ein Tropfen Blut vergossen wurde. Diese Strategie bewährte sich durchaus, denn Haremhabs Regierungszeit war nicht nur innenpolitisch von Erfolg geprägt, sondern kennzeichnete sich außerdem durch das Ende des Hethiterreichs.

Haremhab war nicht nur Stratege, Diplomat und Verwalter, sondern auch Baumeister. Im Verlauf seiner Karriere hatte er auch das Amt des Leiters der Arbeiten im Quarzitgebirge inne, das vor ihm der Weise Amenhotep, Sohn des Hapu, bekleidet hatte. Zu Haremhabs Titulatur gehörte der Name «König, der große Wunder in Karnak vollbringt», und diesem Anspruch wurde er tatsächlich gerecht, indem er am Bau des zweiten, neunten und zehnten Pylonen des großen Atom-Tempels mitwirkte. In diesem Zusammenhang machten die modernen Ägyptologen eine überraschende Entdeckung. Man weiß, daß in die Aussparungen in der Frontseite der Pylonen, die lange, gut sichtbare Rillen bilden, hölzerne Masten eingesetzt wurden, die mit einer Goldlegierung überzogen waren. Die ägyptische Symbolik beschreibt diese Masten als so hoch, daß sie das Himmelsgewölbe durchstießen. Bei Arbeiten am neunten Pylonen von Karnak entdeckte man eine Bronzeplatte, auf der der Fuß eines solchen Mastes geruht hatte. Auf dieser Platte stand Haremhabs Name, dargestellt durch zwei Kartuschen über dem Zeichen für Gold. Diese Inschrift wurde also auf einem Bauteil angebracht, das dazu bestimmt war, unsichtbar zu werden, als Fundament und Keimzelle für die Vertikale zu dienen, die Himmel und Erde verband. Vollendet verkörperte der Pharao hier die verborgene Basis, auf der alles erbaut werden konnte.

Um einen der Höhepunkte seiner friedlichen und blühenden Regierungszeit zu verewigen, ließ Haremhab vor dem neunten Pylonen des Tempels zu Karnak eine Stele errichten, deren Text unter dem Titel «Edikt des Haremhab» bekannt geworden ist. Darin brachte er zum Ausdruck, wie ernst er sein Amt als Gesetzgeber nahm und welchen Wert er darauf legte, *Maat*, die göttliche Gerechtigkeit, auf der Erde der Menschen walten zu lassen. Doch wie war *Maat* zu realisieren, wie konnte man sie im Geiste erfassen? Dem Pharao als spirituellen Meister oblag es, diese Aufgabe in meditativer Anstrengung zu lösen. Seine Pflicht war es, unermüdlich danach zu suchen, was das Beste für sein Volk und für sein Land war. Haremhab zog sich also in die Abgeschiedenheit der königlichen Gemächer zurück und meditierte. Als die Verbindung zu *Maat* hergestellt war, rief er einen königlichen Schreiber und diktierte ihm das Edikt, das schließlich in eine Stele gemeißelt und im Tempel aufgestellt wurde.

Was mußte Haremhab sehen, wenn er das Leben in Ägypten betrachtete? Überall herrschten Ungerechtigkeit, Anarchie, Elend, Korruption und Betrügerei. Die Hauptschuldigen waren die Staatsdiener selbst, Richter, Steuerinspektoren, Beamte aller Stufen, die das Volk beraubten und unterdrückten, statt ihm zu dienen. All das war das genaue Gegenteil von *Maat*. Eine solche Situation war unerträglich. Darum hatte der Pharao die Pflicht, konkrete Vorschriften zu erlassen und sie detailliert zu erläutern. Ihm oblag es, die erkannten Mißstände zu beschreiben, die nötigen Gegenmaßnahmen zu be-

230

nennen und festzulegen, welche Strafen den Schuldigen auferlegt und welche Entschädigungen den Opfern gewährt werden sollten.

Diese Überlegungen stellte der Pharao an, weil er eine unerträgliche Kluft zwischen dem Reichtum bei Hofe und der Armut im Volke wahrgenommen hatte. Einerseits waren die königlichen Lagerhäuser voll mit Reichtümern, andererseits beklagten Tausende ihr Elend. Haremhab ging mit seinem Herzen zu Rate und beschloß, Verbrechen und Betrug aus seinem Land zu vertreiben.

Es war Haremhab eine Genugtuung, die Schönheit der *Maat* zu rühmen, das Böse zu zermalmen und die Ungerechtigkeit zu zerstören. Dank seiner Anordnungen würde der Habgierige aus dem Beamtenstab verbannt werden. Der Pharao gab sich jedoch keinen Illusionen hin: Das Ergebnis würde nicht ein für allemal erreicht sein. Er mußte stets wachsam bleiben.

Mehrere organisatorische Maßnahmen waren zu ergreifen. So galt es etwa, die staatlichen Schiffe zu kontrollieren, deren sich einige Privatpersonen bedienten, um offizielle Aufträge zu erledigen. Wer diese Schiffe unrechtmäßig benutzte, wurde bestraft, indem ihm die Nase abgeschnitten und er in einen unwirtlichen Landstrich deportiert wurde. Immerhin waren die Schiffe für das wirtschaftliche Gleichgewicht unerläßlich.

Künftig würde es den Angestellten des Ministeriums für Opfergaben des Pharaos verboten sein, in den Dörfern willkürlich Arbeitskräfte für landwirtschaftliche Tätigkeiten einzuziehen, die länger dauerten als eine Woche, denn dieses Vorgehen machte freie Bürger zu Sklaven. Für skrupellose Beamte gab es die gleiche Strafe: Abschneiden der Nase, Deportation und Konfiszierung des Gewinns aus der unrechtmäßig ausgeführten Arbeit.

Die Militärangehörigen, die im Süden wie im Norden die Herden des Pharaos kontrollierten und Felle einsammelten, legten mitunter ein Verhalten an den Tag, das nicht zu billigen war. Sie gönnten den Leuten, die für sie arbeiteten, keine Pause, mißhandelten die Arbeiter, bestahlen sie, brachten Felle in ihren Besitz, die nicht für sie bestimmt waren. Hier mußte das Gesetz strenge Anwendung finden: Das zu Unrecht erworbene Gut wurde eingezogen, dazu erhielt der Übeltäter 100 Stockschläge und fünf Wunden.

Haremhab befahl überdies die Abschaffung veralteter Abgaben, wirtschaftlich unsinniger Steuern und nutzlos gewordener Beamtenposten wie etwa jener der «Hüter der heiligen Affen», die die Bauern dazu zwangen, sie mit Korn, Leinen, Gemüse und Früchten zu versorgen, während sie selbst ein schönes Leben führten.

Nachdem diese Reformen ausgearbeitet waren, konnte Haremhab zu Recht erklären, er habe die Gerechtigkeit im ganzen Land wiederhergestellt, das er genau kannte, weil er es gründlich studiert hatte. Mit aller Sorgfalt hatte er die Männer ausgewählt, die über die Einhaltung der Gerechtigkeit wachten; von ihnen verlangte er Verschwiegenheit, Rechtschaffenheit und die Fähigkeit, die Herzen zu erforschen. Er hatte sie in die Provinzen beordert, damit ein jeder sein Vertrauen in sie setzen und in Frieden leben konnte. Er hatte mit jedem dieser Männer ein vertrauliches Gespräch geführt und ihnen den Gesetzeskorpus überreicht, an dem sie sich zu orientieren hatten. Dieser Korpus bestand nicht aus beliebigen Regelungen, sondern aus heiligen Gesetzen. Haremhab erläuterte: «Ich habe ihnen eine Verhaltensrichtlinie eingeschärft, die sie zur kosmischen Harmonie (*Maat*) führt.» Er verlangte von ihnen, weder Zugeständnisse zu machen noch Belohnungen anzunehmen. Ihre materiellen Vergünstigungen würden sie, wenn sie sich dessen als würdig erwiesen, direkt vom Pharao erhalten, von niemandem sonst. Haremhab duldete keinerlei Korruption. Jemandem in einem Streitfall recht zu geben, der nicht im Recht war, entspräche einem Kapitalverbrechen. Solange der

Pharao auf dem Thron des Lichtgottes Re erschien, sollten die Ägypter im Wohlstand leben.

Der Pharao vergaß auch seine Leibgarde nicht. Sie erhielt auserlesene Speisen und Belohnungen, die der König selbst vom Fenster seines Palastes aus verteilte. Die Beamten im Dienste des Hofes bekamen die materiellen Mittel, die sie benötigten, um ihre Aufgaben gewissenhaft zu erfüllen, und jeder war an dem Platz, der ihm zukam.

Haremhab wußte natürlich, daß das trostlose Bild, das er im Text seiner Stele entwarf, in keiner Weise der Wirklichkeit entsprach. Tatsächlich gab es seitens der königlichen Beamten keinen derartigen Machtmißbrauch. Im Gegenteil: Im gesamten Neuen Reich gewährleisteten sie das gesellschaftliche Gleichgewicht und die wirtschaftliche Blüte Ägyptens. In keiner Phase, nicht einmal unmittelbar nach Echnatons Tod, herrschte in Ägypten echte Anarchie. Tatsächlich bezogen sich Haremhabs Anschuldigungen auf uralte und eher nebensächliche Rechtsfragen, die seine Vorgänger ungelöst gelassen hatten. Er nahm eine Art «Reinigung» der Gesetze vor, und vor allem malte er sich aus, was geschehen könnte, wenn man diese überholten Vorschriften beibehalten würde. Der Pharao beschrieb in seinem Edikt weder die Vergangenheit noch die Gegenwart, sondern die düstere Zukunft, die sich aus einem überalterten Gesetzbuch hätte ergeben können, wenn er so unklug gewesen wäre, es unverändert zu übernehmen. Haremhab präsentierte in diesem Text also ein regelrechtes Regierungsprogramm, denn er wollte in allen Bereichen ein neues Zeitalter einläuten.

Dies waren die wohldurchdachten Pläne dieses friedliebenden Generals, dieses Mannes aus dem Norden, der überwiegend in Memphis residierte und nicht auf die thebanischen Priester hörte, denen zu mißtrauen er gelernt hatte. In seinem Grab in Memphis wurde ein Papyrus mit den «Maximen des Ani» gefunden. Darin geht es um jene Weisheit, deren Mysterien der König sein ganzes Leben widmete, um sie zugunsten seines Volkes zu verwirklichen. Seltsam genug: Blöcke aus der Grabanlage des großen Vorgängers Djoser wurden in Haremhabs memphitischem Grab wiederverwendet. Diese diskrete Huldigung war gewiß kein Zufall – schließlich tauchte der Name «Djoser», der «heilig» bedeutet, in einem von Haremhabs Namen auf: «Djoser-Cheperu-Re, heilig sind die Verwandlungen des göttlichen Lichts», übrigens ebenfalls einer der Namen des Pharaos Amenophis I. Djoser und Amenophis I. hatten beide zu ihrer Zeit neue Perioden der ägyptischen Geschichte eingeleitet. In der gleichen Rolle sah sich auch Haremhab. Mit seiner Regierungszeit ging die XVIII. Dynastie zu Ende, die XIX. Dynastie begann. Als Haremhab einen Nachfolger benannte, traf er eine ungewöhnliche Wahl: Der künftige Pharao war General wie Haremhab selbst, doch gleichzeitig auch ein alternder Mann, der in der Hohenpriesterschaft des Amun religiöse und verwalterische Ämter bekleidet hatte, bevor er zum Wesir und schließlich zum Mitregenten ernannt wurde. Dieser hohe Würdenträger war der erste Vertreter einer Dynastie, die zu größtem Ruhm gelangen sollte – der Ramessiden.

28. KAPITEL

SETHOS I., DER RUTENGÄNGER

Der ägyptische Pharao führte eine Expedition durch die nubische Wüste, über die Piste der Goldsucher, in einem Gebiet westlich der Stadt Redesieh. Hier herrschten unerträgliche Hitze und brennender Durst. Keine Wasserstelle war weit und breit zu finden. Ein qualvoller Tod erwartete alle, die mit dem Pharao unterwegs waren.

Der mächtige Sethos I. sammelte sich. Er war kein Mensch, der leicht aufgab oder an seinem guten Stern zweifelte: Er war ein Mann des Gottes Seth, des Gebieters über das Gewitter und die Himmelsmächte. Die Gebirgsgegend, in der er sich befand, war es wert, zugänglich gemacht und intensiver genutzt zu werden, denn sie barg reiche Bodenschätze wie Gold, Smaragde, Kupfer und Lapislazuli. Wirtschaftliche und materielle Motive waren jedoch nicht der einzige Grund dafür, daß sich der König in diesem Brutkasten aufhielt. Er war in heiligem Auftrag unterwegs. Das Götterorakel hatte ihm befohlen, schnellstmöglich den Großen Tempel zu Abydos fertigzustellen, für den er nur wertvollste Materialien verwenden wollte. Gewissenhaft erfüllte der Pharao seine Aufgabe als Baumeister, indem er sich selbst zu den Steinbrüchen begab, die sich, wenn er nicht bald Wasser für sich und seine Begleiter fände, binnen kurzem in ein Grab verwandeln würden.

Er mußte der Wirklichkeit ins Auge sehen: Die Flußbetten waren ausgetrocknet, im ganzen Umkreis war keine Wasserstelle auszumachen. Die Kehlen waren ausgedörrt. Wie konnten die Wanderer ihren Durst löschen, wie einem qualvollen Tod entrinnen?

Sethos I. dachte an seinen Werdegang zurück. Als Anführer der Bogenschützen, dann Wesir, dann Mitregent, mußte er schon früh schwere Verantwortung übernehmen. Sein Vater Ramses I. hatte die XIX. Dynastie begründet, und nach ihm bestieg er selbst im Jahre 1304 v. Chr. den Thron. Sethos war mittelgroß, kräftig, hatte ein markantes Kinn und eine breite Stirn und verfügte über enorme Kräfte.

Der junge Sethos war ein leidenschaftlicher Pferdeliebhaber gewesen. Zwei seiner Lieblingsgespanne trugen die Namen «Amun schenkt die Macht» und «Amun schenkt ihm den Sieg» – die vollkommene Zusammenfassung einer Regierungszeit, die ganz von der Macht und der Ausstrahlung einer außergewöhnlichen Persönlichkeit geprägt war. Sethos I. brachte seinem Vater aufrichtige Zuneigung entgegen. Ramses I. stammte aus einer Familie bescheidener Herkunft aus dem Delta und hatte nicht zur ägyptischen Oberschicht gehört, der sein Vorgänger Haremhab stets mißtraut hatte. Ramses' Vater war nur ein untergeordneter Offizier gewesen, und er war allein auf Grund seiner persönlichen Fähigkeiten zum Wesir aufgestiegen. Haremhab hatte ihn mit verschiedenen Ämtern betraut. So wurde er Festungskommandant, Oberaufseher der Flußmündungen, Oberaufseher der Pferde und Oberster Befehlshaber der königlichen Armee. Als Ramses I. schließlich den Thron bestieg, war er bereits ein alter Mann. Er wußte, daß er nur für eine kurze Übergangszeit regieren würde; darum ernannte er seinen Sohn Sethos sofort zum Mitregenten.

Sethos hatte bereits ein religiöses Amt inne, er war Priester des Gottes Seth, und er hatte sich in der Armee bewährt. Dann war er zum Wesir geworden und schließlich als Nachfolger seines Vaters, der nur fünfzehn Monate regiert hatte, zum Pharao.

Seinen Horusnamen «Der die Geburten (die Schöpfung) wiederholt» entlehnte Sethos I. von Amenemhet I., dem Gründer der ruhmreichen XII. Dynastie. Damit brachte er zum Ausdruck, daß er sich als ersten Pharao einer neuen Ahnenreihe sah, der er möglichst viel Macht und Ansehen sichern wollte. Sethos I. huldigte dem Gott Seth, dem Ramses II. ebenfalls seine Verehrung bekunden sollte, auch wenn dessen Geburtsname sich vom Sonnengott Re ableitete. Seth wurde hier als Gott der kosmischen Macht betrachtet, die, wenn sie unter Kontrolle gebracht war, den Pharao in einen unbezwingbaren Krieger verwandelte. Sethos I. ließ an den Tempelmauern besonders gerne großformatige Schlachtenszenen anbringen, die den König gelassen, siegreich und von riesiger Körpergröße inmitten eines wirren Knäuels von Feinden mit fratzenhaften Gesichtern und verrenkten Gliedern darstellten. Indem er sie zermalmte, wurde er zum vollkommenen Symbol der Weltenordnung.

In Ägypten herrschte Ruhe. Haremhabs Verwaltungsreform trug Früchte. So konnte sich Sethos einer aktiven Außenpolitik zuwenden. Ein Mann des Gottes Seth konnte nicht tatenlos zusehen, wie sich Ägyptens internationales Ansehen weiter verringerte. Seine Armee bestand aus drei gut geschulten Divisionen, die unter dem Schutz der Götter Amun, Re und Ptah, Gebieter der drei großen Städte Theben, Heliopolis und Memphis, standen. Schon in seinem ersten Regierungsjahr brach Sethos zu einem Feldzug auf. In den Asienprovinzen herrschte Aufruhr. Die Schasu-Beduinen waren zunehmend unruhiger geworden und hatten nun mehrere Festungen an der Straße von El Kantara nach Gaza in ihre Gewalt gebracht. Die Gefahr war nicht zu unterschätzen. Der König griff schnell und nachdrücklich ein und konnte 23 Festungen zurückerobern. Im Lande Kanaan stieß er auf ein von den Hethitern ins Leben gerufenes Bündnis. Noch bevor die gegnerischen Truppen sich zusammenschließen konnten, griff Sethos unerwartet eine Armee nach der anderen an. Der Überraschungsschlag entfaltete seine Wirkung. Palästina und Kanaan standen wieder unter ägyptischem Einfluß.

Dieser Sieg war allerdings nur ein kleiner Erfolg. Weder waren die Hethiter vernichtet, noch stand Syrien unter der Kontrolle des Pharaos. Ägypter und Hethiter festigten ihre jeweiligen Positionen und belauerten einander, was Sethos nicht davon abhielt, in den Siegesinschriften an den Wänden von Karnak zu verkünden, er habe das «elende Land der Chatti» vernichtend geschlagen und die feindlichen Anführer seien unter seinem Schwert gefallen.

Für diesen kriegerischen König, der die Macht verherrlichte, war der Tempelbau ein wichtiges Anliegen. Die göttliche Kraft, die er verehrte, verkörperte sich im Stein. Das architektonische Werk von Sethos I. ist sowohl in quantitativer als auch in qualitativer Hinsicht beachtlich: Abydos, der Tempel mit den schönsten Flachreliefs des Neuen Reiches; Kurna, ein außergewöhnlicher Grabtempel am thebanischen Westufer; das weitläufigste und ohne Zweifel auch das schönste Grab im Tal der Könige; Bauten in Heliopolis und Arbeiten in der großen Hypostylhalle zu Karnak.

Daß Sethos ausgerechnet in Abydos, dem Hauptkultort des Gottes Osiris, einen imposanten Tempel errichtete, ist sehr interessant. Sethos war ein Mann von Seth, dem Gott, der einst seinen Bruder Osiris ermordet hatte. Die ganzheitliche Sichtweise in der ägyptischen Religionsphilosophie verpflichtete Pharao Sethos dazu, gerade jene Gottheit besonders zu verehren, die dem durch seinen Namen ausgedrückten Regierungsprogramm diametral entgegenzustehen schien. In der Person des Pharaos als Baumeister errichtete der Gott Seth nun seinem Bruder Osiris einen Tempel und sühnte so sein Verbrechen.

Um seine ehrgeizigen Pläne zu verwirklichen, mußte Sethos in dieser glühenden Wüste überleben. Er sammelte sich.

238

Schweigend formulierte er die Worte der Macht, verborgen in seinem Bewußtsein. Nachdem er seine Meditation beendet hatte, begann er umherzulaufen. Er suchte eine bestimmte Stelle, wie ein Rutengänger, der eine unterirdische Wasserader spürt. Der Bericht von diesem denkwürdigen Tag würde lauten: «Siehe, Gott führte ihn!» Tatsächlich blieb der Pharao, wie von einer himmlischen Eingebung erleuchtet, an einer Stelle stehen, an der sein Gefolge nichts als Sand zu erkennen vermochte. Er befahl seinen Steinbrechern zu graben. «Hier», so erklärte er, «werden wir einen Brunnen anlegen, dessen Wasser den Reisenden erquicken wird.» Sein Name sollte sein: «Beständig sei die göttliche Gerechtigkeit des Gottes Re.» Das reichlich sprudelnde Wasser würde sein wie ein Licht, es würde eine Energie übernatürlichen Ursprungs spenden. Von der Gewißheit des Königs beeindruckt, begannen die Steinbrecher zu graben. Der Schweiß floß in Strömen. Zweifel kamen auf: Mühten sie sich vergeblich? Plötzlich geschah das Wunder! Wasser quoll aus dem Boden. Doch statt hochmütig zu triumphieren, sammelte sich der Pharao erneut. «Gott hat mein Gebet erhört», sagte er. Das Unglaubliche war Wirklichkeit geworden. Die leuchtende Macht hatte Wasser in diese ausgedörrten Berge geführt, sie hatte jenen den Weg erleichtert, die in diesem trostlosen Landstrich arbeiten wollten, um die Tempel zu verschönern.

«Einen Brunnen zu graben genügt nicht», erklärte Sethos. Da die Schöpfermacht ihn erhört hatte, mußte ihr eine größere Ehrung zuteil werden. An dieser Stelle sollte eine Stadt entstehen, in deren Zentrum sich ein Ort der Fülle erheben sollte, ein Tempel, den die Götter zu ihrer Wohnstatt nehmen würden. Sie würden dem Werk des Pharaos Beständigkeit verleihen, seinen Namen mit Kraft erfüllen und ihn überall bekannt machen, selbst in den Wüstenregionen.

Die Steinmetzen machten sich sogleich an die Arbeit. Sie errichteten eine Wohnstatt für Amun, Re, Ptah, Horus, Isis, die

göttliche Enneade und den vergöttlichten Pharao Sethos. Da
ein vom Pharao ausgesprochenes Wort sich sogleich in Wirklichkeit verwandelte, war die Zeit ausgelöscht. Alles geschah,
als wäre der Tempel in diesem Augenblick schon gebaut. Sethos mußte also nicht darauf warten, den Tempel vollendet,
ausgeschmückt, seine Mauern mit Hieroglypheninschriften
verziert zu sehen. Er richtete ein weiteres Gebet an die Gottheiten, die Himmel und Erde nach ihrem Willen geschaffen
hatten. Er bat sie, seinem Namen Beständigkeit zu verleihen,
da er aufmerksam genug gewesen war, ihren Wunsch zu erkennen. Er hoffte, daß die göttlichen Mächte dieses Tempels den
Reisenden, die ihnen huldigten, nicht mit Schweigen begegnen
würden, sondern daß sie jeden Gläubigen ihre Stimme hören
lassen würden, sei er ein Vornehmer oder ein Mann des Volkes.
So sollte jeder erfahren, daß es ausgezeichnet war, nach der
göttlichen Regel zu handeln und des Pharaos Lehren nicht zu
verwerfen. Waren die Götter nicht Gebieter, deren Worte man
beherzigen mußte? Verbrachte der Pharao nicht sein Leben
damit, diese Weisheit zu empfangen und ihr in seinen Bauwer-
ken Dauer zu verleihen?

Vor dem Tempel wurde auf Sethos' Befehl ein Brunnen ge-
graben. Kein König, so hieß es mit der traditionellen Formel,
die der Pharao für sich verwandte, hatte jemals dergleichen
vollbracht. Als besonderer Günstling des Ptah, des Schutzherrn der Baumeister, galt Sethos als «Vater und Mutter der
Menschen», als «guter Hirte», der kein Tier aus seiner Herde
in die Irre führte. Nun sprach die Bruderschaft der Baumeister
ein Gebet für den Pharao. Sie wandten sich an die Gottheiten
im Brunnen und baten sie, dem König eine Lebenszeit zuzu-
gestehen, die der ihren gleichkäme, also die Ewigkeit. Hatte
der Pharao seinen Dienern nicht einen Weg eröffnet, damit sie
ihn ohne Sorgen benutzen könnten? Hatte er es nicht so eingerichtet, daß sie auf diese Weise den Weg des Lebens entdeck-
ten? «Der beschwerliche Weg», so hieß es, «ist ein guter Weg

geworden.» Die Bedingungen für den Goldabbau zu verbessern war eine wahre Heldentat, denn dabei handelte es sich nicht um profane Arbeit: Das Gold aus der Erde kommen zu sehen bedeutete, den göttlichen Falken zu erblicken, das schöpferische Prinzip, das sich im Pharao verkörperte.

Sethos' Ruhm war unendlich, denn er hatte das Wasser aus dem Berg entspringen lassen, jenes Wasser, das den Menschen zuvor unerreichbar erschienen war. Der Pharao wußte, daß er soeben einen seiner schönsten Siege errungen hatte. Er, der Regenmacher, der Magier, der das Hochwasser auszulösen vermochte, hatte die Pflicht, das Geschick seines Volkes fortwährend zu verbessern. Doch er dachte auch an andere Wirklichkeiten – besonders an jenen Brunnen, der in seinem künftigen Grab im Tal der Könige angelegt wurde. Er symbolisierte die Höhle des Gottes Sokaris, über die dereinst, wenn er vor dem Göttergericht als Gerechter anerkannt würde und sich in einen Osiris verwandelt hätte, seine Mumie hinweggetragen würde. Auf dem Grund dieses Brunnens stand das Wasser des Energieozeans *Nun*, der das gesamte Universum umgab. Im *Nun* des Grabes verwandelte sich des Pharaos sterblicher Leib in einen unsterblichen Leib. Darum befanden sich die Eingänge der Königsgräber an Stellen, an denen bei den seltenen und heftigen Regenfällen in der Wüste die Sturzbäche mündeten. Das gesamte Grab fing dann gleichsam als Brunnen das Himmelswasser auf, das sich mit dem Wasser der Tiefe vereinte. Sethos dachte an den heiligsten und tiefsten Brunnen Ägyptens, den Brunnen des Djoser. Aus jener heiligen Höhle entsprang die Energie, die die Baumeister befähigte, das Land Ägypten mit Tempeln zu überziehen.

Sethos, der von Gott geleitete Rutengänger, spürte, daß er eine jener großartigen, unvergeßlichen Stunden erlebte, in denen der Mensch so vollkommen im Einklang mit dem Kosmos ist, daß sich alles in Licht verwandelt. Dank des Wassers aus diesem Brunnen war die Wüstensonne keine brennende Drohung mehr, sondern ein vollendeter Ausdruck des Re. Und er, der Mann des Gottes Seth, des Gebieters über die finsteren Kräfte des Kosmos, konnte direkt in ihren Glanz blicken.

29. KAPITEL

DIE SCHLACHT VON KADESCH

Im Frühling des Jahres 1274 v. Chr. herrschte in der von Ramses II. gegründeten Hauptstadt Pi-Ramesse im Delta helle Aufregung. Es wimmelte von Soldaten, die sich darauf vorbereiteten, in den Kampf zu ziehen. Die Kasernen waren voller Fußsoldaten. Die Waffen wurden poliert, Streitwagen und Pferde vorbereitet. Die Schreiber registrierten Bögen, Lanzen, Pfeile, Schilde, sämtliche Hand- und Wurfwaffen und erstellten Ausgabescheine für die Waffenlager.

In endlosen Versammlungen im Palast plante Ramses II. mit seinen Armeebefehlshabern die bevorstehende Schlacht. Sein Ziel war hoch gesteckt: Er wollte den endgültigen Sieg über die Hethiter. Andernfalls wäre Ägypten von einer Invasion bedroht gewesen, die unweigerlich seine großartige, von den Vätern ererbte Kultur zerstört hätte.

Ramses' II. besondere Verehrung galt dem Lichtgott Re; in seinem Namen bezeichnete er sich als dessen Sohn, Auserwählten und Symbol. Ramses war beim großen Sethos I. in die Lehre gegangen und wurde von ihm zum Mitregenten ernannt, wie es die Tradition verlangte. Es war ein intensiver, beglückender Moment, als der junge, ungestüme Ramses den Worten des alten Königs lauschte, der sich nach einem erfüllten Leben bereits ganz der Weisheit der *Maat* zugewandt hatte. In seinem wunderbaren Palast in Kurna am thebanischen Westufer fand die Machtübergabe

243

statt. Ramses II. wurde dort in Gegenwart von Sethos I. gekrönt.

Ramses II. war der geborene Herrscher. Mit zehn Jahren hatte er in der militärischen Grundausbildung bereits sein Durchhaltevermögen unter Beweis gestellt und die Verantwortung für ein kleines Bataillon erhalten. Früh begleitete er seinen Vater Sethos I. auf Reisen nach Palästina, Syrien und in den Libanon. So machte er sich in jungen Jahren bereits mit der ägyptischen Außenpolitik vertraut. Als der junge Ramses den Thron bestieg, verfügte er schon über langjährige Regierungserfahrung. Er war kein Lehrling mehr, sondern ein Meister, der von seinem Regierungsantritt an intensive Bautätigkeiten entfaltete.

Die Eingeweihten in den Tempeln wußten, daß Ramses II. eine außergewöhnliche Regierungszeit bevorstand. Sie hatten schon an Hand der astrologischen Konstellation bei seiner Geburt erkannt, daß der junge König über besondere Fähigkeiten verfügte. Er besaß unerschöpfliche Energie und die Begabung zum Rutengänger. Die überlieferten Texte vergleichen ihn mit einem Schakal, der in seinem schnellen Lauf die Erde in der Zeitspanne eines Augenblicks umrundet, mit einem majestätischen Falken, mit einem mächtigen Löwen und seinen scharfen Krallen, mit einem entfesselten Sturm, dessen Wellen Bergen gleichen. Seine Macht sei so groß, daß niemand sich ihm nähern könne; sie zerstöre den Feind wie das Feuer, das das Buschwerk verschlingt.

Der Feind – um ihn kreiste Ramses' Denken unaufhörlich. Echnaton warf er vor, daß er die tiefgreifende Veränderung der Kräfteverhältnisse im Vorderen Orient nicht erkannt hatte. Das von Thutmosis III. aufgebaute Imperium war langsam, aber stetig zerfallen. Die Nachwirkungen von Echnatons Nichteingreifpolitik waren katastrophal. Zwar hatten Haremhab und Sethos I. Ägyptens Ruhm in den Fremdländern teilweise wieder hergestellt, doch war es ihnen nicht gelungen, die Hethiter daran zu hindern, sich heimtückisch einst unter ägyptischem Protektorat stehende Territorien einzuverleiben.

Ramses II., dessen «Gliedmaßen ein Werk Gottes» waren und der in schlaflosen Nächten Pläne ersann, um Ägyptens Größe zu demonstrieren, beschloß, die verlorenen Gebiete zurückzuerobern. Nach einem mühelosen Feldzug nach Nubien brach Ramses II. schon in seinem vierten Regierungsjahr an der Spitze seiner Armee nach Syrien auf. Als militärische Ausgangsbasis wählte er Pi-Ramesse im Delta, in der Nähe der asiatischen Gebiete, in denen mit Zusammenstößen zu rechnen war. Er wollte durch die Truppenbewegungen so wenig Zeit wie möglich verlieren, damit seine Soldaten nicht schon erschöpft am Schauplatz der Kämpfe ankämen.

Bei diesem syrischen Feldzug stieß Ramses weder in Kanaan noch an der phönizischen Küste auf nennenswerten Widerstand. Sein Ziel waren Kadesch und Amurru, das Sethos I. nicht von den Hethitern zurückerobern konnte. Tatsächlich gelang es dem Pharao, das Land Amurru im Handstreich wieder unter ägyptische Oberherrschaft zu bringen. Und Kadesch war als nächstes an der Reihe. Um sich zu erholen, kehrten die ägyptischen Truppen vorerst in die Heimat zurück.

Verstimmt nahm der mächtige Herrscher der Hethiter, Muwatallis, die Nachricht entgegen, daß das Land Amurru gefallen- war. Das konnte er nicht hinnehmen! Dieser junge ägyptische König wurde zu gefährlich. Es war Zeit, seinem Eroberungsdrang ein Ende zu setzen. Muwatallis berief Vasallen und Verbündete ein und bildete mit über zwanzig Völkern eine riesige Koalition gegen Ägypten. Sämtliche Fürstentümer Kleinasiens und Nordsyriens schlossen sich an.[*]

Ramses II. war sich der Gefahr bewußt. Er wußte schon seit langem, daß in Kadesch die Zukunft seines Landes auf dem

---

[*] Einige Texte sprechen von etwa 40 000 Mann und 2500 Streitwagen.

Spiel stehen würde, und er bereitete sich sorgfältig auf diese große Prüfung vor.*

In Pi-Ramesse war alles vorbereitet. Die Divisionen waren versammelt. Der Pharao trat vor sie. Jeder seiner Soldaten wußte, daß der Pharao zugleich ihre Mauer und ihr Schild sein würde, in deren Schutz sie Zuversicht schöpfen konnten. Ramses war ein Bogenschütze, der seinesgleichen suchte. Sein Mut war unerschütterlich, sein Kriegsschrei so mächtig, daß die ganze Welt davon widerhallte. Seine Pläne waren klug, seine Befehle gerecht. Unter einem solchen Anführer war eine Niederlage undenkbar.

In Ramses' Truppen kämpften nicht nur Ägypter, sondern auch Fremdländer, die Scherden, ein Volksstamm semitischer Herkunft, der ausgezeichnete Krieger hervorbrachte. Auch sie waren beeindruckt von der Entschlossenheit des Pharaos. Aufrecht in seinem Streitwagen, der im hellen Morgenlicht glänzte, gab er das Zeichen zum Aufbruch.

Ramses' Armee bestand aus vier Divisionen, die unter dem Schutz der vier höchsten Götter standen: Amun (Gebieter von Theben), Ptah (Gebieter von Memphis), Re (Gebieter von Heliopolis) und Seth (Gebieter der Macht). Der Marsch nach Norden begann am neunten Tag des zweiten Sommermonats im Jahr fünf der Regierungszeit Ramses' II. Das Gros der Truppen überquerte die Grenze nahe der Festung Sile, um Kadesch über Kanaan und Südsyrien zu erreichen. Der Rest der Armee nahm die Route entlang der phönizischen Küste und wollte dann nach Osten schwenken. Direkt bei Kadesch sollte die Streitmacht des Pharaos wieder zusammentreffen.

---

* Der folgende Bericht über die Schlacht von Kadesch basiert auf einem Text, der als «Gedicht des Pentawer» bekannt ist; veröffentlicht in: K. A. Kitchen, *Ramesside Inscriptions*, Bd. II, Fasc. 1 und 2, S. 1–124 (jüngste französische Übersetzung: C. Lalouette in: *Textes sacrés et textes profanes de l'ancienne Egypte*, S. 108 ff.). Zu allen Fragen zur Regierungszeit Ramses' II. siehe Kitchen, *Le Pharaon triomphant*, Ed. du Rocher, 1985.

Nach einem einmonatigen, problemlosen Marsch wurde das Zelt des Königs auf einer Anhöhe südlich der Stadt Kadesch aufgeschlagen. Alle Fremdländer, durch die die beeindruckende ägyptische Armee gezogen war, hatten das Haupt geneigt, Tribute entrichtet und ihre Treue betont. Doch das war jetzt nebensächlich. Die Hauptsache blieb noch zu tun. Ramses wollte keine Zeit verlieren. An der Spitze der Division des Amun wandte er sich nach Norden. Da geschah etwas Unerwartetes: Die ägyptischen Wachen ergriffen zwei Beduinen. Die wurden einem strengen Verhör unterzogen, in dessen Verlauf sich bestätigte, was der ägyptische Geheimdienst bereits wußte: Der Hethiterkönig hatte ein großes Bündnis um sich versammelt, all seine Vasallen standen ihm mit Infanterie und Streitwagen zur Seite. Diese Armee war wie ein Heuschreckenschwarm. Menschen und Pferde waren so zahlreich wie Sandkörner. Das waren keine beruhigenden Nachrichten; doch es folgte eine weitere Information: Die zwei Männer, die erklärten, sie verabscheuten die Hethiter und wollten zu den Ägyptern überlaufen, berichteten, daß sich diese riesige Armee gar nicht in Kadesch befinde. Ramses' schneller und entschlossener Vorstoß habe den Hethiterkönig verunsichert, und dieser habe sich in die Gegend um Aleppo, nördlich von Tunip, zurückgezogen, also nach Nordsyrien, etwa 200 Kilometer von Kadesch entfernt.

Mit sträflichem Leichtsinn schenkten Ramses und seine Generäle diesen «Enthüllungen» Glauben. Die beiden Hethiterspione konnten zufrieden sein. Ihre Strategie der gezielten Fehlinformation war erfolgreicher, als sie zu hoffen gewagt hatten. Ramses marschierte in aller Selbstsicherheit auf Kadesch und rechnete mit einem spielend leichten Sieg, denn der Gegner war ja bereits geflohen. Er schlug nordwestlich von Kadesch ein provisorisches Lager auf. Die befestigte Stadt lag auf einer Anhöhe und war von Wassergräben umgeben.

Die Ägypter überquerten den Orontes und glaubten sich

bereits in erobertem Gebiet. Als der Pharao auf seinem goldenen Thron die Ankunft der restlichen Truppen erwartete, um die Festung zu belagern, wurden plötzlich Offiziere vorgelassen, die in heller Aufregung waren. Kundschafter hatten Hethiter gefangengenommen. Diesmal führte der König ein eingehenderes Verhör, und endlich erkannte er die Wahrheit: die Bündnistruppen hatten Kadesch gar nicht verlassen, ganz im Gegenteil, sie hatten ihre gesamten Streitkräfte dort zusammengezogen. Tatsächlich befanden sie sich ganze drei Kilometer von Ramses' Lager entfernt, und die ägyptischen Truppen waren zerstreut. Die Division des Re hatte das Lager des Amun noch nicht erreicht, die Divisionen des Ptah und des Seth waren noch weit entfernt.

Die Lage war verzweifelt. Ramses war außer sich vor Zorn. Seine höheren Offiziere hatten sich eine unglaubliche Nachlässigkeit zuschulden kommen lassen. Sofort sandte er seinen Wesir der Division des Ptah entgegen, um sie schnellstmöglich herbeizubeordern, denn die Schlacht stand unmittelbar bevor.

Doch vergeblich: Die Hethiter, die die ägyptischen Truppenbewegungen schon seit geraumer Zeit beobachteten, gingen sofort zum Angriff über. Die Division des Re wurde zersprengt und in die Flucht geschlagen. Die Division des Amun erstarrte beim Anblick der unzähligen hethitischen Streitwagen, die auf sie zustürmten, in Entsetzen. Von Panik ergriffen, versuchten die Ägypter nicht einmal, dem zahlenmäßig weit überlegenen Feind Widerstand zu leisten.

Plötzlich war Ramses II. völlig allein. Doch nicht einen Augenblick kam es ihm in den Sinn, sich zu ergeben oder die Flucht zu ergreifen. Er streifte sein Kettenhemd über, griff nach seinen Waffen und sprang auf seinen Streitwagen. Sein Gespann hieß «Sieg in Theben». Der König glich dem Kriegsgott Month. Ohne zu zaudern, warf er sich dem Feind entgegen und brach durch dessen Reihen.

Unvermittelt hielt er inne und blickte um sich. 2500 Streit-

248

wagen mit je drei Mann umringten ihn. Ramses' Schildträger Menna, der gezwungenermaßen an der Seite seines Herrn geblieben war, um den Streitwagen zu lenken, flehte ihn an, endlich zu fliehen. Doch Ramses II. war kein beliebiger Truppenführer. Er war der Pharao, der Repräsentant Gottes auf Erden. Der junge König war beeindruckend in seiner Ruhe und seinem Stolz. «Weiche nicht, mein Schildträger!» rief er. «Ich werde mich auf sie stürzen wie der Falke auf seine Beute!» Menna glaubte, seinen Ohren nicht zu trauen.

Die Hethiter erwarteten, daß Ramses II. seine Waffen zu Boden werfen und sich ergeben würde. Doch der Pharao sammelte sich und betete. Innerlich begehrte er auf. Warum hatte sein Vater Amun ihn verlassen? Hatte er sich im Verlauf seiner Regierung ein einziges Mal Amuns Befehlen widersetzt? Hatte er gehandelt, ohne auf seinen göttlichen Vater zu hören? Nein, Ramses hatte sich immer der heiligen Regel gemäß verhalten, die der Gott ihn gelehrt hatte. Warum kam Amun ihm nicht zu Hilfe in einem Augenblick, in dem Ägypten in der Person seines Pharaos vernichtet zu werden drohte? Was bedeuteten schon diese elenden Asiaten für Amun? Der Gott mußte doch einräumen, daß Ramses seinen Tempel erbaut, ihn mit Reichtum überhäuft, ihm die schönsten und reichsten Opfergaben dargebracht hatte. Eigenhändig hatte er die Flaggenmasten vor den Pylonen aufgestellt.

Dies war der Augenblick einer außergewöhnlichen Bewußtwerdung mitten in einer mystischen Schlacht, in der Ramses die Kraft des Lichts verkörperte, die den Mächten der Finsternis gegenüberstand. Der Pharao erkannte, daß Tausende von Soldaten nichts waren gegen Amun. Dieser war ihm nützlicher als jede Armee der Welt.

Das Gebet des Pharaos erreichte seinen Vater Amun, der ihm zu Hilfe eilte und ihm die Hand reichte. Plötzlich wurde der König von Freude erfüllt. Die Schlacht änderte ihren Charakter. «Ich bin bei dir, bin dein Vater, meine Hand ist mit dir», verhieß die Stimme des Gottes. Von dessen Kraft beseelt, wurde der König Ägyptens wieder zu jenem, der die Tapferkeit liebte und jeden Gegner zu besiegen vermochte.

Der Pharao verteilte seine Hiebe nach rechts und links, durchbrach die gegnerischen Reihen, warf jeden zu Boden, der sich ihm in den Weg stellte. Plötzlich wurde er gewahr, daß die 2500 feindlichen Streitwagen zerstückelt am Boden lagen. Die Hethiter hatten alle Kraft verloren. Sie waren nicht einmal mehr in der Lage, ihre Lanzen zu erheben. Entsetzt ergriffen sie die Flucht und sprangen in den Fluß, in dem sie ertranken.

Aus der Ferne beobachtete der Hethiterkönig Ramses' unglublichen Sieg. Im ersten Augenblick war er starr vor Schrecken, doch dann reagierte er und schickte diesem unbezwingbaren Krieger weitere 2500 Streitwagen entgegen. In kurzer Zeit hatte Ramses auch die Verstärkung niedergemetzelt. Die Gegner begriffen nun, daß sie nicht gegen einen Menschen kämpften, sondern gegen die Inkarnation einer göttlichen Macht. Sein Anblick lähmte sie so, daß sie nicht mehr in der Lage waren, einen Pfeil abzuschießen oder eine Lanze zu schleudern.

Die mächtige Stimme des Pharaos schallte über das Schlachtfeld, um die ägyptischen Soldaten wieder zu ihrer Pflicht zu rufen: «Seid standhaft im Herzen!» verlangte er. Er bezichtigte sie der Feigheit. Er rief ihnen ins Gedächtnis, daß er ihre Laufbahn begünstigte, daß er es ihnen ermöglichte, zu Anführern und Befehlshabern zu werden, daß er ihnen bestimmte Steuern erlassen und ihnen die Privilegien eingeräumt hatte, die ihren Dienst in der Armee belohnten. Und kein einziger von ihnen hatte an der Seite des Pharaos gekämpft!

Diese Rede konnte Menna, den Schildträger und Wagenlenker des Königs, nicht beruhigen. Er sah sich und seinen Gebieter noch immer von einer feindlichen Menge umzingelt. Erneut flehte er den Pharao an, den Kampf aufzugeben und Schutz zu suchen. Geduldig erklärte Ramses ihm, daß er nichts fürchten müsse. Von neuem stürzte er sich in den Kampf, legte seine Pfeile auf, tötete.

Endlich kehrten die Flüchtigen zurück. Die ägyptischen Soldaten, die eine Katastrophe für unausweichlich gehalten hatten, erkannten, daß ein Wunder geschehen war. Nicht genug damit, daß der Pharao noch am Leben war – er allein zerschlug auch noch die Reihen der Feinde. Infanterie und Streitwageneinheit formierten sich neu. Überdies erreichte die ägyptische Verstärkung, die die andere Route genommen hatte, das Schlachtfeld. Die Lage der Hethiter wurde nun kritisch. Ihre Truppen zogen sich hinter das zerstörte ägyptische Feldlager zurück. Doch Ramses ließ nicht locker. Seine Begeisterung riß die ägyptischen Soldaten mit, und er drängte den Feind zum Fluß.

Sprachlos beobachtete Muwatallis das Scheitern seiner Elitetruppe, der Streitwageneinheit. Er mußte mit ansehen, wie seine Streitwagen in wilder Unordnung in den Fluß stürzten.

Der Sieg der Ägypter war großartig. Die Kämpfe kamen zum Erliegen. Nun mußten die Verletzten versorgt, die toten Hethiter gezählt werden, indem jedem eine Hand abgeschlagen wurde. Die Divisionen des Re und des Amun zählten ihre Überlebenden. Soldaten und Offiziere traten vor Ramses, um ihn zu seinem beispiellosen Mut zu beglückwünschen. Doch der Pharao empfing sie eisig. Er verhehlte seine Gefühle gegenüber Männern nicht, die er für Feiglinge hielt, die der ihnen aufgetragenen Mission unwürdig waren. Die zwei einzigen Wesen, die wirklich zu seinem Sieg beigetragen hatten, waren die beiden Pferde im Gespann seines Streitwagens, «Sieg in Theben» und «Mut ist zufrieden». Künftig würde der Pharao sie täglich in seinem Beisein füttern lassen.

Die Nacht war hereingebrochen. Überall wurden Wunden versorgt. Die Hethiter konnten nicht fassen, daß ihre ausgeklügelte Strategie gescheitert war. Wie konnten sie damit rechnen, daß Ramses II. ein Held solchen Formates sein würde?

Am nächsten Morgen war der König von Ägypten fest entschlossen, die Armee der Hethiter endgültig zu vernichten. Er startete einen wütenden Angriff. Doch die Infanterie der Hethiter war zahlenmäßig stark überlegen und konnte trotz großer Verluste widerstehen. Muwatallis begriff, daß er nicht mehr gewinnen konnte, und nutzte eine Kampfpause, um sich auf Diplomatie zu verlegen. Also schickte er einen Boten mit einem Friedensangebot zu den Ägyptern.

Der Pharao rief seine Berater zusammen, die sich sogleich für die Beilegung der Feindseligkeiten aussprachen. «Der Frieden ist ein wertvolles Gut», mahnten sie; zwar könne kein Gegner dem Pharao trotzen, doch dieser Beweis sei bereits erbracht. Nun sei die Zeit für Diplomatie gekommen. Ramses willigte ein. An der Spitze seiner Truppen kehrte er nach Ägypten zurück, und Götter und Göttinnen schützten sein Wesen mit ihrer Magie.*

---

* In der Folge sollten Hethiter und Ägypter einen Friedensvertrag schließen, dessen mit großem diplomatischem Geschick verfaßter Text überliefert ist. Ramses ließ die Schlacht bei Kadesch als glorreichen Sieg darstellen – in Wirklichkeit wurde jedoch eher ein «Unentschieden» erzielt. Für Ramses selbst ging es in erster Linie darum, das Licht zu verkörpern, das gegen die Finsternis kämpft, die Ordnung, die der Unordnung Struktur verleiht. Wie L.-A. Christophe dargelegt hat, entsprechen die Episoden der Schlacht von Kadesch in ihrer Struktur exakt jenen des Sieges von Megiddo unter Thutmosis III. Beiden Schilderungen liegt also eine Art symbolisches Programm zugrunde, das jeder kriegführende Pharao übernahm und das dadurch, daß es in die Tempel eingraviert wurde, den zeitlichen und historischen Aspekt hinter sich ließ.

30. KAPITEL

ALS RAMSES II.
ÜBER DIE LIEBE SPRACH

Bei der Entwicklung friedlicher Beziehungen zwischen
Ägyptern und Hethitern spielten die Frauen eine wichtige
Rolle. Die Hethiterkönigin herrschte selbst über verschiedene Territorien. Die Königin von Ägypten legitimierte
seit jeher die Macht des amtierenden Pharaos. Unter Ramses II. waren sich die edlen Damen durchaus freundlich
gesinnt. Sie pflegten Briefkontakt und nannten einander
«Schwester». Doch der Waffenlärm war ihren Ohren unerträglich. Ihre Völker hatten gewiß Besseres zu tun, als sich
gegenseitig zu bekriegen. Die Soldaten hatten bereits das
Wort gehabt; sie hatten gekämpft, und es hatte keinen Sieger gegeben. Darum beherrschte nun die Diplomatie die
Bühne.

Voller Liebe sprachen die zwei Herrscherinnen von ihren
Ländern. Sie beglückwünschten einander zum Frieden, der
endlich wieder eingetreten war, zum Wohlstand, der in beiden
Ländern regierte; sie lobten die neue Brüderlichkeit, die die
beiden Herrscher verband, eine Brüderlichkeit, die von den
Göttern gesegnet war. Zwölf Jahre nach der Unterzeichnung
des großen ägyptisch-hethitischen Vertrags hatte die hethiti-
sche Herrscherin eine Idee. Wäre es nicht günstig, das Bündnis
durch eine Heirat zu besiegeln? Ramses II. stand in seinem
vierunddreißigsten Regierungsjahr. Hattusilis III., Muwatallis' Nachfolger, bot dem Pharao die Hand seiner ältesten

253

Tochter. Dieser nahm an.* Damit knüpfte er an die Tradition der diplomatischen Hochzeiten an, die schon Amenophis III. gepflegt hatte. Dieser hatte fremdländliche Prinzessinnen als «Nebenfrauen» bei Hofe aufgenommen, war allerdings nicht bereit gewesen, im Gegenzug Ägypterinnen «herzugeben» – mit dem Argument, dergleichen habe es noch nie gegeben.

Im Herbst des Jahres 1246 v. Chr. reisten Sonderbeauftragte zwischen Chatti und Ägypten hin und her, um die außergewöhnliche Heirat vorzubereiten, die das Bündnis zwischen den beiden mächtigsten Staaten des Vorderen Orients besiegeln sollte. Hattusilis III. erklärte, daß er seine Tochter mit einer herrlichen Mitgift ausstatten würde, und bat Ramses, eine Delegation nach Südsyrien zu senden, die sie dort erwarten und nach Ägypten begleiten sollte. Doch Verzögerungen, für die die Hethiter nichts konnten, vereitelten diese schönen Pläne. Ramses verbarg sein Mißfallen nicht. Er begann sogar, die Absichten der Hethiter in Zweifel zu ziehen.

Da griff die Hethiterkönigin selbst zur Schreibbinse, um das Mißverständnis beizulegen. Sie rügte Ramses wegen seines mangelnden Vertrauens und erklärte ihm, daß ein im Palast ausgebrochenes Feuer einen großen Teil der Reichtümer, die für die Mitgift bestimmt waren, zerstört hatte. Doch was bedeute das schon! Ramses wolle sich mit dieser Heirat ja nicht bereichern. Mit großem Geschick wechselte die Herrscherin zwischen Vorhaltungen und Lobreden und legte besonderes Gewicht darauf, dem Pharao zu versichern, daß die Hochzeit tatsächlich stattfinden würde.

Also wappnete sich Ramses II. mit Geduld. Auf die Bitte der Hethiter schickte er eine weitere Delegation ins Land Chatti, die eine rituelle Pflicht erfüllen sollte: Sie sollte der Prinzessin ein heiliges Öl überreichen, damit noch in ihrer

---

* Ramses' II. Entscheidung erklärt sich auch durch die Tatsache, daß die Große Königliche Gemahlin Nefertari, die er sehr geliebt hatte, zu dieser Zeit wahrscheinlich bereits gestorben war.

Heimat eine rituelle letzte Ölung vorgenommen werden könnte, bevor sie die lange Reise anträte, die sie ihrer Kindheit, ihrem Heimatland, ihrer Familie entreißen würde. Die Hethiterkönigin versäumte es nicht, Ramses anläßlich dieses Ereignisses erneut zu schreiben: «Als das Öl über das Haupt meiner Tochter ausgegossen wurde, wurden die furchterregenden Götter vertrieben … An diesem Tag wurden zwei große Länder zu einem einzigen, und ihr, die beiden großen Herrscher, ihr habt die wahre Brüderlichkeit gefunden.»

Im Spätherbst des Jahres 1246 v. Chr., in Ramses' II. vierunddreißigstem Regierungsjahr, verließ ein großer und prachtvoller Geleitzug den Hof der Hethiter, um nach Ägypten zu wandern. Wie angekündigt, war die Mitgift üppig: Gold, Silber, Kupfer, Diener, Pferde, Ochsen, Schafe, Schmuck und Stoffe. In Südsyrien, wo die ägyptische Delegation die Hethiterprinzessin erwartete, um ihr Geleit zu geben, nahm die Königin Abschied von ihrer Tochter.

Doch unverhoffte Zwischenfälle bedrohten den glücklichen Ausgang der Reise. Das Wetter wurde schlechter, es gab eiskalten Wind, Regen und sogar Schnee. Selten war der Wintereinbruch so früh und so heftig gewesen. Die Reisenden sahen sich von Krankheit und gar Tod bedroht. Ramses erkannte, daß der Gott Seth auf diese Weise seinen Groll äußerte. Er mußte durch angemessene Opfergaben besänftigt werden. Ramses bat den Gott, wieder mildes Wetter einkehren zu lassen, damit die Hethiterprinzessin, dieses «Kleinod himmlischer Herkunft», unversehrt zu ihm gelange.

Seth erhörte des Pharaos Gebet. Die Elemente beruhigten sich. Es folgten sogar sommerliche Tage mitten im Winter. Mit leichtem Schritt und fröhlichem Herzen setzte der Geleitzug seinen Weg fort, alle Angst war verflogen. Als die Reisenden ägyptischen Boden erreichten, wurde ein Festmahl gefeiert, bei dem Ägypter und Hethiter gemeinsam aßen und tranken wie Brüder.

Im dritten Wintermonat erreichte die junge Prinzessin endlich Pi-Ramesse, wo sie von ihrem künftigen Gemahl erwartet wurde. Als Ramses sie erblickte, war er sprachlos angesichts ihrer Schönheit. Es war buchstäblich Liebe auf den ersten Blick. «Er liebte sie über alles», verkündete der offizielle Text, der in die Tempelmauern graviert wurde. Die Hethiterprinzessin änderte ihren Namen, um zur Ägypterin zu werden. Künftig hieß sie Maat-Hor-Neferure. Sie wohnte im Königspalast und zeigte sich Tag für Tag an der Seite ihres Gemahls. Ihr neuer Name würde in der ganzen Welt erstrahlen.

Dieses bedeutende Ereignis beeinflußte das Verhältnis zwischen Ägypten und dem Land Chatti auf das erfreulichste. Die Handelsbeziehungen wurden enger. Geschäftsleute reisten ohne Schwierigkeiten von einem Land ins andere. Die ägyptische Kultur und die indoeuropäische Kultur der Hethiter bereicherten einander, ohne sich zu vermischen.

Diese positiven Erfahrungen bewegten den Hethiterkönig Hattusilis III. dazu, Ramses eine zweite Prinzessin anzubieten, die wie die erste mit einer märchenhaften Mitgift ausgestattet war. Ramses willigte erneut ein. Wie üblich wurde das Ereignis auf zahlreichen Stelen festgehalten, die in den Tempeln aufgestellt wurden.

Ägyptens Erzähler haben das Thema der Verehelichung zwischen dem Pharao und einer fremdländischen Prinzessin wiederholt aufgenommen. Sie berichten von einem mächtigen König, der die Tochter des Fürsten von Bachtan, einem reichen asiatischen Land, geheiratet hatte. Wegen ihrer großen Schönheit hatte der Pharao sich in sie verliebt. Ihr Name war «Vollkommenheit des Re». Sie eroberte die Herzen aller Großen bei Hofe und wurde zu einer verantwortungsbewußten und geachteten Königin von Ägypten. Das Glück wäre vollkommen gewesen, wenn nicht die jüngste Schwester der Königin schwer erkrankt wäre. Kein Arzt ihres Heimatlandes vermochte sie zu heilen. Der Tod nahte. Der Fürst von Bachtan schickte einen

256

Eilboten nach Theben, um die für ihre Heilkunst berühmten ägyptischen Ärzte um Rat zu fragen. Die Sache wurde so ernst genommen, daß der Pharao einem königlichen Schreiber befahl, sich unverzüglich ins Land Bachtan zu begeben.

Die Diagnose wurde präzise formuliert: Die junge Prinzessin leide unter einer übernatürlichen Krankheit. Ein Dämon habe sich ihrer Seele bemächtigt und zerstöre sie langsam, aber sicher. Vor einem solchen Fall war alle Wissenschaft der Menschen machtlos. Nur eine göttliche Macht konnte diesen Dämon bezwingen. Doch die Gottheiten von Bachtan waren wirkungslos. Ein ägyptischer Gott mußte gerufen werden: Chons. Ramses erklärte sich bereit, eine Statue dieses Gottes an den Fürstenhof nach Bachtan zu senden. Man ergriff zahlreiche Vorsichtsmaßnahmen, damit das wertvolle Abbild des Chons bei seiner Reise in die Fremde keinen Schaden nähme. Per Schiff und Wagen dauerte es nicht weniger als ein Jahr und fünf Monate, bis Bachtan erreicht war.

Glücklicherweise war die junge Prinzessin noch am Leben. Sogleich wurde die Götterstatue zur Kranken gebracht. Nun hauchte der Gott Chons der Prinzessin seinen Atem ein, ließ seine magische Kraft in den Körper der Prinzessin fließen und nahm die schädlichen Ströme, die sie zermürbten, in sich auf. Die sofortige Heilung war spektakulär.

Der Fürst von Bachtan war von diesem Wunder so beeindruckt, daß er einer unehrenhaften Versuchung erlag: Er beschloß, diese wundertätige Statue für sich zu behalten, statt sie, wie versprochen, nach Ägypten zurückzusenden. Doch das Übernatürliche blieb wachsam. Im Traum sah der habgierige Herrscher einen goldenen Falken, der hoch am Himmel gen Ägypten flog. Er begriff, daß es sich um eine Verkörperung des Pharaos handelte und daß der Raubvogel einen Verräter durchaus angreifen konnte. Er besann sich also auf den Weg der Weisheit und ließ die Statue des Gottes Chons nach Theben zurückkehren.

Ramses II. war nicht nur ein großer Kriegsherr und Baumeister, sondern auch ein glücklicher Familienvater. Einige Texte sprechen sogar von 111 Söhnen und 59 Töchtern, die allesamt eine glänzende Laufbahn einschlugen. Im Tempel zu Wadi es-Sebua in Nubien kann man tatsächlich gut 100 Kinder des großen Königs sehen, der zu jener Zeit in seinem vierzigsten Regierungsjahr stand. Zwei seiner Söhne erlangten besondere Berühmtheit. Chaemwaset, der vierte Sohn, war ein großer Zauberer und Archäologe, den die Pyramiden des Alten Reiches faszinierten. Außerdem wurde er zum Hohenpriester von Memphis ernannt und leitete dreimal die Zeremonien des Jubiläumsfestes seines Vaters. Ramses' dreizehnter Sohn Merenptah bestieg nach ihm den Thron.

Seine zahlreichen Nachkommen zeugte Ramses mit mehreren Nebenfrauen. Dennoch war es ihm vergönnt, eine große Liebe zu erleben. Selten wurde eine Große Königliche Gemahlin mit mehr Ehren überhäuft als die Königin Nefertari. Für sie wurde das schönste Grab im Tal der Königinnen angelegt, dessen wunderbare Reliefs detailliert von der Einweihung einer Frau in die höchsten Mysterien berichten; für sie wurde der «Kleine Tempel» von Abu Simbel in den nubischen Fels gehauen, dessen Farben ebenso ungewöhnlich wie zauberhaft sind.

Ramses II. hatte eine besondere Vorliebe für Nubien. Er ließ dort neue Brunnen bohren, Wüstenpisten anlegen und intensiv nach Gold schürfen. In dieser völlig ägyptisierten Region erbaute er zahlreiche Heiligtümer, deren Reliefs die Siege des Pharaos über seine Feinde verherrlichten. Wie Sethos I. war auch Ramses II. ein ausgezeichneter Rutengänger, der in kritischen Momenten, in denen etwa seiner Steinbruchexpedition das Trinkwasser ausgegangen war, stets unterirdische Quellen aufzuspüren vermochte. Unermüdlich drängte er seine Baumeister, Tempel zu errichten. Sein Meisterwerk war Abu Simbel, das die männliche und die weibliche Schöpfermacht durch zwei nebeneinanderliegende Tempel versinnbildlichte, von denen jeder seinen eigenen Geist besaß.

Der Tempel der Großen Königlichen Gemahlin trug den Namen «Nefertari, damit die Sonne aufgeht». Darin ist sie heute noch in einem langen weißen Gewand aus gefälteltem Stoff zu sehen, umgeben von einem unwirklichen Lichtschein; von der Göttin Isis wird sie ins Allerheiligste geführt. Ihre Gestalt ist von einmaliger Zartheit und Eleganz. Wie die Szenen in ihrem Grab im Tal der Königinnen belegen, war Nefertari in die Mysterien eingeweiht. Man hatte ihr die Geheimnisse des Gottes Thot enthüllt, und zum Zeichen dafür hatte sie die Schreiberpalette und die Schreibbinsen erhalten, mit denen die heiligen Hieroglyphen geschrieben wurden.

Ihr ganzes Leben lang übte Nefertari deutlichen Einfluß auf Ramses II. aus. Bei den offiziellen Zeremonien erschien sie stets an seiner Seite. Selbst in traditionellen Darstellungen, in denen er in der Pose des siegreichen Kriegers Ägyptens Feinde erschlägt, sieht man sie hinter ihm stehen. Dabei war Nefertari in Wahrheit keine Frau im Hintergrund, sondern eine strahlende Persönlichkeit, in der sich die Göttinnen Isis und Hathor verkörperten, denen Nefertaris besondere Verehrung galt. So umgab sie ihren Gemahl mit magischem Schutz und verlieh ihm die Kraft, die er zum Regieren benötigte.

Die Kolossalstatuen vor den Tempeln zu Abu Simbel trugen jeweils Ramses' und Nefertaris Gesichtszüge. In diesen Tempeln war dem Herrscherpaar, umgeben von seinen Kindern, ewige Jugend vergönnt. Als Große Königliche Gemahlin war es für Nefertari ein außergewöhnliches Privileg, ein eigenes Heiligtum zu besitzen. Darin ist sie beim Sistrumspiel und beim Blumenopfer dargestellt. Von Hathor und Isis vergöttlicht, begegnete sie der «Großen Göttin», die alle Gottheiten geschaffen hatte. Für Ramses II., den Gemahl Ägyptens, stellte Nefertari die Ferne Göttin dar, das Lebenswasser, die immerwährende Fruchtbarkeit, die *Maat* selbst, die Harmonie der Welt. Die Tempel erhoben die Liebe des Herrscherpaares zum Symbol und verherrlichten sie.

Als sich die Große Königliche Gemahlin Nefertari nach Abu Simbel begab, um gemeinsam mit Ramses die beiden Tempel einzuweihen, vollzog sie möglicherweise ihre letzte Reise auf Erden. Nach diesem Zeitpunkt erwähnen die offiziellen Texte sie nicht mehr; wahrscheinlich war sie direkt an jenem Ort verstorben, an dem Ramses seiner Liebe zu ihr ein unvergängliches Denkmal errichtet hatte.

Wenn Ramses II. von der Liebe sprach, richteten sich seine Worte auch an die Gottheit. Seine Majestät unternahm gründliche Forschungen in der Bibliothek des Lebenshauses und studierte dort die heiligen Bücher, die ihm die Gesetze des Himmels und die Geheimnisse der Erde enthüllten. Er erkannte, daß Theben, das Auge des Re, der Urhügel war, auf dem einst das erste Leben entstand. Wie er besonders in der Schlacht bei Kadesch bewiesen hatte, war ihm stets gegenwärtig, daß es immer wichtiger als alles andere war, sein Denken zu Gott zu erheben und in der Stille des Bewußtseins mit liebendem Herzen zu ihm zu beten.

Die Liebe zu den Gottheiten war jedoch unwürdig, wenn sie nicht mit Liebe zu den Menschen einherging. Ramses II. zeigte sich besonders wohlwollend gegen diejenigen, die die zahlreichen Monumente seiner Regierungszeit errichtet hatten. Die großen stattlichen Bauarbeiten waren ihm ein vordringliches Anliegen. Den Baumeistern, den Steinmetzen und den Steinbrechern wurde viel abverlangt. Gern begab sich der Pharao selbst auf die Baustellen, um mit seinen Handwerkern zu sprechen. Er lobte sie dafür, daß sie tüchtig und fleißig waren, stets wachsam bei der Arbeit und daß sie ihre Pflichten gewissenhaft erfüllten. Ramses zeigte sich auch erkenntlich. Er geizte nicht mit spirituellen und materiellen Wohltaten: Alle Bedürfnisse der Handwerker befriedigte er im Übermaß. Sie sollten niemals Mangel leiden. Lagerhäuser wurden für sie mit Korn gefüllt. Brot, Fleisch, Kuchen, Salben, Gewänder und Sandalen wurden ihnen bereitgestellt. Fischer brachten ihnen frischen Fisch, Bauern bestellten eigens Felder, um sie mit Gemüse zu beliefern, Töpfer stellten Krüge her, in denen das Wasser im Sommer kühl blieb.

So hatte kein Handwerker Grund zur Klage über seinen König. Auf Ramses' Baustellen zu arbeiten war eine Ehre und ein Vergnügen.

Mit 88 Jahren, nach 67 Regierungsjahren, verließ der Falke Ramses die Erde und flog gen Himmel, um in das Licht einzugehen, aus dem er hervorgegangen war. Sein mumifiziertes Gesicht wirkt noch heute so faszinierend, so in der Gegenwart verankert, daß man über alle Zeit hinweg seine Liebe zum Leben darin zu lesen glaubt. Und das trotz aller Wechselfälle, die dieser Mumie widerfuhren. Nach der Beisetzung in ihrem heute verfallenen Grab im Tal der Könige war ihr nur eine kurze Ruhepause vergönnt. Nach einer Serie von Plünderungen Anfang des ersten Jahrtausends vor Christi Geburt wurde die Mumie Ramses' II. aus dem ursprünglichen Grab entfernt und in einem Schacht nahe des Tempels zu Deir el-Bahari in Sicherheit gebracht. Dieses berühmte Versteck blieb unversehrt bis zum Jahre 1881 unserer Zeit. Dann wurde es von ägyptischen Bauern entdeckt, die jahrelang mit den wertvollen Gegenständen, die sie darin fanden, Handel trieben. Das Auftauchen zahlreicher authentischer Stücke auf dem Antiquitätenmarkt erregte die Aufmerksamkeit des französischen Ägyptologen Gaston Maspéro, dem es schließlich gelang, die Spur zurückzuverfolgen und die Mumien mehrerer berühmter Pharaonen, darunter auch Ramses' II., aus dem Versteck zu bergen.

So gelangte Ramses also nach Kairo, ins Museum von Bulak. Doch damit waren seine Reisen noch nicht zu Ende: Im

Jahre 1976 wurde er nach Paris überführt, wo er von Spezialisten untersucht werden sollte. Tatsächlich war die Mumie in bedenklichem Zustand. Ärzte stellten fest, daß Ramses auch im Alter noch kräftig gewesen war, allerdings an Arteriosklerose und an fortgeschrittener Entzündung und Versteifung der Wirbelgelenke gelitten hatte. Vermutlich konnte er trotz seines stabilen Knochenbaus nur noch unter Schmerzen laufen. Seine Haut war hell und sein Haar rotblond. Der Brustraum der Mumie war mit Pollen gefüllt, hauptsächlich von einer Pflanze aus der Gattung der Kamille. Außerdem fand man Pfefferkörner in Nase, Hals und Unterleib sowie Schichten von Nikotin und feingehacktes Kraut der Nicotiana L., eines dem Tabak verwandten Gewächses. Alarmierend war die Analyse der Mumienbinden, bei der 60 verschiedene Arten von Mikroorganismen mit «pilzähnlichem Verhalten» entdeckt wurden, die sich auf dem Leichnam seit kurzem intensiv vermehrten und Ramses den Großen mit der Zeit unerbittlich zerstört hätten. Behandlung tat not. Mit äußerster Behutsamkeit wurden die Mumienbinden entfernt. Diese schwierige Aufgabe war etwas für die zarten Hände der Spezialistin Madame Jachs. Durch die Behandlung mit Gammastrahlen wurde die Mumie völlig sterilisiert. Die «Wiedereinwickelung» ohne Nähnadel, Stecknadel oder Klebstoff, nur mit Leinengarn, wurde ebenfalls von Madame Jachs vorgenommen.

Durch die moderne Wissenschaft regeneriert, wurde Ramses' II. Körper in einen prachtvollen Sarkophag aus Libanonzeder gebettet, den die Priester um 950 v. Chr. für die Überführung der Mumie in das Versteck benutzt hatten. Als Totenbett wurde eine Leinenmatratze aus der XIX. Dynastie gewählt, die mit unverweslichem Zedernholzsägemehl gefüllt war. So erwiesen die Menschen des zwanzigsten Jahrhunderts Ramses dem Großen, dem «Gemahl Ägyptens», ihre Achtung. Nachdem eine militärische Abordnung diesen Staatschef

262

aus ferner Vergangenheit mit gebührenden Ehren verabschiedet hatte, kehrte er per Flugzeug in sein von den Göttern geliebtes Heimatland zurück.

31. KAPITEL

ALARM IM NORDEN

Bereits am Tag seiner Krönung wußte Ramses III. (1184–1153 v. Chr.), daß sein Land im Umbruch, seine Kultur tiefgreifenden Veränderungsprozessen unterworfen war. Sein Vorbild war der ruhmreiche Ramses II., dessen Namen er trug. Ramses III. hielt sich für fähig, ein ebenso mächtiges, ebenso strahlendes Ägypten wie sein Vorfahre zu erbauen. Doch seit dem Tod Ramses' des Großen hatten sich die Zeiten sehr geändert. Die innerägyptische Situation hatte sich deutlich verschlechtert. Ramses' II. unmittelbare Nachfolge war schwierig, doch sein Sohn Merenptah konnte wenigstens das Wichtigste bewahren. Nach dessen Regierungszeit durchlebte Ägypten ein unruhiges Vierteljahrhundert, in dem durch Intrigen bei Hofe sogar ein Syrer den Thron bestieg.

Im Jahre 1186 v. Chr. gründete Sethnacht die XX. Dynastie. Der Name dieses Pharaos, «Seth ist mächtig», betonte das Prinzip von Strenge und Kraft. Dieses symbolische Programm erfüllte er auch: Sethnacht verbrachte seine kurze Regierungszeit damit, die Ordnung im Land wiederherzustellen, Unruhestifter vom Hof zu vertreiben und Schuldige zu bestrafen. Wie es die Regel wollte, ernannte er einen Mitregenten und lehrte ihn den Beruf des Königs. Als Sethnachts Sohn, der künftige Ramses III., die Macht allein übernahm, regierte er wieder über ein vereintes und einigermaßen stabiles Ägypten.

Ramses III. reformierte Verwaltung und Wirtschaft. In den

Steinbrüchen wurde intensiver Abbau betrieben. Die Tempel, deren Führung der Schlüssel zum ägyptischen Wohlstand war, brachten es wieder zu ansehnlichem Reichtum, den sie in den Jahren zuvor verloren hatten.

Doch Ramses III. konnte sich auf den Lorbeeren des zurückeroberten Wohlstands nicht ausruhen. Ägypten war von einer Invasion bedroht. Der Pharao mußte eine Armee zusammenstellen, die in der Lage war, den bevorstehenden schweren Schlägen zu trotzen. Soldaten und Befehlshaber hatten sich an ein bequemes und luxuriöses Leben gewöhnt. Ramses II. hatte seine Kämpfer stets reich beschenkt. Viele hatten sich seither auf die Güter zurückgezogen, die ihnen der Staat für ihre guten und treuen Dienste verliehen hatte. Regelmäßig wurden ihnen Fleisch- und Kornrationen zugeteilt. Seit Jahren schon waren die Waffen gut verstaut, während ihre Besitzer gemeinsam mit Frau und Kindern den Schatten in ihren baumbestandenen Gärten genossen.

Die ersten, die dieses Idyll störten, waren die Libyer, regelrechte Erbfeinde der Ägypter. Von leichtfertigen Anführern gedrängt, versuchten sie, Ägypten zu erobern, und wagten sich bis in die Vororte von Memphis. Dieser große Überfall, bei dem sich die Libyer tragisch überschätzten, sollte sich unter der Herrschaft von Ramses III. wiederholen. Die libyschen Truppen wurden dabei aufgerieben, ihre Anführer getötet oder gefangengenommen – dies sollte der letzte Zusammenstoß zwischen Ägyptern und Libyern bleiben. Die Überlebenden wurden als Arbeiter in den Tempeldomänen eingesetzt und integrierten sich rasch in die ägyptische Gesellschaft, wobei sie ihre ursprünglichen Sitten und ihre Mentalität verloren. In der Dritten Zwischenzeit sollte es sogar eine libysche Pharaonendynastie geben.

Diese Auseinandersetzungen waren für Ramses' III. Truppen nur unbedeutende Scharmützel im Vergleich zu dem gigantischen Konflikt, der sich bereits abzeichnete. Ramses III.

blickte wachsam nach Norden, denn von dort erreichten ihn alarmierende Nachrichten. Sein Geheimdienst meldete die Vorbereitungen zu einer Invasion, die den tapfersten Kriegsherrn hätte erzittern lassen. Niemals war Ägypten so unmittelbar von der Vernichtung bedroht gewesen. Nun mußte Ramses III. auf dem Schlachtfeld beweisen, daß er tatsächlich der geistige Sohn von Ramses II. war.

Die Eindringlinge wurden «Seevölker» genannt. Schon während Merenptahs Regierungszeit hatten sie versucht, in das Delta vorzustoßen, doch der König hatte die Gefahr abgewehrt, wenn auch nur vorläufig. Inzwischen hatten diese indoeuropäischen Völker (Philister, Anatolier, Lyder, Berber, Griechen und Scherden) ein lockeres Bündnis gebildet. Auf ihrer großen Völkerwanderung hinterließen sie eine Spur der Zerstörung und wälzten die Ordnung im Vorderen Orient der Antike von Grund auf um.

Was da heranbrandete, war ein unfaßbar gewaltiger Bevölkerungsstrom, vorneweg die Krieger, gefolgt von Frauen, Kindern und von Ochsen gezogenen Karren voller Hausrat. Sie waren auf der Suche nach reichen und wohlhabenden Landstrichen, um sich dort niederzulassen und ein besseres Leben zu führen als in den Gebieten, die sie verlassen hatten. Das Hethiterreich konnte dem Ansturm nicht widerstehen und wurde zerstört. Zentralsyrien wurde verwüstet. Auch Palästina, der letzte Korridor vor Ägypten, hielt nicht stand. Nun war der Zusammenstoß mit den Truppen des Pharaos unvermeidlich.

Ramses III. hatte diese Invasion aufmerksam verfolgt. Er war genauestens informiert und hatte seine Strategie von langer Hand vorbereitet. Er wußte, daß die Feinde zu Land und zu Wasser gleichzeitig angreifen würden. Er kannte ihre Bewaffnung, die jener der Ägypter keinesfalls überlegen war. Das größte Problem war ihre zahlenmäßige Übermacht. Ein Ägypter würde gegen vier oder fünf Feinde stehen. Nachdem die libysche Gefahr gebannt war, wachte Ramses III. auch darüber, nicht von innen her verraten zu werden. Im Delta lebten nicht wenige Fremde. Sie konnten möglicherweise zum Feind überlaufen. Die Miliz wurde beauftragt, sie zu überwachen.

Der Moment der entscheidenden Schlacht rückte näher. Der Pharao rief seine Offiziere zusammen. Er hatte seine Kriegsgewänder angelegt und persönlich die tadellose Verfassung seiner Pferde überprüft. Unter seinen Augen wurden die Waffen ausgegeben. Es war ein feierlicher Augenblick, jeder spürte den Ernst der Lage. Hier handelte es sich nicht um einen schlichten Kontrollfeldzug, sondern es ging um nichts Geringeres als um den Fortbestand Ägyptens. Das Herzeigen der Waffen war eine magische Handlung. Der Glanz des Metalls in der Sonne sollte in den Reihen der Feinde Angst und Schrecken säen. Helme, Bögen, Kettenhemden, Schwerter und Schilde wurden verteilt. Ordnungsgemäß notierten Schreiber die Namen der Soldaten und stellten Ausgabescheine für die Waffenlager aus.

Ramses III. verlor keine Zeit. Er stellte seine Truppen an zwei Stellen auf: an der Grenze zu Palästina wurden Streitwageneinheiten und Infanterie zusammengezogen, im östlichen Delta wurde eine regelrechte Mauer aus schweren Kriegsschiffen gebildet. Zahlreiche Handelsschiffe wurden eingezogen, um dieses Verteidigungssystem zu verstärken. Auf ihrem bisherigen Weg hatten die Seevölker dergleichen noch nicht gesehen.

Ramses' III. kluge Strategie zwang den übermächtigen Gegner in die Knie. Die Ägypter siegten an beiden Fronten. Wandtexte im Tempel zu Medinet Habu berichten: «Die feindlichen Krieger kamen zu Wasser und zu Land. Sie waren überall. Doch Amun-Re verfolgte jene, die auf dem Landweg angriffen, und vernichtete sie. Jene, die über die Nilmündung nach Ägypten eindringen wollten, wurden in der Falle gefangen wie wilde Tiere im Netz. Jene, die versucht haben, Ägyptens Grenzen zu verletzen, sind vernichtet, ihre Herzen und ihre

Seelen sind zerstört. Ein alles verschlingendes Feuer ist ihnen auf dem Wasser entgegengeeilt, während eine eiserne Mauer sie auf dem Land umschloß. Ihre Fußsoldaten wurden niedergemetzelt, ihre Schiffe zum Kentern gebracht und versenkt.»

Die Ägypter gewannen die Seeschlacht dank der Taktik der «doppelten Angriffsfront»: Während die Seeleute des Pharaos den Angriff abwehrten, wurden die feindlichen Schiffe von Bogenschützen beschossen, und zusätzliche Truppeneinheiten verhinderten jeden Fluchtversuch. Den Seevölkern war sogar der Rückzug verwehrt.

Ramses III. hatte die Operationen an der Spitze seiner Armee geleitet wie einst Ramses II. Seine Gegenwart allein war schon eine Erfolgsgarantie. Als der Waffenlärm verstummte, waren die Schlachtfelder mit den Leibern der getöteten Feinde übersät. Um sie zu zählen, wurde jedem eine Hand abgeschlagen. Die Gefangenen wurden gebunden und vor den König geführt. Doch man richtete die Überlebenden nicht hin. Die Philister ließen sich in einem Gebiet nieder, dem sie ihren Namen gaben, Palästina. Die Etrusker zogen nach Italien. Einige Scherden blieben in Ägypten, wo sie nach rascher Anpassung an die ägyptischen Sitten und Gebräuche in der Armee des Pharaos Dienst taten.

Ramses III. hatte Ägypten gerettet. Noch drei Jahre mußte er in Nordsyrien kämpfen, um die Sicherheit der Zwei Länder zu gewährleisten, doch die Gefahr war gebannt. Nach der symbolischen Tradition regierte der Pharao wieder über die gesamte Erde. In seiner berühmten «magischen Statue», die im Museum zu Kairo zu sehen ist, wirkte er als Beschützer der Reisenden, die sich in die Wüste wagen. Als Löwe, der den Himmel erhellte, schützte Ramses sich selbst und kämpfte für seinen Bruder, der die magischen Inschriften auf der Statue zu entziffern verstand. So war der Reisende sicher vor allen schädlichen Wesen. Wer ihn angreifen wollte, wäre des Todes.

Formeln wie die zum Schutz der Reisenden auf der Statue von Ramses III. wurden auch als magischer Schutz für das Schlafgemach des Pharaos verwendet. Glich der Schlaf nicht einer Reise durch gefahrvolle Räume?

Wie sein ruhmreiches Vorbild war Ramses III. nicht nur Kriegsherr, sondern auch ein großer Baumeister. Er stattete die Tempel mit wertvollen Metallen aus und verhalf ihnen zu neuem Reichtum. In Karnak ließ er den wunderbaren Chons-Tempel errichten, den man als «klassisches» Modell des Neuen Reiches betrachtet. Besonders intensiv widmete er sich der alten heiligen Stadt Heliopolis, deren religiöses Personal nun aus etwa 50 000 Bediensteten bestand. Sein Meisterwerk aber war Medinet Habu, der riesige Tempelkomplex am thebanischen Westufer, das neue Karnak. Dort sang er eine Hymne an die Macht, an den Sieg, an das Kolossale. Ramses III. vereinte seine Funktion als Herrscher eng mit der als Priester, denn sein Palast schloß sich unmittelbar an den Tempel an und lag noch innerhalb der Umfassungsmauer, die Medinet Habu von der profanen Welt trennte. Vom Fenster seines Palastes aus verfolgte der Pharao die Zeremonien. Leben und Tod waren eins, und beide vereinten sich in seiner Person.

In diesem relativ kleinen «Haus der Freude» genoß Ramses III. die seltenen privaten Augenblicke, die das Protokoll ihm zugestand. Gelegentlich empfing er wohlgestaltete junge Frauen, die ihn für ein paar Augenblicke die Erfordernisse seines Amtes vergessen ließen. Vom Balkon seines Palastes aus verteilte er Ehrungen an jene, die sich um Ägypten verdient gemacht hatten; die Fassade grenzte an den ersten Tempelhof, den nur jene betreten durften, die zumindest die ersten Stufen der Einweihung erklommen hatten.

Hier, rund um den Tempel von Ramses III., am Ufer der Toten, erlebte das ausgehende Neue Reich seine letzte Glanzzeit. Während Theben allmählich in der Erinnerung an seinen

Ruhm einschlummerte, entwickelte sich Medinet Habu zum Zentrum des gesellschaftlichen Lebens. Häuser wurden gebaut und Läden eröffnet. Rund um das geheimnisvolle Bauwerk, das von seinem imposanten Eingang, dem «Hohen Tor» gehütet wurde, herrschte reges Leben. Die hohen Beamten, die Offiziere, die Vertrauten des Königs, die heiligen Sängerinnen und Tänzerinnen wohnten in der Nähe, auch die Werkstätten, in denen sowohl Männer als auch Frauen beschäftigt waren, grenzten unmittelbar an.

Jene Einrichtung, die man auf Grund einer unglücklichen historischen Übertragung den «Harem» Ramses' III. nannte, hatte mit der moslemischen Einrichtung gleichen Namens allerdings nichts gemeinsam. Der «Harem» der alten Ägypter war in Wirklichkeit «der Ort der (heiligen) Zahl». Diese symbolische Bezeichnung verbarg konkrete Wirklichkeiten, nämlich hauptsächlich Werkstätten, in denen eingeweihte Weberinnen die Kultgewänder entwarfen und herstellten. Die Frauen aus dem Harem waren eher mit japanischen Geishas zu vergleichen; sie waren hoch gebildet, feinsinnig und durch ihre sorgfältige Ausbildung in der Lage, Gespräche über jedes beliebige Thema zu führen.

Nachdem der Alarm im Norden verklungen war, konnte der gealterte Ramses III. mit friedlichem Lächeln auf seine Taten zurückblicken. Er hatte seinen Beruf als König mit allem gebotenen Ernst und Pflichtbewußtsein erfüllt. Er hatte Ägypten aus größter Gefahr errettet und seinem Land wieder zum Wohlstand verholfen, die Tempel der Gottheiten ausgeschmückt und es den Priestern ermöglicht, die Feste mit aller gewünschten Üppigkeit zu zelebrieren. Er hatte die Herzen seiner Untertanen erfreut. Niemand mußte Hunger oder Durst leiden, jeder besaß die Gewänder, die ihm zustanden. Zahlreiche See- und Handelsexpeditionen waren aufgebrochen, damit es Ägypten an nichts fehlte. Ramses III. hatte die Menschen dem Elend entrissen. Er hatte den Schwachen vor dem Unterdrücker geschützt. Die Erde hatte durch ihn das Glück erlebt.

Ägypten glich einem jener Gärten, die der Pharao so liebte. Er hatte dafür gesorgt, daß Bäume und Pflanzen gediehen, so daß man sich in ihrem kühlen Schatten glücklich und zufrieden ausruhen konnte. Der geistige Sohn von Ramses II. hatte rund um die Tempel weitläufige Gärten anlegen lassen und unzählige Olivenbäume und Weinstöcke gepflanzt. Er liebte den Anblick von blumengesäumten Wegen, Spaziergänge durch Obstgärten, das Betrachten der heiligen Seen. Er hatte persönlich darüber gewacht, daß die Gärtner ihre Arbeit mit Fleiß erfüllten.*

* Ein Kalksteinfragment (Kairo JE n° 45570) berichtet, daß Ramses III. sich aus seiner Residenz im Delta eigens nach Memphis begeben habe, um das Anpflanzen von 200 Perseabäumen im Tempelbezirk des Ptah zu überwachen.

| 32. | DIE WILDE |
| KAPITEL | STADT TANIS |

Eine seltsame Stätte ist das riesige Tanis im Delta. Es ist eine steinige Stadt, winddurchweht, wild und wenig einladend. Wer den Charme von Assuan gewöhnt ist, die strahlende Pracht von Luxor oder die Erhabenheit von Sakkara, der wird von Tanis enttäuscht sein. Das benachbarte Dorf San el-Hagar hat nichts Besonderes zu bieten. In der Nähe befindet sich der «Tell*» von Tanis, eine weite Fläche von 3,5 km Länge und 1,5 km Breite, die etwa 35 Meter unter dem Meeresspiegel liegt. Auf den ersten Blick ist nicht mehr zu sehen als eine Ebene, über die der Wind ungehindert fegt. Die Winter hier sind naßkalt und vergleichsweise hart.

Dennoch geht von dieser ausgedörrten Steppenfläche mitten im grünenden Delta ein fesselnder Zauber aus. Wenn man umherläuft, erkennt man allmählich, daß man sich in einem heiligen Bezirk bewegt. Hier überwindet die Vergangenheit die Zeit. Hier stand eine der prachtvollsten Städte Ägyptens, die in der XXI. und XXII. Dynastie (1070–722 v. Chr.) sogar zur Hauptstadt wurde. Allerdings befand sich die ägyptische Kultur damals bereits in der Phase ihres Niedergangs. Nach dem düsteren Ende der langen Ahnenreihe der Ramessiden war eine Zeit angebrochen, die man heute als Dritte Zwischen-

---

* Bezeichnung für einen künstlichen Hügel aus übereinanderliegenden Siedlungsschichten (Anm. d. Ü.).

zeit bezeichnet. Die Namen der Pharaonen sind kaum mehr bekannt. Smendes, Psusennes, Scheschonk, Osorkon genießen bei weitem nicht den Ruhm ihrer Vorgänger im Neuen Reich. Und doch erlebte Ägypten noch glanzvolle Stunden, und sein Mittelpunkt lag im grünenden Tanis.

Die Stätte kann auf eine lange Geschichte zurückblicken. Schon im Alten Reich stand hier eine relativ bedeutende Stadt. Die Bauleute der Dritten Zwischenzeit verwendeten übrigens Blöcke aus der Zeit des Alten Reiches, die aus Gizeh, Abusir, Gurob oder Hawara stammten. Doch das Rätsel ist damit nicht gelöst: War Tanis eine architektonische «Erfindung» der Pharaonen der Dritten Zwischenzeit, oder wurde es bereits von den Architekten Ramses' II. zu einer großen Stadt ausgebaut? Die ersten Ausgräber waren überrascht über die Fülle ramessidischer Bauten in Tanis. Säulenhallen, Tempel, Obelisken, Sphingen und Statuen – die Stätte schien eine riesige Menge von Werken aus der Ramessidenzeit zu beherbergen. Man wußte, daß Ramses II. das Delta ebenso geliebt hatte wie Nubien, und man glaubte, in diesen Werken einen weiteren Beweis seiner intensiven Bautätigkeit zu erkennen.

Tanis war nicht nur Königsresidenz und Standort eines großen Tempels. Auch in strategischer Hinsicht war seine Lage besonders interessant. Es war ein Beobachtungsposten für das nahe Asien und eine ideale Ausgangsbasis für die ägyptischen Truppen. So schien es durchaus nachvollziehbar, daß Ramses II. es sich zu einem beliebten Aufenthaltsort gewählt hatte.

Leider ist diese scheinbar so plausible historische Rekonstruktion von peniblen und skeptischen Archäologen in Frage gestellt worden. Die wahren Gründer der Stadt Tanis, so behaupten sie, seien die Pharaonen der XXI. und XXII. Dynastie gewesen, die zu Recht «Taniten» genannt würden. Diese Könige waren eifrige Wiederverwerter, die Material aus der Ramessidenzeit in ihrer neuen Hauptstadt verarbeiteten. Darum stammen die Steine zwar alle aus der Zeit Ramses' II., aber von verschiedenen Stätten, hauptsächlich aus dem berühmten Pi-Ramesse, der «Ramsesstadt». Tanis wurde zu seiner Zeit zu einem regelrechten Sammelbecken, in dem die göttlichen Mächte zusammenströmten. Die «Taniten-Könige» hatten ehrgeizige Pläne: Sie wollten Tanis zu einem neuen Karnak machen, deshalb errichteten sie unter anderen einen riesigen Tempel zu Ehren des Amun.

Dennoch ist Ramses II. in Tanis gegenwärtig. Er verdrängt dort sogar jeden anderen König, so zahlreich und spektakulär sind seine Monumente. Zwar wurde der große Monarch erst in der Dritten Zwischenzeit ins «Neue Karnak» gebracht, doch seine magische Kraft galt noch als so mächtig, daß ihm der erste Platz eingeräumt wurde.

Die «Taniten-Könige» hatten keinen leichten Stand. Während ihre Dynastie im Norden Ägyptens herrschte, regierte im Süden die konkurrierende «Thebanische Dynastie». Die Zwei Länder waren zerrissen, was Ägypten bedrohlich schwächte. Dennoch entwickelte sich Tanis zu einer herrlichen Stadt, die der deutsche Ägyptologe Kees als «Venedig Ägyptens» bezeichnete. Sie lag strategisch günstig und war tatsächlich mit großer Sorgfalt angelegt worden. Man rühmte ihre Kanäle, ihre Vergnügungsseen, ihre schattigen Gärten. Der reiche Adel lebte in großen Villen. Die Stadt verfügte über einen Flußhafen, der für den Handel sehr nützlich war. Tanis war ein Verkehrsknotenpunkt mit günstigen Verbindungen zum Mittelmeer, dem Roten Meer und den Pisten und Straßen nach Syrien. Zahlreiche Wasserflächen in den Wohnvierteln schufen ein angenehmes Mikroklima. Umgeben war die Stadt von Weideland und von Rebenpflanzungen, die guten Wein hervorbrachten.

Die Vornehmen von Tanis gaben in ihren weitläufigen, blumengeschmückten Villen Empfänge, bei denen bis spät in die Nacht gegessen und getrunken wurde. Währenddessen lauschte man einem Orchester aus drei leichtbekleideten, fast nackten Frauen, und Harfenisten erinnerten in ihren melancholischen Gesängen an die Allgegenwart der Götter, die, wann immer es ihnen beliebte, die Seele eines jeden Wesens ins Jenseits rufen konnten. Die Volksmenge in den Straßen war bunt gemischt: Ägypter, Asiaten, Libyer, Schwarze und immer wieder Soldaten. Häufig fanden Paraden der Bogenschützen statt. Die Streitwagenlenker trainierten auf eigens dafür eingerichteten Feldern.

Ganz Tanis war von einer Befestigungsmauer umgeben, denn man erinnerte sich noch gut an die Angriffe der Seevölker. Die Gefahren einer Invasion blieben stets präsent. Deshalb hatte man eine große Lehmziegelumwallung gebaut (430 Meter mal 370 Meter), deren Mauern bis zu 10 Meter hoch und 15 Meter dick waren. Unter den zentralen Orten der Stadt war der Exerzierplatz besonders beliebt. Hier wohnte die Bevölkerung prächtigen Truppenparaden bei und fühlte sich beschützt angesichts dieser Demonstration von Verteidigungsbereitschaft und Schlagkraft.

Die Könige von Tanis profitierten von den wirtschaftlichen Ressourcen Mittel- und Unterägyptens. Sie waren reich. Zwar verwendeten sie häufig Steine aus früheren Bauten wieder, aber dennoch waren ihre Bauleistungen beeindruckend. Der französische Ägyptologe Pierre Montet entdeckte die unversehrten Gräber der Könige. Mit Montet setzte zum ersten Mal seit der Beisetzung der «Taniten-Könige» ein Mensch einen Fuß in die heiligen Räume. Dieses Ereignis war ebenso «sensationell» wie die Öffnung des Grabes des Tutanchamun, und eigentlich hätte Tanis die gleiche Berühmtheit erlangen müssen wie das winzige Grab im Tal der Könige. Doch die Götter wollten es anders. Tutanchamun sollte posthum der größere Ruhm zukommen, während das wilde Tanis verschlossen blieb, weitab vom Interesse der Welt. Dabei fanden sich darin Grabbeigaben von außerordentlichem Reichtum, silberne Särge, Goldmasken und Edelsteine.

Eine seltsame Stadt ist dieses Tanis, das nicht von Ramses II. gegründet wurde und doch seinen Ruhm besingt, diese Hauptstadt, in der nur Königsgräber und keine «Privatgräber» zu finden sind. War es eine künstliche Stadt, in der lediglich die Funktion des Pharaos verherrlicht werden sollte, eine Grenzstadt, eine Stadt des Seth, des Gottes über die Gewitter, des Himmelsherrn, Garant der Schlagkraft der ägyptischen Truppen?

Tanis war eine Stadt der Tempel. Im Westen lag der des Amun, im Süden der des Seth, im Osten der der syrischen Göttin Astarte. Im Zentrum lag eine heilige Festung, die bis zum Himmelshorizont reichte. Der Tempel des Amun-Re mit seinem Dutzend Obelisken war der weitläufigste. In seinen großen Höfen hatte man eine derart beeindruckende Anzahl älterer Statuen aufgestellt, als hätten die Meisterwerke einer ruhmreichen Vergangenheit hier einen neuen Zufluchtsort gefunden. Ägyptische und asiatische Götter begegneten einander in Tanis, ohne sich zu stören; jeder hatte seinen Bezirk, seine Aktionssphäre, seine Riten. So nahm Tanis die Zukunft vorweg. Es kündete von einem Vorderen Orient, in dem sich die religiösen Ausdrucksformen verändern mußten. War es da nicht besser, einen Weg zu finden, wie sie in friedlichem Einvernehmen leben und sich ergänzen konnten, statt einander zu bekämpfen?

Im wilden Tanis wurde auch «staatliche Magie» gepflegt. Dies belegt die Entdeckung eines ungewöhnlichen Ofens, in dem Wachsfiguren verbrannt wurden, die Ägyptens Feinde darstellten. Dieses vom Pharao oder seinen Stellvertretern durchgeführte Ritual läßt sich bis in früheste Zeit zurückverfolgen. Es sollte Blutvergießen und endlose Kriege vermeiden, indem es von vornherein die Seele der Feinde lähmte. Nachdem auf diese magische Weise ihre Kraft zerstört und durch das Feuer geläutert war, konnten sie keinen Schaden mehr anrichten.

Lange könnte man von den vielen archäologischen Funden schwärmen, die Tanis uns bescherte. Doch auch in dieser Beziehung erweist sich die Stadt als widerspenstig. Selten wurde eine Grabungsstätte so unvernünftig geführt. Als man etwa die Hauptachse des Amun-Tempels freilegte, türmte man Unmengen von Schutt auf Bezirke, die noch nicht bearbeitet waren. So geht noch heute das Gerücht, dort seien Statuen aus der Erde geholt worden und dann sofort wieder verschwunden. Trägt der Wind, der durch die Stadt bläst, etwa zu Schabernack aufgelegte Geister mit sich, die die Erforschung der Entdekkungen stören?

Ein kleines Fundstück verdient dabei besondere Aufmerksamkeit. Es handelt sich um eine goldene Kanne, die den Namen des Pharaos Ahmose trägt, aus dem Grab des Psusennes stammt und im Museum zu Kairo aufbewahrt wird. Ahmose regierte von 1552 bis 1527 v. Chr. und war der Gründer der XVIII. Dynastie und des Neuen Reiches. Die materiellen Belegstücke aus seiner Epoche sind rar. Die Inschrift dieses schönen Goldgefäßes nennt Ahmose den Bezwinger der Hyksos und Befreier Ägyptens, «geliebt von Osiris, dem Herrn von Abydos». Durch die Opferung dieses Ritualgegenstandes verlieh man dem Sohn des Lichts, dem Pharao, ein Leben in Ewigkeit. Nach einer Inschrift im Tempel zu Karnak waren solche Gefäße gleich «den Sternen unter dem Leib der Göttin Nut». Sie enthielten also himmlische Energie, die fortwährend erneuert wurde und dem Geist des auferstandenen Königs ermöglichte, an der kosmischen Quelle allen Lebens seinen Durst zu stillen.

Durch solche diskreten Kleinigkeiten verlieh der Gründer des Neuen Reiches der Stadt Tanis noch lange nach seinem Tod die Legitimation. Er war symbolisch an der Seite seiner fernen Nachfolger gegenwärtig und ließ sie an seiner Unsterblichkeit und seinem Ruhm teilhaben.

Warum ist von dieser weitläufigen und blühenden Stadt

nichts geblieben als eine wüste, unwirtliche, windgepeitschte Stätte? Wann und aus welchem Grund wurde sie aufgegeben? Oft wird Ägyptens Verfall als Ursache genannt, das erlahmende Interesse an der Asienpolitik, mit dem diese strategische Stellung überflüssig wurde. Man bemüht auch Erdbeben, Überschwemmungen, Plünderungen und Diebstahl. Alles in Tanis scheint sich zu verlieren, ausgelöscht zu werden. So weiß man etwa, daß ein berühmtes historisches Dokument, die sogenannte «400-Jahrstele» von Mariette im Jahre 1863 unserer Zeit in Tanis entdeckt wurde, dann wieder verschwand, verlorenging und erfolglos gesucht wurde bis zu einer neuen «Entdeckung» im Jahre 1933.

Das wilde Tanis hält sich in den Nebeln der Geschichte verborgen. Seine Geheimnisse sind noch nicht gelüftet. Tanis, eine verwüstete Stätte, ein verborgenes Paradies, bleibt dennoch der Zeuge von Stunden des Lichts und der Macht, in denen Ägypten noch der Liebling der Götter war.

33. KAPITEL

PIANCHI, DER RETTER AUS NUBIEN *

Mitte des achten Jahrhunderts v. Chr.: Pianchi, ein friedlicher sudanesischer Duodezfürst, hatte soeben den Thron von Napata in der Nähe des vierten Katarakts bestiegen, weit, sehr weit von Ägypten entfernt. Er gehörte zu einem für seine Langlebigkeit, seine anspruchsvolle Moral und seine tiefe Religiosität bekannten Volk, das die alten Ägypter «Äthiopier» nannten. Tatsächlich bildete den Mittelpunkt von Pianchis kleinem Königreich ein Amun-Tempel, der am Fuße des Heiligen Berges, des Gebel Barkal, errichtet wurde. Der Äthiopier Pianchi war ein glühender Verehrer der ägyptischen Gottheiten. Unter den Vorfahren des sudanesischen Herrschers fanden sich berühmte Ägypter; seine Schwester bekleidete das Amt der «Gottesgemahlin des Amun», die in der religiösen Hierarchie Thebens eine hohe Stellung innehatte.

Doch Pianchi war nicht glücklich. Zwar liebte er sein Königreich und sein Volk und wußte die Gunst zu schätzen, in diesem sonnendurchfluteten Land zu leben, weitab von den

---

* Dieses Kapitel basiert auf dem Text einer Granitstele, die einst im Amun-Tempel von Gebel Barkal stand und heute im Museum zu Kairo aufbewahrt wird. Ungeachtet der Diskussion über die Transkription des Königsnamens (Pi, Pianchi, Pianki etc.) behalten wir die traditionelle Version bei. Als neuere Übersetzungen und Untersuchungen seien genannt: Nicolas Grimal, *La Stèle triomphale de Piankhy,* Kairo 1982, und Claire Lalouette, in: *Textes sacrés et textes profanes de l'ancienne Egypte,* S. 124–140.

Erschütterungen und Umtriebe der Welt. Doch die Lage in Ägypten ließ ihn geradezu verzweifeln. Was war aus dem riesigen Imperium geworden? Der Glanz des Neuen Reiches schien unwiederbringlich verloren. Es gab keine zentrale Befehlsgewalt mehr. Das Delta war in mehrere kleine Fürstentümer zerstückelt, von denen jedes nur seine eigenen Interessen verfolgte. Die Städte befanden sich in den Händen verirrter Priesterschaften oder Militärführer, die sich darauf beschränkten, eine gewisse Ordnung aufrecht zu erhalten. Jede Provinz strebte danach, selbst zu einem kleinen Staat zu werden. Es gab keinen Pharao mehr. Ägypten hatte keine Regierung.

Pianchi selbst sah sich als Priesterkönig nach dem Vorbild des Pharaos. Sein Königreich war zwar klein, aber die Wirtschaft war stabil, die Armee trainiert und schlagkräftig. Hier wurde die alte Religion noch in Ehren gehalten. Schließlich war dieses Königreich von thebanischen Priestern gegründet worden, die der Machenschaften ihrer habgierigen Kollegen überdrüssig waren und zur ursprünglichen Reinheit des Glaubens zurückkehren wollten. Der Amun-Tempel hielt sich streng an die klassischen Vorbilder, und die Hieroglypheninschriften und Szenen an seinen Wänden orientierten sich an den traditionellen Ritualen. Im fernen Sudan war ein Ägypten entstanden, das wesentlich strenggläubiger war als das gespaltene Ägypten der XXIV. Dynastie.

Nachdem Pianchi der Äthiopier etwa zwanzig Jahre regiert hatte, beschloß er im Jahre 730 v. Chr., daß diese unerträgliche Situation lange genug gedauert hatte, viel länger, als es das Herz eines leidenschaftlichen «Ägypters» zu ertragen vermochte. Der König rief also seine hohen Würdenträger zusammen und hielt eine Rede: Er war ein Pharao, ein Symbol des Göttlichen, ein lebendes Abbild des Schöpfers Atum, der ihn seit seiner Geburt mit Macht ausgestattet hatte. Die Botschaft war klar: Pianchi hatte beschlossen, in Ägypten die Ordnung wiederherzustellen. Doch sein Geheimdienst hinterbrachte ihm, daß ein Fürst aus dem Delta namens Tefnacht soeben den gleichen Beschluß gefaßt hatte – allerdings mit einem wichtigen Unterschied: Während Pianchi ausschließlich das Wohl Ägyptens im Sinne hatte, dachte Tefnacht nur an seinen eigenen Vorteil.

Tefnacht war es gelungen, die schwachen Provinzherren im Delta zu beeindrucken und unter seinem Banner zu vereinen. Er hatte eine große Streitmacht zusammengestellt, mit der er sich nach Mittelägypten wagen und von mehreren großen Städten als Herrscher anerkennen lassen konnte.

Zum Erstaunen seiner Berater blieb Pianchi von dieser Neuigkeit vollkommen unbeeindruckt. Er lächelte und wirkte sogar fröhlich. Dabei war die Nachricht alles andere als gut. Die Stadt Herakleopolis war bereits von Tefnachts Truppen umzingelt. Es war offensichtlich, daß der ehrgeizige Fürst es darauf anlegte, ganz Ägypten zu erobern. Niemand wagte, sich ihm entgegenzustellen.

Pianchi blieb so ruhig und gelassen, weil seine Strategie schon seit langem feststand. Seine Truppen waren bereits nach Oberägypten vorgestoßen, wo seine verläßlichsten Offiziere wichtige Posten innehatten. Bisher hatten sie die Lage nur beobachtet. Doch nun erforderte die Situation ein unmittelbares Eingreifen. Boten verließen Napata, um Pianchis Befehle zu übermitteln. Tefnachts Männer sollten bekämpft und gefangengenommen werden, ihre Herden sollten beschlagnahmt, ihre Waffen und ihre Schiffe eingezogen und die Bauern während der Kämpfe in Sicherheit gebracht werden. Die Vorposten der Äthiopier wurden von Hilfstruppen unterstützt, deren Strategie nach den jeweiligen Gegebenheiten variieren sollte: Nah- oder Fernkampf. Das Wichtigste aber war, die Kräfte des Gegners, die Zahl seiner Fußsoldaten und seiner Streitwagen richtig einzuschätzen und sich nicht blindlings in den Kampf zu stürzen.

Der Zusammenstoß war nicht nur militärischer Art. Er

hatte auch eine heilige und theologische Dimension. Tefnacht war nur ein Mann der Politik, ein Emporkömmling. Pianchi dagegen war der von Amun bestimmte Pharao. Er allein war von Gott ausersehen, über Ägypten zu herrschen. Außerdem waren Tefnachts bevorzugte Verbündete die Libyer, Ägyptens Erbfeinde, auch wenn sich inzwischen viele von ihnen in die ägyptische Gesellschaft integriert hatten. Pianchi war empört über die hohen Würdenträger, die Provinzstatthalter und die Militärs, die sich der Sache des Usurpators angeschlossen hatten, ohne zu bedenken, daß Ägypten ein besonderes, von den Göttern auserwähltes Land war. Wer Verschwörungen anzettelte, statt sich dem göttlichen Willen zu überlassen, war von vornherein verloren.

Nicht als Kriegsherr gab Pianchi seiner Armee Anweisungen, sondern als Priesterkönig. Wenn die Soldaten Theben erreichten und vor dem Tempel zu Karnak standen, sollte ihre vordringlichste Sorge den rituellen Pflichten gelten, die wichtiger waren als alles andere. Sie sollten sich reinigen, indem sie sich im Nil wuschen wie die Priester im heiligen See, sie sollten sich in Leinen kleiden, die Waffen ablegen und zu Gott beten. Er allein verlieh den Sieg und die Kraft. Wer sich für einen Kämpfer hielt, der auf Gottes Hilfe verzichten konnte, der würde seinen Hochmut bald verlieren und im ersten Kampf umkommen. Allein Amun verwandelte den schwachen Menschen in einen tapferen Krieger. Man erinnere sich nur an Ramses II., der, als Amun in ihm wohnte, Tausende von Gegnern in die Flucht schlug!

Auch die Truppenführer sollten sich reinigen, indem sie ihre Körper mit heiligem Wasser aus dem Inneren des Tempels besprengten. «Öffne uns den Weg», so sollten sie Amun bitten, «damit wir im Schatten deines Armes kämpfen.» Siegreich war nicht der Arm des Menschen, sondern der Arm Gottes.

Pianchis Armee erreichte Theben ohne den geringsten Zwischenfall und stieß dann weiter nach Norden vor. Natürlich benutzte sie die ägyptische «Autobahn», den Nil. Tefnachts Truppen dagegen waren nach Süden unterwegs. Der Zusammenstoß war unvermeidlich. Der Kampf war bald entschieden: Tefnachts Truppen wurden vernichtend geschlagen.

Pianchi beschlagnahmte einige Schiffe des Feindes und führte seinen Kreuzzug weiter nach Norden bis nach Herakleopolis. Dort kam es zu einer bedeutenden Schlacht, in der Tefnacht das Hauptkontingent seiner Truppen einsetzte. Zu Land wurde ebenso gekämpft wie auf dem Fluß. Erneut trug die nubische Armee einen souveränen Sieg davon. Ein mit Tefnacht verbündeter Fürst suchte Zuflucht in der heiligen Stadt des Gottes Thot, Hermopolis, und hoffte, sich dort gegen Pianchis Truppen behaupten zu können. Diese bildeten sogleich einen Belagerungsring.

Dem von Amun geliebten Pianchi wurde ein Bericht gesandt; Pianchi war jedoch mit den bisherigen Ergebnissen nicht zufrieden. Er geriet in heftigen Zorn: Warum hatte seine Armee ihren Vorteil nicht genutzt? Warum hielt sie auf halber Strecke inne und ließ es zu, daß die Feinde flohen und ihre Truppen neu formierten? Warum hatte sie nicht begriffen, daß Tefnacht sich nach einem strategischen Plan zurückzog, um sich auf weitere Kämpfe vorzubereiten?

Da sich seine Generäle als unfähig erwiesen, diesen Krieg zu Ende zu führen, nahm Pianchi die Angelegenheit selbst in die Hand. Er verließ Napata und fuhr auf dem Fluß nach Norden, um dem gefährlichen Tefnacht das Handwerk zu legen. Doch als er in Theben eintraf, fand gerade das Opet-Fest statt, bei dem Amun erschien[*]. Dieses Ereignis war wichtiger als jede kriegerische Handlung. Pianchi wußte, daß sein Sieg allein vom Gott abhing. Wenn er seine heiligen Pflichten vernachlässigte, würde er sich zur Niederlage verdammen.

---

[*] Pianchi hatte seine Abreise bereits hinausgezögert, um in Napata das Neujahrsfest zu begehen.

Pianchi war ein beeindruckender Mann, der über natürliche Autorität verfügte. Seine Soldaten fürchteten ihn ebenso sehr wie sie ihn liebten. Die Generäle hatten unterdessen ihren strategischen Fehler erkannt. Als sie erfuhren, daß der König selbst sich an die Spitze seiner Truppen setzen würde, fühlten sie sich beschämt und fürchteten die Strafe, die er über sie verhängen könnte. Um seinen gerechten Zorn zu besänftigen, stürzten sie sich voller Eifer ins Gefecht und eroberten Schlag auf Schlag mehrere Festungen, die Tefnacht treu ergeben waren. Doch auch diese Heldentaten konnten Pianchis Zorn noch nicht besänftigen. Es blieb noch Hermopolis, dessen Belagerung bisher erfolglos geblieben war.

Als Pianchi seine Generäle zur Rede stellte, war er zornig wie ein Panther. Weshalb zog sich der Krieg so in die Länge? Weshalb diese zögerliche Haltung? Es galt durchzugreifen, und zwar schnell und hart! Der Äthiopier schlug sein Lager auf der Westseite von Hermopolis auf und intensivierte die Belagerung. Dämme wurden aufgeschüttet und hölzerne Türme errichtet, von denen die Bogenschützen die Wachsoldaten der Stadt beschießen konnten.

Hermopolis gab auf. Unterhändler verließen die Stadt, um Pianchi Gold, Edelsteine, herrliche Gewänder und die Krone des aufrührerischen Fürsten anzubieten. Dessen Frau und Tochter warfen sich vor Pianchis Frau und Töchtern nieder, um Vergebung zu erflehen. Schließlich verneigte sich der Fürst selbst vor dem Pharao, gestand seine Verfehlungen ein, überreichte weitere Geschenke und versprach, daß er seinem neuen Gebieter regelmäßig Tribut entrichten würde.

Pianchi zeigte sich großmütig. Unverzüglich marschierte er in die heilige Stadt des Gottes Thot ein. Während er sich direkt zum Tempel begab, jubelten die Soldaten und die Bevölkerung ihm zu, dem Horus, dem Sohn des Re, der befohlen hatte, zu Ehren des Thot ein Fest und ein großes Bankett auszurichten. Nachdem er im Tempel Zwiesprache mit dem Gott gehalten hatte, besuchte Pianchi den Palast des besiegten Fürsten; dessen Frau und Tochter gaben sich aufreizend und kokett, um seine Gunst zu gewinnen. Doch der Pharao beachtete sie nicht, denn er mißbilligte ihr Gebaren. Lieber suchte er die Ställe auf, in denen ihn ein empörender Anblick erwartete: junge Füllen, die halb verhungert waren. Das Herz Seiner Majestät erbebte vor Zorn. Er befahl den Fürst zu sich. Diese ausgehungerten Tiere, so erklärte er, seien der deutlichste Beweis seiner Grausamkeit. Wer die Tiere nicht achte, achte auch die Menschen nicht.

«Deine Leute fürchten dich zu Recht», warf Pianchi diesem Fürsten vor, der sich nicht nur als grausam, sondern auch als unvernünftig erwiesen hatte: Er hatte nicht begriffen, daß jener, der ihn besiegt hatte, unter Gottes Schutz stand und daß der Versuch, Widerstand zu leisten, dumm war. Einen Augenblick erwog Pianchi, den herzlosen Menschen, der da vor ihm stand, zum Tode zu verurteilen. Doch er zog es vor, Großmut walten zu lassen, und beschränkte sich darauf, seine Güter zwischen dem Tempel zu Karnak und der königlichen Schatzkammer aufzuteilen.

Pianchis glänzender Sieg brachte die Verbündeten seines Gegners Tefnacht zum Nachdenken. Einige begriffen, daß es besser war, sich zu unterwerfen, statt die Zornesblitze des Äthiopiers auf sich zu ziehen, darunter auch der Fürst von Herakleopolis, der demütig zu Pianchi kam und reiche Geschenke brachte, Gold, Silber und Edelsteine. In Pianchi huldigte er einem echten Pharao; er wandelte in Finsternis, doch der neue Herrscher Ägyptens brachte das Licht zu ihm. Ganz ohne Zweifel war Pianchi der Horus der Lichtregion, der den Sternen befahl.

Nicht alle kleinen Provinzherren waren so klug. Auf seinem weiteren Weg nach Norden stieß Pianchi immer wieder auf Festungen voller Soldaten, die fest entschlossen waren, ihm nicht nachzugeben. Vor dem Angriff warnte er sie, sie seien nichts als lebende Tote. Einer Belagerung würden sie nicht lange standhalten können, und dann würden sie ihren unvernünftigen Starrsinn bereuen. Oft zeitigten diese harten Worte das gewünschte Ergebnis. Die Tore der Festungen wurden geöffnet, und man erkannte Pianchis Herrschaft an, denn der Schatten Gottes schwebte über ihm. Ganze Städte unterwarfen sich, und der Äthiopier konnte sie betreten, ohne einen Tropfen Blut vergossen zu haben.

Doch als guter Stratege und vollendeter Kenner der ägyptischen Mentalität wußte Pianchi, daß sein Erfolg Stückwerk bleiben würde, solange er nicht Memphis, die bedeutendste Stadt Ägyptens, beherrschte.

Am Fuße der beeindruckenden Mauern dieser Stadt angelangt, richtete der Eroberer seine bewährte Ansprache an die Einwohner von Memphis: Wenn sie sich ergäben, würde er ihr Leben schonen. Sie sollten nicht das Risiko eingehen, gegen ihn zu kämpfen und für eine ungerechte Sache zu sterben. Wenn Memphis sich unterwürfe, sollte kein einziges seiner Kinder getötet werden. Pianchi versprach, den Hauptgöttern der Stadt, Ptah und Sokaris, Geschenke darzubringen.

Doch diesmal reichten des Pharaos Worte nicht aus, um die Aufständischen zu überzeugen. Im Schutz ihrer mächtigen Verteidigungsanlagen fühlten sich die Memphiter unverletzlich. Statt sich zu ergeben, versuchten sie mit ihrer bunt zusammengewürfelten Armee aus Handwerkern und Seeleuten sogar einen Ausfall. Über Nacht wurde ihnen zahlreiche Verstärkung zuteil: Tefnacht höchstpersönlich zog mit seinen Gefolgsleuten in die Stadt, an der Spitze einer Armee von 8000 Mann, darunter die besten Soldaten Unterägyptens. Sie waren in der Lage, jedweden Angriff abzuwehren. Lebensmittel? Kein Problem. Die Speicher waren voll bis unter die Dächer. Waffen? Memphis verfügte über das größte Arsenal des Landes. Nachdem er den Widerstand organisiert hatte, erklärte Tefnacht, daß er die Stadt verlassen werde, um sämtliche Fürsten des Deltas unter seiner Befehlsgewalt zu versammeln. In ein paar Tagen würde er mit einer Befreiungsarmee zurückkehren.

Pianchi überlegte. Er wußte, daß die Belagerung von Memphis langwierig und schwierig sein würde, für seine Truppen ebenso zermürbend wie für die Memphiter selbst. Er suchte nach einer Lösung, die es ihm ermöglichte, die große Stadt einzunehmen und dabei möglichst wenige Menschenleben zu verlieren. Während er den Nil beobachtete, fiel ihm plötzlich die Lösung ein. Der Fluß führte Hochwasser. Auf der Nordseite der Stadt war die Flut bereits bis an die Befestigungsmauern gestiegen. Pianchi befahl seinen Soldaten, den Hafen von Memphis in ihre Gewalt zu bringen, in dem zahlreiche Schiffe lagen. Er ließ all diese Schiffe gegen die Mauern auftürmen und erhielt so eine riesige Treppe, über die seine Soldaten den Gegner direkt angreifen und in die Stadt eindringen konnten. Verblüfft über diese List, leisteten die Memphiter nur schwachen Widerstand.

Wie immer dachte Pianchi auch jetzt zuerst an den Tempel. Der Tempel des Ptah in Memphis war einer der größten Ägyptens. Hier huldigte der Pharao feierlich dem Gott der Handwerker, dem er reiche Speiseopfer darbrachte. Dann begab er sich in den Königspalast, von dem aus vor ihm unzählige Pharaonen Ägypten regiert hatten.

Früh am nächsten Morgen verließ Pianchi Memphis, nicht um Tefnacht zu verfolgen, sondern, um einen kleinen Ort aufzusuchen, in dem der Schöpfergott Atum gemeinsam mit der Götterneunheit verehrt wurde, die das Universum gestaltete. Von dort aus wandte sich Pianchi in die berühmteste aller heiligen Städte, ins antike Heliopolis, in dem das spirituelle Abenteuer des alten Ägypten seinen Anfang genommen hatte.

Für den Äthiopier war diese Pilgerreise von besonderer Bedeutung. Es war ihm endlich vergönnt, den Ursprüngen der Tradition nachzuspüren, die er über alle Maßen verehrte. Daher unterzog er sich den uralten Riten, der Reinigung im heiligen See, der Verjüngung des Gesichts durch die Energie des *Nun*, dem rituellen Gang zum Urhügel, auf den am Anbeginn der Welt die ersten Sonnenstrahlen gefallen waren, dem Festmahl, dessen Speisen die subtilsten Essenzen vereinten. Im Tempel des Re empfing man den Pharao mit Jubelrufen. Die Priester drückten so ihre einstimmige Anerkennung des neuen Herrschers aus. Allein betrat der Pharao sodann das Allerheiligste, wo er Auge in Auge mit Re verweilte, dem göttlichen Licht, das profane Augen verbrannte und des Pharaos wahres Wesen mit neuer Energie erfüllte. Dies war der Höhepunkt der Wallfahrt des äthiopischen Eroberers, der die tiefsten Mysterien der Pharaonenreligion nachvollziehen wollte.

Pianchi schlug sein Hauptquartier westlich der Stadt Athribis auf. Hier fanden sich die Fürsten Unterägyptens ein, um sich vor ihm niederzuwerfen und sich zu seinen Vasallen zu erklären. Sie öffneten ihm ihre Schatzkammern, entrichteten Tribut und schenkten ihm ihre schönsten Rassepferde, denn sie wußten, daß der Pharao eine Vorliebe für diese Tiere hatte.

Nun war nur noch ein Feind übrig, Tefnacht. Nach dem Fall der Stadt Memphis hatte er vergeblich versucht, ein weiteres Bündnis gegen Pianchi zu bilden. Jetzt war er allein. Alle, die sich kurzfristig mit ihm verbündet hatten, hatten ihn wieder verlassen. Es blieb ihm nur noch die Möglichkeit, Pianchi eine Botschaft zu senden. Darin erklärte er, daß er Pianchi fürchte und sich ihm beugen wolle. Der Äthiopier sei unzweifelhaft der wahre Pharao, ein «Stier mit starkem Arm», dem niemand widerstehen könne. Tefnacht gestand, daß er geflohen sei, weil er eine seiner Verfehlung angemessene Bestrafung fürchtete. Ja, er sei ein Elender, ein Aufrührer, ein Verbrecher. Doch müsse Pianchi nicht Gnade walten lassen? War er, ein großer König, nicht fähig zu vergeben? Möge er den Baum doch nicht bis zur letzten Wurzel ausreißen! Er wisse, daß Tefnacht keinerlei Zufluchtsort mehr habe, daß er Hunger und Durst kenne, daß er unter der Einsamkeit leide, daß seine Gewänder in Fetzen hingen. Heute sei Tefnacht nur noch ein armer Tropf, der gegen seinen Bezwinger rein gar nichts mehr ausrichten könne. Er hoffe nur noch auf die Herzensfreude, die sich einstellen werde, wenn er für seine Verfehlungen gebüßt habe.

Tefnacht bot Pianchi alles, was er noch besaß: sein Gold, seine Edelsteine, ja sogar sein schönstes Pferd. Vorsichtig wie er war, wollte er nicht vor dem Pharao erscheinen, bevor er eine Botschaft von ihm erhalten hatte. Sobald gute Nachrichten ihn erreichten, würde er sich jedoch im Tempel einfinden, um dort seinen Treueeid zu leisten.

Pianchi akzeptierte den Kniefall des Besiegten. Tefnacht seinerseits hielt sein Wort gewissenhaft. In Gegenwart der Götter schwor er, nie mehr gegen die Befehle des Gebieters über Ägypten zu verstoßen und keine tadelnswerten Handlungen mehr zu begehen. Pianchis großes Herz erfreute sich an diesen guten Vorsätzen. Doch des Pharaos Freude wurde durch einen Zwischenfall bei einer Audienz empfindlich getrübt. Zwei hohe Würdenträger verstießen gegen heilige Vorschriften: Sie waren nicht beschnitten, und sie aßen Fisch! Pianchi nahm es mit diesen rituellen Details sehr genau und weigerte sich, die beiden zu empfangen. Jeder Ägypter mußte sich an die Gesetze der Götter halten!

Der Retter aus Nubien herrschte nun über ganz Ägypten. Die zwei Länder waren wieder unter einem einzigen König vereint. Alle rechneten damit, daß sich der neue Pharao nach diesen ruhmreichen Taten in Memphis oder Theben niederlassen und mit all der Weisheit regieren würde, die er bereits bei seinem Siegeszug unter Beweis gestellt hatte.

Doch dies war nicht Pianchis Absicht. Er hatte seine heilige Mission erfüllt, und nun war es sein größter Wunsch, in seine Heimat zurückzukehren, um über sein kleines Land zu herrschen. Auf seiner gesamten Heimreise jubelte ihm die an den

Ufern versammelte Bevölkerung zu. Doch der Mann mit dem Gesicht aus Ebenholz hörte diese Freudenrufe nicht. Sein Geist war ihm bereits vorausgeeilt in jenes Paradies des Südens, in dem er den Göttern, die seine Schritte lenkten, bis an sein Lebensende huldigen und dienen konnte.

	DIE SAÏTENZEIT
34.	UND DIE RÜCKKEHR
KAPITEL	ZU DEN URSPRÜNGEN

Die XXVI. Dynastie, die sogenannten «Saïtenkönige», von
664 bis 525 v. Chr. Sieben Pharaonen, zwei Necho, drei Psammetich, Apries, Amasis: eine trockene Litanei zur Charakte-
risierung jener 139 Jahre, in denen das ausgehende Ägypten
noch einige glanzvolle Höhepunkte erlebte, Stunden der Erinnerung und der Hoffnung im magischen Schatten einer ruhmreichen Vergangenheit.

Warum «Saïten»? Weil die Dynastie aus einer alten religiösen Stadt im Delta namens Saïs hervorgegangen sein soll. Diese
Dynastie nahm ihren Anfang, als sie Ägypten vom Joch eines
Unterdrückers befreite und eine neue Ära des ägyptischen Na-
tionalismus einleitete. Im Jahre 671 v. Chr. hatten die Assyrer
die Zwei Länder erobert und sogar Theben geplündert. Ägypten schien ausgeblutet, am Ende seiner Kraft, unfähig, den
Eindringling zu verjagen. Doch in der Tiefe seines Herzens
hoffte jeder Ägypter darauf, daß die Götter einen Befreier er-
wählen würden. Und so geschah es auch: Psammetich, ein
Fürst aus dem Delta, träumte davon, die Assyrer aus dem
Land zu vertreiben. Er gehörte einer Bruderschaft von zwölf
kleinen Fürsten an, die einander Freundschaft geschworen
hatten. Keiner wollte mehr besitzen als sein Bruder. Vor allem
mußten sie sich vor einer Weissagung hüten, die sich im Volk
verbreitet hatte: Wer im Tempel des Ptah ein Trankopfer in
einer Bronzeschale darbringen würde, der würde zum König

Ägyptens werden – ein Amt, das in diesen schwierigen Zeiten keiner der zwölf bekleiden wollte.

Die Vorsehung führte die zwölf Freunde eines Tages dennoch in den Tempel des Ptah. Um ihre Trankopfer zu zelebrieren, ließen sie sich Opferschalen bringen. Doch der Priester verzählte sich und brachte nur elf Schalen. Ohne nachzudenken, nahm Psammetich seinen Bronzehelm ab und benutzte ihn als Gefäß. Die Weissagung war erfüllt! Entsetzt überredeten ihn seine elf Freunde, sich in die Sümpfe des Deltas zurückzuziehen. Ratlos und verloren grübelte er darüber nach, warum gerade ihn ein so mißhelliges Schicksal traf. Doch der Wille der Götter würde sich unausweichlich vollziehen. Die Weissagung lautete, Psammetichs Stunde sei gekommen, wenn ihm bronzene Männer erscheinen würden. Das waren Männer waren ionische und karische Söldner, die tatsächlich Rüstungen aus Bronze trugen und sich in Psammetichs Armee verdingten, um Ägypten zu befreien. Nachdem er das Delta geeint hatte, gelang es dem neuen Pharao, ganz Ägypten zurückzuerobern. Er gründete die XXVI. Dynastie.

Als geschickter Stratege und unerschrockener Kämpfer nutzte Psammetich I. die inneren Unruhen, die Assyrien nach dem Tod des Königs Assurbanipal erschütterten. Asien war in hellem Aufruhr: Es erlebte den Niedergang des Königreichs von Ninive und das Anwachsen der babylonischen Macht. In den 54 Jahren seiner Regierungszeit gelang es Psammetich, Ägypten wiederaufzurichten, es den Klauen des Besatzers zu entreißen und ihm neue Lebensfreude einzuflößen.

Die Saïten strebten bewußt danach, Größe und Reichtum wiederzuerlangen, auch wenn sie dem Glanz des Neuen Reiches bei weitem nicht ebenbürtig sein konnten. Die städtische Bevölkerung wuchs an. Das Wirtschaftssystem funktionierte. Der Staat erfüllte seine Aufgabe als Regulator und Verteiler der Reichtümer. Der Lebensstandard war wieder relativ hoch. Jeder Ägypter konnte sich satt essen. Die Landwirtschaft florierte, das Nilhochwasser bescherte üppige Ernten. Im Delta wurden neue, große Bauvorhaben in Angriff genommen. Tempel wurden ausgebessert. Der Pharao zwang Privatpersonen, die sich allzusehr zu Lasten der Allgemeinheit bereichert hatten, den Tempeln Ländereien zurückzugeben. Jeder Ägypter durfte sich für einen Tempel seiner Wahl entscheiden. Indem der König das Privatvermögen beschränkte, kehrte er eindeutig zur traditionellen Wirtschaftsform der Zwei Länder zurück. Überdies umgab er sich mit einem Rat der Weisen und einer Verwaltung nach dem Vorbild des Alten Reiches. Zum Kreis der Vertrauten des Pharaos gehörten auch «Vorsteher der Geheimnisse», deren Ämter nicht vererbt, sondern auf Grund besonderer Verdienste und Fähigkeiten verliehen wurden. Es gab auch einen «Leiter der Schiffe», der für die Nilschiffahrt und die Sicherheit auf dem Fluß zuständig war, beides immer noch wesentliche Bausteine des wirtschaftlichen Wohlstandes. Auch seine Polizei hielt der Pharao streng unter Kontrolle. Wer seine Rolle als Diener des Volkes vergaß, wurde suspendiert. Unehrliche Priester wurden verhaftet und gefangengesetzt, ebenso wie Richter, die die Regel der *Maat*, der himmlischen Gerechtigkeit, mißachteten. Um Bauern und Handwerker zu unterstützen, strich der Pharao bestimmte Steuern, die diese Bevölkerungsgruppen besonders belasteten.

Die Saïten suchten die Rückbindung an älteste Traditionen, an den Geist der Ursprungszeit, an die heitere Macht des Alten Reiches. Zwar lagen die Wurzeln der «saïtischen» Dynastie eindeutig im Sudan, und der Pharao mußte seine Macht im religiösen Bereich mit den in Theben herrschenden «Gottesgemahlinnen des Amun» teilen, zu denen auch die Tochter des Königs von Nubien gehörte, zwar waren inzwischen auch fremde Religionen nach Ägypten eingedrungen, doch die Saïten drängte es mit aller Kraft zur Spiritualität der Pyramidenzeit. Beinahe 2000 Jahre nach ihrer Entstehung kamen die uralten «Pyramidentexte» wieder zu Ehren: Sie wurden in den neuen Gräbern in die Wände gemeißelt, die den Mastabas des Alten Reiches nachempfunden waren. Die Bildhauer zeigten ein Bemühen um Archaismus, das mitunter in leblose Nachahmung abglitt. Dennoch blieb das Verlangen nach Ursprünglichkeit sichtbar, mit dem die Saïten versuchten, die Zeit zurückzudrehen. Auch die Wahl des heute verschwundenen Saïs als Hauptstadt war bedeutsam. Diese heilige Stadt, die sich nie zu einer großen Ansiedlung entwickeln konnte, war die Stadt der Göttin Neith, einer der ältesten Gottheiten Ägyptens. Neith war die mythische Erfinderin des Webens und schuf die heiligen Stoffe für die Tempel. Ein weibliches Einweihungskollegium stand unter ihrem Schutz. Als Mutter des Pharaos und eher abstrakte Gottheit war Neith charakteristisch für die tiefe Spiritualität des Alten Reiches.

In Saïs wurde das berühmte «Lampenfest» gefeiert, das an die Nacht erinnerte, in der Osiris von seinem Bruder Seth ermordet worden war. In jedem Haus wurde ein Licht entzündet, um Isis die Suche nach ihrem Gemahl Osiris zu erleichtern. Die Lampen bestanden aus kleinen, mit Öl und Salz gefüllten und mit einem Docht versehenen Gefäßen. Die Lichter brannten die ganze Nacht hindurch. Die Wiederbelebung der großen heiligen Feste ging einher mit der Rückbesinnung auf eine Kulttradition, die den Priestern Reinheit der Sitten und Respekt vor den alten Regeln abverlangte. Sie trugen ausschließlich Leinengewänder, rasierten sich den Schädel und entfernten sich alle drei Tage ihre gesamte Körperbehaarung. Sie aßen weder Fisch noch Bohnen und erlegten sich während des Tempeldienstes Keuschheit auf. In dieser Rückbesinnung auf die akribische Strenge des Alten Reiches waren die Priester mit Geistlichen im heutigen Sinn nicht zu vergleichen; sie waren eher Forscher, die ebenso an der Symbolik der Hieroglyphen arbeiteten wie etwa daran, besonders feste Materialien hervorzubringen. Saïs verfügte über eine berühmte Ärzteschule, und die Saïten hatten eine ausgeprägte Vorliebe für die

Astronomie. Bei der Gestaltung der herrlichen Granitsarkophage aus dieser Epoche taucht oft das Motiv der Gerechten auf, deren Seele in alle Ewigkeit unter ihren Brüdern, den Sternen, lebt.

Unter den Saïten waren Fremde in Ägypten nur geduldet. Die Griechen nahmen eine Sonderstellung ein, weil sie die Ägypter bei der Befreiung von den Assyrern unterstützt, eigene Städte gegründet und ein Handelsnetz aufgebaut hatten. Nun konnte man sie natürlich nicht einfach wieder des Landes verweisen. Man mußte mit ihnen und ihrer Kultur auskommen, die die Ägypter oft als infantil und übertrieben materialistisch empfanden. Gewiß war es den Weisesten unter den Saïten bewußt, daß die Griechen ein tödliches Gift mitgebracht hatten: das Geld. Jahrhundertelang hatte Ägypten ohne ein System gelebt, das auf einer faßbaren, sichtbaren, manifestierten «Währung» beruhte. Man hatte Tauschhandel in großem Rahmen betrieben und den Tauschwert nach einer abstrakten und unsichtbaren Einheit, dem *Deben*, gemessen.

Das ägyptische Volk ertrug diese «Invasion» der Griechen jedoch nur schwer. Es blieb zutiefst nationalistisch eingestellt und betrachtete die geschäftemacherischen Praktiken der Hellenen mit Argwohn. Die Griechen gründeten sogar eine ganz und gar dem Handel geweihte Stadt, Naukratis im Delta. Dort wurde Griechisch gesprochen, und man lebte fast ausschließlich unter Griechen. Die Saïtenkönige sahen sich gezwungen, den Griechen beträchtliche Privilegien einzuräumen, denn in den Landstreitkräften wie in der Marine stellten griechische Söldner die Mehrheit der Soldaten. Die Griechen scheinen einen ungünstigen Einfluß auf König Amasis ausgeübt zu haben, der nach ihrem Vorbild die Einkommensteuer in Ägypten eingeführt haben soll. Herodot gab dieses Gesetz folgendermaßen wieder: «Jeder Ägypter mußte jährlich dem Verwalter des Gaues sein Einkommen angeben. Wer das nicht tat und keine rechtmäßigen Einkünfte nachweisen konnte, wurde mit dem Tode bestraft» (Herodot, *Historien* II, 177). Amasis (570–526 v. Chr.), ein Griechenfreund und ehemaliger Söldner, genoß den Ruf eines großen Trinkers und Frauenhelden. Zunächst galt er auf Grund seiner unbekannten Herkunft als unbedeutend, doch schließlich errang er die Gunst des niederen Volkes und gelangte schließlich sogar auf den Thron. Er war ein geschickter, klug taktierender Politiker und pflegte zu sagen, er arbeite nur am Vormittag, denn ein Übermaß an Arbeit bringe nichts Gutes.

Die Saïtenkönige unterschieden sich stark von den alten Pharaonen. Sie sahen sich als Menschen, Verwalter, eher als Diplomaten denn als Kriegsherren. Sie waren sterbliche Menschen, die fest umrissene, individuelle Charakterzüge besaßen. Der Pharao als Gottkönig war in weite Ferne gerückt, auch wenn sich die Saïtenherrscher nach den alten Ritualen inthronisieren ließen, die bis auf die ältesten Ursprünge der ägyptischen Kultur zurückgingen. Darin lag der große Widerspruch ihrer Epoche: Einerseits wollten sie zu den Ursprüngen zurückkehren und die Macht des Alten Reiches verkörpern, doch andererseits verfügten sie nicht über die materiellen und sozialen Möglichkeiten, um ihren Anspruch zu verwirklichen.

Dennoch war das saïtische Ägypten glücklich. Krieg und Besatzung waren in weite Ferne gerückt. Ein gewisses wirtschaftliches Gleichgewicht war erreicht worden. Die Zwei Länder waren vereint. Doch am Horizont türmten sich erneut düstere Wolken auf. Die Perser strebten danach, ihre Oberhoheit auf den gesamten Vorderen Orient auszudehnen.

Das saïtische Ägypten träumte von großen Errungenschaften. Unter Pharao Necho II. (610–595 v. Chr.) erbaute es für die zivile und militärische Schiffahrt einen großen Kanal zwischen dem Nil und dem Golf von Suez. Wagemutige Forscher traten eine weite Reise an und umsegelten Afrika. Erst nach drei Jahren sollten sie nach Ägypten zurückkehren. In dieser Zeit führte der Pharao Krieg mit Josia, dem König von Juda, der in der Schlacht fiel. Der König von Ägypten setzte einen ihm ergebenen Mann auf Jerusalems Thron. Nun war er wieder zum Herrscher über Palästina und Syrien geworden, wie in den ruhmreichen Zeiten der Anfänge. Wenn nur die Geschichte noch einmal beginnen könnte, wenn die Kraft des Alten Reiches noch einmal aufkeimen könnte in einer Welt, die durch und durch im Umbruch war ...

Nach diesem letzten Augenblick des Ruhms sollte der Perser Kambyses II. im Jahre 525 v. Chr. ganz Ägypten erobern. Die Saïten verließen die Welt und eine Epoche, die an zuviel Schönheit starb, an zuviel Geist, an zuviel Macht aus einem Goldenen Zeitalter, das unwiederbringlich vergangen war.

35. KAPITEL

DIE EINWEIHUNG DES TEMPELS ZU EDFU

Am 10. September des Jahres 142 v. Chr. herrschte in der Provinzstadt Edfu festliches Treiben. Mit großem Prunk empfing die alte Hauptstadt des zweiten oberägyptischen Gaus, deren Stadtgott der Falke Horus war, Ptolemaios VIII. Euergetes II. und seine erste Gemahlin Kleopatra II. zur Tempeleinweihung*, einem besonderen Anlaß.

Die uralte Stadt Edfu hatte seit dem Alten Reich schon viele heilige Bauwerke gesehen, bevor am 23. August des Jahres 237 v. Chr. der Grundstein zu diesem riesigen «ptolemäischen» Tempel gelegt wurde. Der Name des Architekten war bekannt: Es war kein Geringerer als Imhotep, der Baumeister des Djoser, der Erfinder der Steinbauten und der Pyramidenform. Durch den symbolischen Geist, der Ägypten eigen war und der über alle Zeit hinweg wirkte, verband Ägypten Edfu und Sakkara, den frühen und den späten Tempel. Imhoteps Name stand dafür, daß sich nichts verändert hatte, daß das Ägypten der Tempel und der Eingeweihten sich selbst treu geblieben war, daß die Riten sich nicht verändert hatten, daß der Weg hin zum Göttlichen in alle Ewigkeit der gleiche war.

* Zu diesem Kapitel: Blackman-Fairman, *The Consecration of an Egyptian Temple according to the use of Edfu*, Journal of Egyptian Archaeology 32, 75–91 und Journal of Near Eastern Studies 8, 340–1; Serge Sauneron und Henri Stierlin, *Derniers temples d'Egypte, Edfou et Philae*, Le Chêne 1975; Sylvie Cauville, *Edfou*, Kairo 1984.

298

Der spirituelle Bereich möchte sich tatsächlich nur geringfügig geändert haben, für den weltlichen Bereich galt das jedoch keineswegs. Ägypten hatte von 525 bis 404 v. Chr. eine erste Perserherrschaft erlebt. Dann war es dem Land gelungen, das Joch abzuschütteln und sich ein letztes Mal aufzurichten. Der letzten, XXX. Dynastie gelang es beinahe 40 Jahre lang (380–343 v. Chr.), sich ihrer Vergangenheit würdig zu erweisen. Die Pharaonen bauten, organisierten das Land neu und bereiteten sich auf den Krieg vor. Doch das Kräfteverhältnis fiel allzusehr zu ihren Ungunsten aus. Im Jahre 343 begann die zweite Perserherrschaft, unter der das Land sehr zu leiden hatte und die das endgültige Ende der ägyptischen Unabhängigkeit bedeutete, nicht jedoch der Kultur der Pharaonen. Im Jahre 332 v. Chr. befreite Alexander der Große Ägypten von den Persern, um ihm eine griechische Dynastie aufzuzwingen: die Ptolemäer, die die Zwei Länder bis zum Jahre 30 v. Chr. regieren sollten.

Um von der Bevölkerung anerkannt zu werden, ließen sich die griechischen Könige nach dem ägyptischen Ritual krönen. Sie wurden zu Pharaonen, also gehörte der Bau großer Tempel zu ihren Pflichten.* Die Ptolemäer übernahmen allmählich die ägyptische Kultur und heilten die Wunden, die den Zwei Ländern durch die plündernden und zerstörerischen Perser zugefügt worden waren**. Die Texte der «Prophezeiungen» verkündeten bereits, daß Ägypten schreckliche Zeiten durchzustehen habe, in denen die Tempel verwüstet würden und in denen der Profane versuchen würde, das Heilige zu zerstören; doch immer wieder würde ein König kommen, um die Ordnung wiederherzustellen.

---

* Z. B. Edfu, Dendera, Kom Ombo, Esna, Philae, um nur die berühmtesten Tempel zu nennen. Sie gehören zu den Prunkstücken ägyptischer Architektur. Der Tempel zu Edfu ist ausgezeichnet erhalten und bietet ein vollkommenes Bild eines großen ägyptischen Tempels und seiner Bewirtschaftung.
** Bis auf den Perserkönig Darius, der in der Oase Charga einen großen Tempel bauen ließ.

Das Delta war stark von der griechischen Kultur beeinflußt, und die einschneidenden Veränderungen, denen die Mittelmeervölker unterworfen waren, ließen es nicht unberührt. Oberägypten dagegen zog sich eher zurück und bewahrte uraltes Traditionsgut. Weitab von den Umtrieben der großen Städte des Nordens, in denen sich Völker ebenso vermischten wie Glaubensrichtungen, wurden die Städte des Südens, deren wirtschaftliche Rolle verschwindend gering war, zu «Konservatorien» des antiken Glaubens. Dort wurden Tempel erbaut, in denen die Priester ihre Riten zelebrierten, als habe sich niemals etwas verändert. Die Ptolemäer waren sich der Bedeutung dieser Prozesse bewußt und gewährten die nötigen Kredite zum Tempelbau. Indem sich das ptolemäische Ägypten mit seiner Vergangenheit befaßte, wollte es vor allem eines: weitergeben. Die Eingeweihten wußten, daß ihre Kultur im Sterben lag, daß die Welt sich anschickte, eine lange Phase des Materialismus zu durchlaufen. Darum begannen sie, zu sprechen, wie noch niemals zuvor gesprochen worden war. Die sogenannte klassische Hieroglyphenschrift des Mittleren Reiches umfaßte etwa 700 Zeichen. Die «ptolemäische» Schrift verzeichnet dagegen mehrere tausend, gerne wurden schwierige kryptographische Spiele verwendet. Die Wände der großen Tempel überzogen sich mit Inschriften aus alter Zeit. Man enthüllte, damit das Wesentliche nicht verlorenging.

Der Bau eines Tempels begann stets mit seinem wichtigsten Teil, dem Allerheiligsten, in dem die Gottheit wohnte. Darum wurde die «Einweihung» von Edfu an jenem Tag gefeiert, an dem der *Naos* fertiggestellt war, jener riesige ausgehöhlte Stein, in dessen Inneres eine Art Tabernakel gestellt wurde, der Statuenschrein. Darin wachte die Statue, die der Schöpfergeist lebendig machte, indem er in sie hineinschlüpfte. Danach würden die Bauarbeiten weitergehen, bis am 5. Dezember des Jahres 57 v. Chr. der große Eingangspylon fertiggestellt sein würde.

Doch am 10. September des Jahres 142 v. Chr. dachten die
Menschen weder an die Vergangenheit noch an die Zukunft.
Die Einwohner von Edfu erlebten ein großartiges Fest, an dem
der Einfache ebenso teilnahm wie der Weise. Freude wohnte in
den Herzen und wurde in den Straßen ausgelebt. Auf allen
Plätzen, im kleinsten Gäßchen herrschte ungetrübte Ausgelas-
senheit. Die Ägypter, die schon immer einen Sinn für Festlich-
keiten und Bankette hatten, hatten an nichts gespart, damit
dieser Augenblick unvergeßlich blieb. Es gab mehr Nahrungsmittel als Sand am Flußufer. Ochsen aller Rassen wurden ge-
schlachtet. Unmöglich, die Brote zu zählen. Unermeßlich viele
Antilopen, Gazellen und Steinböcke wurden geopfert, der
Opferrauch stieg bis in den Himmel, um die Herzen der Götter zu erfreuen. Der Wein floß in Strömen, wie der Nil, wenn
er bei Hochwasser aus den zwei Höhlen in Elephantine her-
aussprudelte. Auf den Altären glühten Olibanum und Weihrauch und verbreiteten ihre sanften Wohlgerüche, die die
Grenzen der Stadt weit überschritten.

Überall in Edfu erstrahlten die bunten Farben des Festes.
Alles war mit Blüten und Sträußen geschmückt. Die jungen
Mädchen waren hübsch anzusehen, die jungen Männer waren
ein wenig angeheitert. Jeder bewunderte die Prozession der
Priester in edlen Leinengewändern. Die Würdenträger stellten
ihre prächtigsten Ornate zur Schau. Bei Anbruch der Nacht
wurden Lampen entzündet, und es wurde weiter getrunken,
gegessen, gesungen, getanzt.

Vor dem Morgengrauen würde heute niemand Schlaf finden.

Im Tempel betrachtete der Baumeister, der den symbolischen Namen Imhotep erhalten hatte, das vollbrachte Werk
und bereitete sich im Geiste schon auf die Jahre der Arbeit vor,
die noch vor ihm lagen. Er erinnerte sich an den bewegenden
Augenblick, in dem der Pharao in Begleitung einer Eingeweihten, die die Göttin Seschat verkörperte, die Umrisse des Tem-

pels festgelegt, den Eckstein gesetzt und den Fundamentgraben ausgehoben hatte. Alle Räume wurden gemäß der heiligen Regel angelegt. Die Dauer des Tempels würde die der Ewigkeit sein. Die Weisen hatten die Götter über die Maße des Tempels befragt, damit durch diese das Eindringen alles Profanen oder mißhelliger Kräfte wirksam abgewehrt würde.

Wie die anderen großen heiligen Stätten Ägyptens seit Anbeginn war Edfu eine Tempelstadt. Innerhalb einer Umwallung aus ungebrannten Lehmziegeln befanden sich die eigentliche Tempelanlage mit ihren verschiedenen Teilen vom Eingangspylon bis zum *Naos*, die Priesterwohnungen, die Amtsstuben, die Werkstätten, die Lagerräume und der heilige See. Außerdem hatte Edfu einen Tempel der Geburt des Horus und einen Tempel des heiligen Falken, des Tieres, das an diesem Ort verehrt wurde.

Der Tempel zu Edfu war ein lebendiges Wesen, dem durch das Ritual der «Mundöffnung» auf magische Weise Leben verliehen wurde. Allmorgendlich erwachte das gigantische Bauwerk, wenn das Morgenritual zelebriert wurde. Die zwei Türme seines großen Eingangspylonen waren die zwei Horizontberge, zwischen denen die göttliche Sonne aufging. Sein *Pronaos* symbolisierte den Ursumpf, aus dem das Leben hervorging. Sein *Naos* war ein streng geheimes Laboratorium, in dem die wertvollste und die essentiellste aller Energien hergestellt wurde, die spirituelle Energie, die nur hochqualifizierte Spezialisten für ihr eigenes und für das Wohl aller zu handhaben vermochten.

Während die Geräusche der feiernden Menge an seine Ohren drangen, meditierte der Baumeister im Inneren dieses steinernen Buches, das der Tempel von Edfu darstellte.

Endlose Hieroglyphenspalten besangen die unvergänglichen Riten, enthüllten die heiligen Zeremonien, erklärten die Kultsymbole. Re, das göttliche Licht, konnte sich in diesen Mauern bewegen, weil das heilige Wort in sie eingraviert war.

Hier leuchtete es im geheimen, denn es war mit dem Geist seiner Stadt vereint, mit dem Geist jener Männer und Frauen, deren Freude ein Geschenk des Himmels war.

Imhotep, der erste und letzte Baumeister Ägyptens, genoß diese Stunde des Friedens und der Fülle. Hoch in den Wolken tauchte ein Falke auf, eine Verkörperung des Gottes Horus, des Schutzherrn von Edfu und des Beschützers des Königtums. Er breitete seine Schwingen aus und flog in die aufgehende Sonne.

Epilog	# Champollion oder
	# Die Auferstehung Ägyptens

Jean-François Champollion wurde am 23. Dezember 1790 in Figeac geboren. Er starb in Paris im Jahre 1832. In den 42 Jahren seines kurzen Erdenlebens erwies er, den man den Mozart der Ägyptologie nannte, sich als eines der außergewöhnlichsten Genies der zeitgenössischen Wissenschaft. Sein Leben war schwierig und das Schicksal seines geistigen Vermächtnisses nicht weniger chaotisch: Champollions Größe ist noch lange nicht allgemein anerkannt. Die einzige Biographie auf dem französischen Buchmarkt ist die Übersetzung eines deutschen Werkes aus dem Jahre 1906.[*] Erst im Jahre 1984 wurde Champollions Grammatik veröffentlicht, die zuvor in den Tiefen der Bibliotheksschubladen geschlummert hatte.[**] Es gibt immer noch Enzyklopädien und Nachschlagewerke, die ihm nur einen ganz kleinen Platz einräumen, wenn sie ihn nicht sogar schlichtweg vergessen. Und doch wären wir ohne Champollions Entdeckungen nicht in der Lage, die Hieroglyphen zu entziffern, also unfähig, die ägyptische Kultur zu «lesen». Dadurch, daß er die drei Sprachebenen in der Hieroglyphenschrift erkannt hatte, eröffnete er Horizonte, die noch bei weitem nicht vollständig erforscht sind. Zwar haben Gramma-

[*] H. Hartleben, *Champollion*, 1983 als Erscheinungsjahr der französischen Übersetzung (bei Pygmalion).
[**] Jean-François Champollion, *Principes généraux de l'écriture sacrée égyptienne*, 1984, Institut d'Orient.

tiker und Lexikographen seit Champollions Tod große Fortschritte gemacht, doch als Gründer der Ägyptologie hatte er die nötige Vorarbeit geleistet, und die von ihm etablierten Grundlagen sind ausnahmslos heute noch gültig.

Champollion hatte stets das leidenschaftliche Verlangen, zu lernen, das ihn schon in jungen Jahren zu einem erstklassigen Sprachwissenschaftler machte, der Latein ebenso vorzüglich beherrschte wie Griechisch, Hebräisch, Koptisch, Äthiopisch, Syrisch, Arabisch und Chaldäisch. In diesen Fächern lernte er alles, was es zu seiner Zeit zu lernen gab. Er studierte ausgiebig die antiken Mittelmeerkulturen, um Ägypten gewissermaßen einzukreisen und sich den rätselhaften Hieroglyphen methodisch zu nähern.

Als Oberschüler war Champollion geradezu unersättlich. Man verbot ihm sogar das Lernen. Er versteckte die Bücher unter seinem Kopfkissen und holte sie nachts hervor, wenn seine Mitschüler schliefen und die Aufseher ihre Kontrollrunden beendet hatten. Heimlich nahm er dann seine Arbeit wieder auf und verdarb sich im schlechten Licht die Augen.

Man tadelte ihn wegen seines ungestümen Charakters, seiner Neigung zur Mutlosigkeit, seiner Anfälle von Verzweiflung. Doch man mußte diesem Heranwachsenden zugute halten, daß er sich mit einem Giganten maß, mit einer vier Jahrtausende alten Kultur, die beharrlich schwieg, weil niemand in der Lage war, ihre Stimme zu hören. «Ich widme mich ganz dem Koptischen», schrieb Champollion. «Ich will das Ägyptische beherrschen wie meine Muttersprache, denn auf dieser Sprache wird meine große Arbeit über die ägyptischen Papyri beruhen ... Ich bin so sehr Kopte, daß ich zum Vergnügen alles, was mir in den Sinn kommt, ins Koptische übersetze. Ich führe Selbstgespräche auf koptisch, hoffentlich hört mir dabei niemand zu.»

Mit sechzehn Jahren legte Champollion dem Lyzeum in Grenoble eine Abhandlung vor, in der er erklärte, das Koptische sei die Spätform der Hieroglyphenschrift und er werde diese Entwicklung zurückverfolgen, um den Ursprung zu erreichen. Er hatte recht. Verblüfft über diesen außergewöhnlichen Heranwachsenden, beschlossen die erhabenen Weisen, ihn unter sich aufzunehmen. Drei Jahre später erhielt er einen Lehrauftrag für Geschichte, und ihm schien eine geradlinige, von Ehrungen gesäumte Laufbahn bevorzustehen. Nun hätte er sich auf seinen Lorbeeren ausruhen können. Doch er strebte nach Höherem. Einen Satz, den er am 2. Juni des Jahres 1815 aussprach, könnte man beinahe als sein persönliches Leitwort betrachten: «Den jungen Adler bindet man, doch der ausgewachsene Adler wird letztlich immer den Riemen zerreißen und mit sich davontragen.»

Als überzeugter Gegner Napoleons und als «Revolutionär» sowohl in seiner Denkweise als auch in seinen Forschungen geriet Champollion mit dem erstarrten Universitätsmilieu aneinander, das so sehr in seinen Konventionen verhaftet war, daß es den Geist lieber tötete, als sich selbst in Frage zu stellen. Doch Champollion verfügte über eine Waffe, die ihm niemand nehmen konnte: den Fleiß. Er arbeitete an einem großen Werk mit dem Titel *L'Egypte sous les pharaons* und an einem Wörterbuch. Das Schicksal kam ihm zu Hilfe: Der «Stein von Rosette» war gefunden worden, eine schwarze Granitstele mit einer Inschrift in drei Sprachen bzw. Schriften: Hieroglyphen, Demotisch und Griechisch. Abgüsse wurden nach Paris gebracht, wo Champollion mit ihnen arbeiten konnte. Er entdeckte den «Schlüssel», und schließlich konnte er am 14. September des Jahres 1822 in der Rue Mazarine Nr. 28 den berühmten Ausruf tun: «Ich hab's!» Es war beinahe Mittag, als jener, den man «den Ägypter» nannte, seinem Bruder diese begeisterte Enthüllung machte und daraufhin in Ohnmacht fiel.

Die Gemütsbewegung war zu stark. Champollion war kein verdrossener, trockener Gelehrter, sondern ein Mensch voll

Feuer und Leidenschaft, den seine ausgeprägte Sensibilität dazu befähigte, wie ein Medium mit dem Geist des alten Ägypten in Kontakt zu treten. Fünf Tage lang verharrte er in einem Zustand der Teilnahmslosigkeit. Kaum erwacht, saß er wieder an der Arbeit, um seine Eingebungen in eine wissenschaftliche Form zu bringen. Am 22. war sein Manuskript vollendet. Es war der berühmte «Brief an Monsieur Dacier». Darin beschrieb Jean-François Champollion die Grundzüge der Entzifferung der ägyptischen Hieroglyphen, die seit dem vierten Jahrhundert v. Chr. verloren waren.

Doch in Frankreich waren ihm weder Erfolg noch Ruhm vergönnt. Die «Gelehrten» mißtrauten diesem jungen Mann, der für ihren Geschmack allzu ungestüm und allzu begabt war. Sie unterstützten ihn möglichst wenig. Im Jahre 1824 reiste Champollion nach Italien, wo er ganz anders aufgenommen wurde: Man empfing ihn wie einen außergewöhnlichen Gast und überhäufte ihn mit Ehrungen und Glückwünschen. Dies brachte wiederum die Franzosen in Verlegenheit, und bei Champollions Rückkehr im Jahre 1826 fühlten sie sich zu einer Geste verpflichtet: Er wurde zum Kustos einer Abteilung des Louvre ernannt, in der Funde aus verschiedenen antiken Kulturen zusammengefaßt waren, darunter zum Glück auch einige Stücke aus Ägypten!

Diese Stelle war allerdings ein vergiftetes Geschenk. Champollion trug einen Titel, doch ihm standen nicht die nötigen Mittel zur Verfügung, um sein Amt so auszuüben, wie er es sich vorstellte. Trotz der mäßigen Entlohnung arbeitete er zuviel und fand sich sogar bereit, unentgeltlich einen ägyptischen Sprachkurs abzuhalten. «Mein Leben ist ein einziger Kampf geworden», schrieb er seinem Kollegen Rosellini. «Ich muß mir alles erkämpfen, denn niemand von jenen, die mich unterstützen sollten, ist bereit dazu. Mein Eintritt ins Museum kommt allen ungelegen, und alle Kollegen haben sich gegen mich verschworen, weil ich, statt meine Stelle als geruhsames

Pöstchen zu betrachten, beabsichtige, mich um meine Abteilung wirklich zu kümmern, was zwingend ans Licht bringen wird, daß sie sich um die ihren eben nicht kümmern. Das ist der springende Punkt bei der Sache.»

Doch die Götter Ägyptens wachten über Champollion. Bald wurde er der Eintönigkeit entrissen und konnte seinen größten Traum verwirklichen. Im Juli des Jahres 1828 brach er nach Ägypten auf, wo er sich bis zum Dezember 1829 aufhalten sollte. Die Organisation dieser Reise war mehr als schwierig. Als «der Ägypter» den Boden seines geistigen Heimatlandes betrat, konnte er sich nicht versagen, ihn zu küssen. Er, der stets zu sagen pflegte, «nur die Begeisterung ist das wahre Leben», wurde von intensiven Gefühlen überwältigt, die seine Kräfte verzehnfachten. Auf dieser ganzen Reise, auf der er eine Entdeckung nach der anderen machte, arbeitete er unermüdlich. Da er fließend Arabisch sprach, gelang es ihm, sich die Verwaltungsobrigkeit gewogen zu machen.

Luxor war das reine Entzücken. Champollion bezog im Grab Ramses' IV. Quartier, in dem seine Archäologenmannschaft, seine Leibwache, eine Katze und eine Gazelle das kühle Halbdunkel genossen. Im Grab Sethos' I., dem größten und schönsten Grab im Tal der Könige, wurde am 1. April eine Festtafel aufgestellt, denn Champollion hatte versprochen, den Geburtstag seiner Tochter zu feiern. Es wurden zahlreiche und leidenschaftliche Toasts auf die Abwesenden ausgebracht, denen es nicht vergönnt war, diesen außergewöhnlichen Augenblick mitzuerleben.

Champollion war ein Mensch, der durchaus gerne feierte. Doch wenn er in den Gräbern arbeitete, die Hieroglypheninschriften kopierte und entzifferte, dann bestand er darauf, allein zu sein. Sogar den Kerzenträger schickte er fort, um durch keine menschliche Anwesenheit gestört zu werden und sich ganz in die Gegenwart der heiligen Darstellungen zu vertiefen, die sich vor seinen Augen entfalteten.

Dank einer neuen, überwältigenden Eingebung entdeckte Champollion die tiefe Bedeutung jener rätselhaft wirkenden Szenen: Die Jenseitsreise des toten Königs, der mit der göttlichen Sonne gleichgesetzt wurde, die Pilgerschaft des Geistes, der die finsteren Gefilde des Todes durchschritt, um zum ewigen Leben wiedergeboren zu werden.

Champollion stand mit der Sonne auf. Da er sehr kälteempfindlich war, hüllte er sich in Flanellhemden und einen Pelzmantel, die er im Laufe des Vormittags mit steigenden Temperaturen ablegte. Währenddessen wurde in Frankreich der «illustre» Gelehrte Pardessus an Champollions Stelle in die *Académie française* gewählt – Champollions Kandidatur war zum sechsten Mal abgelehnt worden! Doch er reagierte gelassen und nahm es mit Humor: «Man hat mich unter Herrn ‹Darüber› (frz. Pardessus, A. d. Ü.) eingestuft … Das überrascht mich nicht … Wenn die *Académie* mich ruft, dann werde ich ebenso wenig Eile haben, mich aus meinem Sessel zu erheben, wie ein anspruchsvoller Weintrinker, wenn ihn eine Flasche Champagner erwartet, die seit sechs Monaten entkorkt ist.»

Am 7. Mai 1830 wurde Champollion endlich in die *Académie* gewählt. Die einzige bedeutsame Konsequenz dieser verspäteten Ehrung war die Einrichtung eines Lehrstuhls für Ägyptologie am *Collège de France*, womit die Entstehung der Ägyptologie in den Augen der internationalen Wissenschaftswelt akkreditiert war. Nun konnte Champollion uneingeschränkt vor einem großen Publikum sprechen. Er war ein ausgezeichneter Redner; klar und präzise in seinen Erklärungen, schlug er die Zuhörer in seinen Bann.

Am 26. Mai 1831 mußte Champollion seinen Kurs aus gesundheitlichen Gründen unterbrechen; am 5. Dezember konnte er ihn wieder aufnehmen. Doch der Flug des Adlers sollte am 9. Dezember enden. Champollion bekam keine Luft mehr. Kurz davor, das Bewußtsein zu verlieren, verließ er das

Collège de France. Am 23. Dezember ließ er sich in die Rue Mazarine Nr. 28 bringen. «Meine Wissenschaft und ich», erklärte er in einem wunderbaren Ausspruch, «wir sind eins!»

So jung zu sterben war eine entsetzliche Prüfung für einen Menschen, der noch so viel zu sagen gehabt hätte. Er flehte das Schicksal an, ihm noch zwei Jahre zu gewähren. Am 3. März 1832 trat eine kurzfristige Besserung ein. Seine Schmerzen verschwanden. Um den Todgeweihten waren seine engsten Verwandten und Freunde versammelt, darunter seine achtjährige Tochter Zoraïde. Champollion wollte ein letztes Mal die Gegenstände aus Ägypten in seinem Arbeitszimmer und seine Notizhefte voller unvollendeter Projekte betrachten. Doch seine Stunde war gekommen.

Ein Wörterbuch, eine Grammatik, eine Geographie des Alten Ägypten, Reiseaufzeichnungen, mythologische Abhandlungen – das aus dem Nichts heraus geschaffene wissenschaftliche Werk Champollions ist immens. Er hatte die Ägyptologie begründet, die er nicht als eine nur wenigen Privilegierten vorbehaltene universitäre Disziplin betrachtete, sondern als die Aufgabe, Ägypten mit seinen spirituellen, künstlerischen, literarischen Reichtümern wiederzuentdecken. Niemals war ein Lehrender am *Collège de France* mehr bestrebt, seine Kenntnisse der Öffentlichkeit mitzuteilen, seine Begeisterung für die großartige Kultur zu übermitteln, die ihm alle Freuden, alles Glück der Welt geschenkt hatte.

Champollion hatte die spirituelle Größe Ägyptens vollkommen erfaßt, und er betrachtete das Land als Wiege der Kultur des Okzidents. Er forderte die Kirche seiner Zeit heraus, die am Judäo-Christentum und an der biblischen Chronologie festhielt, indem er zu Recht erklärte, daß die Weisen Ägyptens eine «Auffassung der Gottheit hatten, die mindestens ebenso rein war wie das Christentum selbst», und daß die transzendente Einheit sich oft in Trinitäten oder Triaden manifestierte, zu denen die ägyptische Bildhauerkunst zahlreiche Beispiele bot.

Die Szenen des «Wiegens der Seele» hatten Champollion besonders beeindruckt. Er spürte, daß die Ägypter eine zusammenhängende Lehre über das ewige Leben entwickelt und tradiert hatten. Dazu gehörten auch die Prüfungen, die die Seele bestehen mußte, um der Ewigkeit teilhaftig zu werden. Champollions Verständnis der ägyptischen Gottheiten war häufig verblüffend. Er verließ die oberflächlichen Floskeln und Albernheiten, denen noch heute einige Gelehrte verhaftet sind, und bewies einen bemerkenswerten Sinn für Symbolik. Er erkannte die Gottheiten als abstrakte Einheiten, die die Architektur des Universums illustrierten und eine Weisheitslehre übermittelten. Die Vereinigung aller Gottheiten, so hatte Champollion begriffen, bildete das Einzige Göttliche Wesen, aus dem alle belegten Ausdrucksformen hervorgingen. Sie bilden eine Kette, die den Himmel mit der Erde verbindet und es dem Eingeweihten ermöglicht, sowohl im Diesseits als auch im Jenseits zu leben.

Doch Ägyptens größtes Verdienst war das System der Hieroglyphenschrift. «Man kann durchaus sagen», so schrieb Champollion (*Précis*, S. 335), «daß keine Nation jemals eine Schrift erfunden hat, die vielfältiger ist in ihren Zeichen ... Die Hieroglyphentexte bieten tatsächlich ein Abbild aller Wesen und Dinge, die die Schöpfung einschließt.» Der erste Ägyptologe faßte seine sensationelle Entdeckung in klare Worte: Es gibt drei Grundtypen von Hieroglyphen, die drei Sprachebenen und drei Ebenen des Denkens entsprechen: Lautzeichen, Bildzeichen und Symbolzeichen. Jeder Hieroglyphentext besteht aus allen drei Grundtypen, und jeder Gedanke kann ohne Nachteil für Klarheit und Verständlichkeit auf drei verschiedenen Ebenen ausgedrückt werden.

So unwahrscheinlich es auch klingt: Die Grundprinzipien, auf deren Basis Champollion die Hieroglyphen entzifferte,

311

sind von der Ägyptologie bei weitem noch nicht vollständig erforscht. Man konzentriert sich nahezu ausschließlich auf den «phonetischen» Zeichentyp, mit dessen Hilfe auch tatsächlich große Fortschritte in der Übersetzung gemacht werden; doch die Bildzeichen werden allzuoft, die symbolischen Zeichen beinahe gänzlich vernachlässigt, wobei gerade dieser Zeichentyp eigentlich der wichtigste von allen dreien wäre. Die Symbolzeichen waren den Eingeweihten des Lebenshauses vorbehalten, die auch die Hieroglyphenschrift erschufen. Champollion hatte erkannt, daß eine Gruppe rein symbolischer Hieroglyphen die grundlegenden Prinzipien des ägyptischen Denkens enthüllte, die nur den Weisen zugänglich waren, weil sie eine bestimmte Sichtweise der Wirklichkeit voraussetzten. Diese überaus wichtigen Hinweise zu übersehen heißt jedoch, Champollions Werk zu verstümmeln und seine Entdeckung zu verfälschen.

Seit vielen Jahrzehnten schon wiederholen unsere Schulbücher bis zum Überdruß, daß die Wiege unserer Kultur in Griechenland und in Rom liege. Doch Champollion legte in seinem *Précis* (S. 364) mit sicherem Blick dar, daß Griechenland sich mit der vordergründigen Wirklichkeit zufriedengab, während Ägypten, in dem unsere wirklichen geistigen Wurzeln liegen, danach strebte, das Leben in seiner Essenz auszudrükken. «In Griechenland», so schrieb Champollion, «war die Form alles, die Kunst wurde um ihrer selbst willen kultiviert. In Ägypten war sie nur ein machtvolles Mittel, um das Denken abzubilden; das kleinste Schmuckelement der ägyptischen Architektur hat seine eigene Bedeutsamkeit und steht in unmittelbarem Zusammenhang mit der Idee, die dem Bau des gesamten Monuments zugrunde liegt, wohingegen der Zierat griechischer und römischer Tempel allzuoft nur zum Auge spricht und dem Geiste stumm bleibt. Die ägyptischen Tempel», so fuhr er fort, «sind ein Abbild der Häuser des Himmels. Und vor allem ist jeder künstlerische Ausdruck unmit-

telbar mit dem symbolischen Prinzip der Schrift verbunden.»
Und er konnte die Essenz jener Entdeckung, der er sein ganzes
Leben widmete, in wenige Worte fassen: Alles ist Hierogly-
phe.

Es gibt keinen Zweifel: Die Ägyptologie steckt immer noch
in den Kinderschuhen, und Champollions Lehren sind längst
noch nicht ausgeschöpft. Ägypten, dem Europa, wie er sagte,
alle Grundlagen seiner Weisheit verdankt, gehört nicht nur in
die Vergangenheit. Die Kultur der Pharaonen trägt in sich zeit-
lose Werte, und die Zukunft wird uns deren ganzen Reichtum
enthüllen.

Kurzbibliographie

Wir verweisen auf die Literaturübersicht der Taschenbuchausgabe *Die Pharaonen. Große Herrscher des alten Ägypten*, 1999 (rororo Nr. 60757), und auf die Quellenhinweise in den Fußnoten des vorliegenden Bandes.

Zusätzlich seien angeführt: Jean-Philippe Lauer, *Saqqarah, la nécropole royale de Memphis*, Paris (Tallandier) 1977; Georges Goyon, *Le Secret des bâtisseurs des grandes pyramides*, Paris (Pygmalion) 1977; Herman Junker, *Pyramidenzeit. Das Wesen der altägyptischen Religion*, Zürich–Köln 1949; Georges Goyon, *Nouvelles inscriptions rupestres du Wadi Hammamat*, Imprimerie nationale, Paris 1957; Elisabeth Riefsthal, *Thebes in the Time of Amunhotep III*, University of Oklahoma Press 1964; K. A. Kitchen, *Ramsès II, le pharaon triomphant*, Editions du Rocher 1985; Gustave Lefebvre, *Romans et contes égyptiens de l'époque pharaonique*, Paris (Adrien Maisonneuve) 1949; Miriam Lichtheim, *Ancient Egyptian Literature*, 3 Bde., University of California Press 1973–1976; Claire Lalouette, *Textes sacrés et textes profanes de l'ancienne Egypte*, Paris (Gallimard) 1984.

Zeittafel

(Es handelt sich um
ungefähre Zeitangaben)

Prädynastische Zeit

etwa 3000 v. Chr.

König Skorpion
Narmer

Thinitenzeit

I. Dynastie *
2950–2770 v. Chr.

II. Dynastie **
2770–2640 v. Chr.

Altes Reich

III. Dynastie ***
2640–2575 v. Chr.

Djoser	2624–2605

IV. Dynastie
2575–2465 v. Chr.

Snofru	2575–2551
Cheops	2551–2528
Djedefre	2528–2520
Chephren	2520–2494
Mykerinos	2490–2471
Schepseskaf	2471–2467

V. Dynastie
2465–2325 v. Chr.

Userkaf	2465–2458
Sahure	2458–2446
Neferirkare	2446–2427
Niuserre	2420–2396
Menkauhor	2396–2388
Djedkara (Asosi)	2388–2355
Unas	2355–2325

VI. Dynastie
2325–2155 v. Chr.

Teti	2325–2300
Weserkare	
Pepi I. (Merire)	2300–2268

---

* Liste der Pharaonen: Aha, Djer, Wadji, Dewen, Adjib, Semerchet, Kaa.
** Liste der Pharaonen: Hetepsechemui, Raneb, Ninetjer, Peribsen, Chase-
chemui.
*** Liste der Pharaonen: Nebka, Djoser, Sechemchet, Huni.

Merenre I.	2268–2254
Pepi II. (Neferkare)	2254–2160
Merenre II.	
Nitokris	

ERSTE ZWISCHENZEIT

VII./VIII. Dynastie
2155–2134 v. Chr.

IX./X. Dynastie
2134– 2040 v. Chr.

MITTLERES REICH

XI. Dynastie
2134–1991 v. Chr.

Antef I.	2134–2118
Antef II.	2118–2069
Antef III.	2069–2061
Mentuhotep I.	2061–2010
Mentuhotep II.	2010–1998
Mentuhotep III.	1998–1991

XII. Dynastie
1991–1785 v. Chr.

Amenemhet I.	1991–1962
Sesostris I.	1971–1926
Amenemhet II.	1929–1892
Sesostris II.	1897–1878
Sesostris III.	1878–1841
Amenemhet III.	1844–1797
Amenemhet IV.	1798–1789
Neferusobek	1789–1785

ZWEITE ZWISCHENZEIT

XIII. Dynastie
1785–1650 v. Chr.

XIV. Dynastie *
1715–1650 v. Chr.

XV./XVI. Dynastie (Hyksos)
1650–1540 v. Chr.

XVII. Dynastie
1650–1551 v. Chr.

Antef	ca. 1640
Sekenenre Tao	ca. 1570/1560
Kamose	1555–1551

NEUES REICH

XVIII. Dynastie **
1552–1306 v. Chr.

Ahmose	1552–1527
Amenophis I.	1527–1506
Thutmosis I.	1506–1494
Thutmosis II.	1493–1490
Hatschepsut	1490–1468
Thutmosis III.	1490–1436
Amenophis II.	1438–1412
Thutmosis IV.	1412–1402
Amenophis III.	1402–1364
Amenophis IV./Echnaton	
	1364–1347
Semenchkare	
Tutanchamun	1347–1338
Aja	1337–1333
Haremhab	1333–1306

---

* Parallel zur dreizehnten.
** Nach einer anderen Datierungsversion beginnt die XVIII. Dynastie im
Jahre 1540 und endet die XIX. im Jahre 1188.

XIX. Dynastie
1306 – bis 1186 v. Chr.

Ramses I.	1306 – 1304
Sethos I.	1304 – 1290
Ramses II.	1290 – 1224
Merenptah	1224 – 1204
Sethos II.	1204 – 1194
Amenmesse	
Siptah	1194 – 1188
Tausret	1188 – 1186

XX. Dynastie
1186 – 1070 v. Chr.

Sethnacht	1186 – 1184
Ramses III.	1184 – 1153
Ramses IV. bis Ramses XI.	
	1146 – 1070

DRITTE ZWISCHENZEIT

XXI. Dynastie
1070 – 1945 v. Chr.

Smendes	1070 – 1044
Psusennes I.	1040 – 990
Amenemope	993 – 984
Siamun	978 – 960
Psusennes II.	960 – 945

XXII. Dynastie (Bubastiden)
945 – 722 v. Chr.

Scheschonk I.	945 – 924
Osorkon I.	924 – 887
Osorkon II.	862 – 833
Takelot II.	839 – 814
Scheschonk III.	814 – 763
Pimai	763 – 758
Scheschonk V.	758 – 722

XXIII. Dynastie
808 – 715 v. Chr.

Pedubastis	808 – 783
Osorkon III.	ca. 760 / 750
Takelot III. *	ca. 740

XXIV. Dynastie
725 – 712 v. Chr.

Tefnacht	725 – 718
Bokchoris	718 – 712

SPÄTZEIT

XXV. Dynastie (Äthiopier)
712 – 664 v. Chr.

Pianchi	740 – 713
Taharka	690 – 664
Tanuatamun **	664 – 656
Assyrische Besetzung	671 – 664

XXVI. Dynastie (Saïten)
664 – 525 v. Chr.

Necho I.	672 – 664
Psammetich I.	664 – 610
Necho II.	610 – 595
Psammetich II.	595 – 589
Apries	589 – 570
Amasis	570 – 526
Psammetich III.	526 – 525

XXVII. Dynastie:
Perserherrschaft
525 – 404 v. Chr.

* Und andere Könige.
** Und andere Könige.

XXVIII. Dynastie
Amyrtaios   404–399

XXIX. Dynastie
399–380 v. Chr.

Hakoris*   399–380

XXX. Dynastie
380–343 v. Chr.

Nektanebos I.   380–362
Teos   362–360
Nektanebos II.   360–343

Zweite Perserherrschaft
343–332 v. Chr.

Makedonier
332–305 v. Chr.

Ptolemäerzeit
305–30 v. Chr.

* Und drei andere Könige.

BILDVERZEICHNIS

Tafeln 3, 5, 16, 19, 20: Bildarchiv Preußischer Kulturbesitz, Berlin

Tafeln 1, 2, 8, 9, 10: Bildarchiv Preußischer Kulturbesitz, Berlin (Foto: Jürgen Liepe)

Tafeln 4, 17: Bildarchiv Preußischer Kulturbesitz, Berlin (Foto: U. Hoffmann)

Tafel 6: © Hirmer Fotoarchiv, München

Tafel 7: aus: Wolfgang Müller, Ägyptische Kunst, Frankfurt, 1970, Tf. 145 (Museo Egizio / Turin)

Tafel 11: Bildarchiv Preußischer Kulturbesitz, Berlin (Foto: Lala Aufsberg)

Tafel 12: Bildarchiv Preußischer Kulturbesitz, Berlin (Foto: D. Karig)

Tafel 13: Bildarchiv Preußischer Kulturbesitz, Berlin (Foto: Jack Steel)

Tafeln 14, 18: Bildarchiv Preußischer Kulturbesitz, Berlin (Foto: Margarete Büsing)

Tafel 15: Stiftung Preußischer Kulturbesitz, Berlin (Foto: Lutz Braun)

Christian Jacq

Christian Jacq, geboren 1947 bei Paris, promovierte in Ägyptologie an der Sorbonne. Er veröffentlichte zahlreiche wissenschaftliche Aufsätze und wurde von der *Académie française* ausgezeichnet. Neben Beiträgen zur Fachliteratur schrieb er mehrere erfolgreiche Romane. Mit «Ramses» gelang ihm auf Anhieb der Sprung an die Spitze der Bestsellerlisten.

Ramses Band 1:
Der Sohn des Lichts
Deutsch von
Annette Lallemand
448 Seiten. Gebunden
Wunderlich Verlag, als
rororo 22471 und in der
Reihe "Großdruck" 33154

Ramses Band 2:
Der Tempel der Ewigkeit
Deutsch von
Ingrid Altrichter
416 Seiten. Gebunden
Wunderlich Verlag, als
rororo 22472 und in der
Reihe "Großdruck" 33157

Ramses Band 3:
Die Schlacht von Kadesch
Deutsch von
Annette Lallemand
448 Seiten. Gebunden.
Wunderlich Verlag, als
rororo 22473 und in der
Reihe "Großdruck" 33158

Ramses Band 4:
Die Herrin von Abu Simbel
Deutsch von
Ingrid Altrichter
448 Seiten. Gebunden
Wunderlich Verlag, als
rororo 22474 und in der
Reihe "Großdruck" 33164 /
ab Juni 2000

Ramses Band 5:
Im Schatten der Akazie
Deutsch von
Ingrid Altrichter
448 Seiten. Gebunden
Wunderlich Verlag, als
rororo 22475 und in der
Reihe "Großdruck" 33165
ab September 2000

Der schwarze Pharao *Roman*
Deutsch von
Dorothee Asendorf
400 Seiten. Gebunden
Wunderlich Verlag

Der lange Weg nach Ägypten
Roman
(rororo 22227)

Die letzten Tage von Philae
Roman
(rororo 22228)

Der Mönch und der Meister
Roman
(rororo 22430)

Weitere Informationen und ein Verzeichnis aller lieferbaren Titel von **Christian Jacq** finden Sie in der *Rowohlt Revue*, kostenlos in Ihrer Buchhandlung, und im Internet: www.rowohlt.de

Unterhaltung